Gudrun Tossing

Gold Tales – Storys
vom Suchen & Finden

Dear Janet,
Thank you so much for your dedication in editing the English version of the "Fish Tales". I am very grateful for this great job! With my very best regards
Gudrun

Nun also die *Gold Tales*. Ausgesuchte Reisegeschichten um das, was in den USA gesucht wird – ob hart, fest, falsch, flüssig. Hauptsache Gold!

In diesem Buch werden wir wieder diese herrlich schrägen und ironischen Erzählungen entdecken, welche die ewigen USA-Reisen von Gudrun Tossing begleiten.

Sie kennt das Land fast besser als ihre deutsche Heimat ... und sieht konsequent hinter jedem Klappspaten den Irrtum, in jeder Pflanze eine neue Möglichkeit. Ja, jede Höhle oder gar ein baufälliger Stollen können wahre und scheinbare Schätze beherbergen. Und dann das Uran!

Lassen wir uns treiben, ob in Colorado, längs des Yukon oder im jenseitigsten Museum für ein Pendleton Blanket oder gar ein Lakota Shirt. Alles kann sich wundersam anders erweisen.

Gerne lauschen wir den Erlebnissen, die so überaus aufmerksam und doch mit viel liebevoller Ironie erzählt werden. Niemand erkennt so gut wie Gudrun Tossing, dass hinter jedem Wegesrand und bei jedem Einhorn im Mondesschein Ereignisse lauern, die im genau richtigen Tonfall erzählt werden müssen – und die uns Lesende zu begeistern wissen, übrigens auch für die Vereinigten Staaten: ein herrliches Reiseland.

Gudrun Tossing ist eine Deutsche, die man zugleich auch als Teilzeitamerikanerin bezeichnen könnte. Sie hat fast die gesamten USA immer wieder und immer wieder bereist. Dennoch: Sie lebt seit der Geburt in Solingen. Lange Jahre war sie als Managerin in der Pharmaindustrie tätig. Heute noch wirkt sie vielfältig. Zugleich ist sie immer unterwegs. Gerne in den USA.

Gudrun Tossing

Gold Tales – Storys vom Suchen & Finden

Unglaubliche Geschichten
aus dem Westen der USA

K|U|U|U|K
Verlag

Bibliografische Information der Deutschen Nationalbibliothek: Die Deutsche Nationalbibliothek erfasst diesen Buchtitel in der Deutschen Nationalbibliografie. Die bibliografischen Daten können im Internet unter http://dnb.dnb.de abgerufen werden.

Alle Rechte vorbehalten. Insbesondere das der Übersetzung, des öffentlichen Vortrags sowie der Übertragung durch Rundfunk, Fernsehen und Medien – auch einzelner Teile. Kein Teil des Werkes darf in irgendeiner Form (durch Fotografie, Mikrofilm oder andere neuartige Verfahren) ohne schriftliche Genehmigung des Autors / der Autorin bzw. des Verlages reproduziert oder unter Verwendung elektronischer Systeme verarbeitet, vervielfältigt oder verbreitet werden.

> HINWEIS: Deutsch ist überaus vielschichtig und komplex. Der Verlag versucht, nach bestem Wissen und Gewissen alle Bücher zu lektorieren und zu korrigieren. Oft gibt es allerdings mehrere erlaubte Schreibweisen parallel. Da will entschieden werden. Zudem ergeben sich immer wieder Zweifelsfälle, wozu es oft auch keine eindeutigen Antworten gibt. Schlussendlich haben auch die Autorinnen und Autoren ureigene Sprachpräferenzen, die sich dann bis in die Kommasetzung, Wortwahl und manche Schreibung wiederfinden lassen können. Bitte behalten Sie das beim Lesen in Erinnerung.

Cover: Das hier verwendete Acrylbild „Unicorn" stammt von © Gudrun Tossing; Coverentwurf © Gudrun Tossing & Klaus Jans, Lektorat: KUUUK, Hauptschrift: Times New Modern

ISBN 978-3-939832-56-0

Erste Auflage März 2013
KUUUK Verlag und Medien Klaus Jans
Königswinter bei Bonn
Printed in Germany (EU)
K|U|U|U|K – Der Verlag mit 3 U

www.kuuuk.com
Alle Rechte [Copyright]
© KUUUK Verlag – info@kuuuk.com
© Gudrun Tossing – gudrun.tossing@t-online.de

Für meine lieben Eltern
Annemarie und Armin,
die mich lehrten, dass am
Ende des Regenbogens
immer ein Topf mit Gold
für mich bereitsteht.

„Wie die alten Leute sagen,
war Merlin einst ein großer Dichter,
konnte ein ganz Großer werden,
hätte er es nur gewollt ...
Stattdessen hüllte er sich aber
tief in schaurige Geschichten,
hielt einen Hund mit roten Ohren.
Schrecklich waren diese Dinge."

    John Steinbeck
    Aus „Eine Handvoll Gold"
    Lyrisch übertragen von G. T.

Inhalt

	Einführung	11
	Vorspann: Das Einhorn mit dem goldenen Huf	17
1.	Der Monarch von Mariposa	21
2.	Speckstein	57
3.	Gold fließt in Colorado	77
4.	Dakota – Glasgow – Amsterdam	89
5.	Der Schatz der Singers	119
6.	Der Schimmelreiter	131
7.	Edeltrödel	179
8.	Der Fliegende Deutschländer	191
9.	Gold ist, wo man's findet	227
10.	Gletschereis und Geigerzähler	239
	Nachspann: Viel Gold aus der Bonanza?	297
	Hinweis der Autorin	301
	Goldgräberglossar: Triple-G	303
	Register der geografischen Namen	311

Einführung

„Gold is where you find it", war der Schlachtruf der Glücksritter im Yukon. Er wurde zum geflügelten Wort des großen Goldrauschs, der ab 1896 Kanada und Alaska überrollte. Der Gold Rush am Klondike River bildete Höhepunkt und Abschluss einer Epidemie, die innerhalb eines halben Jahrhunderts immer wieder andere Orte im Westen Nordamerikas befiel. Wo gerade lohnende Adern, sogenannte „Mother Lodes", entdeckt wurden, strömten Goldsucher ein.

Das Fieber nahm 1848 am Sacramentofluss seinen Ausgang und verfünffachte die Bevölkerung Kaliforniens innerhalb von vier Jahren. Dabei wurde die Hafenstadt San Francisco im ersten Schub zeitweilig entvölkert und blühte erst sekundär im Goldhandel wieder auf.

Nach Nuggetfunden in anderen Gebieten griff der Run aufs heutige Colorado, Arizona und Süddakota über, schuf Orte wie Denver, Tucson und Deadwood. Letzterer ist inzwischen nur noch ein Flecken von circa 1300 – zumeist nostalgisch gesonnenen – Einwohnern.

Berichte über die Jagd nach Edelmetallen im fernen Amerika faszinierten mich von Jugend an. Ich verschlang Bücher mit abenteuerlichen Goldgräbergeschichten und nahm mir vor, möglichst viele der verschiedenen Fundstätten, die dort geschildert waren, später selbst einmal zu besuchen.

Ich tat's und war im kalifornischen Sacramento, in Colorado auf dem Pike's Peak, in den Black Hills von Süddakota oder in Nevadas Virginia City. Ich bereiste hoch im Norden Barkerville in Britisch-Kolumbien und noch nordhöher das inzwischen wieder einsame Gebiet am Yukon River.

Was ich nicht fand, war Gold.

Eigene Nuggets habe ich bislang nie in Händen gehalten, wenn man einmal von jenen aus übermäßig paniertem Hähnchenfleisch absieht, die alle gängigen Fast-Food-Ketten für schmales Geld anbieten.

Dennoch glaube ich, auf den vielen Reisen, die ich gemeinsam mit Dick, meinem Mann, durch den amerikanischen Westen unternahm, eine Menge Gold geschürft zu haben – zwar nicht als Nuggets, aber in Form von schönen Erinnerungen.

Wenn ich diese aufschreibe, werden es Anekdoten und Geschichten.

Dichte ich sie noch ein wenig um und spinne sie aus, geraten sie mir mal wieder zu satirischen Possen.

Und um die reißen sich dann die Verleger und wiegen jedes meiner Manuskripte in Gold auf. Doch das ist jetzt wieder eine andere Story …

Sie werden schon bald bemerken, dass diese Geschichten hier, auch wenn sie häufig an den alten Goldgräberorten des amerikanischen Westens spielen, nicht unbedingt mit dem Edelmetall zu tun haben. Aber sie handeln immer von der Suche – ab und zu nach Gold, häufiger jedoch nach anderen vergrabenen oder verborgenen Schätzen: Uran, Louisdor-Münzen, blauweißem Chinaporzellan der Ming-Dynastie, einer Remington-Bronze oder dem sagenumwobenen Schatz der Singers.

Was wird gefunden? Hier und da eine findige Geschäftsidee. Manchmal nur vertrocknete Präriblüten oder ein rostiges Hufeisen. Doch woanders entdeckt man ein heiliges Lakota Shirt, das versteinerte Ei eines Dinosauriers oder eine künstlerisch wertvoll gestaltete Specksteinskulptur, die allemal ihren hohen Kaufpreis wert ist.

Schließlich kommt es auch in übertragenem Sinn zu einer Suche – nach Glück, Gesundheit, Erkenntnis oder gar Erleuchtung.

Aber immer suchen Dick und ich in erster Linie nach Abenteuer, Abwechslung und Zerstreuung. Deshalb reist man doch schließlich, wir zumindest.

Weil unsere Geschichten mal in Kanada und mal in den USA spielen, werden Entfernungsangaben unterschiedlich, da landesüblich in Kilometern oder in Meilen genannt. Bei unserem bisweilen hyperkinetischen Grenzwechsel braucht es einen unmissverständlichen Marker, der anzeigt, in welcher der beiden Nationen man sich gerade befindet.

Natürlich gibt es auch Ausnahmen von der Regel: Strecken auf dem Alaska Highway werden von mir grundsätzlich in Meilen angegeben, auch wenn er geradewegs durch Kanada verläuft. Schließlich haben die US-Amerikaner ihn in Zeiten ihrer Japanphobie einst gebaut und finanziert.

Die überwiegende Zahl an Kilometermeilen wird von uns per Mietwagen (Ford, Bentley, Oldsmobile) zurückgelegt und – leider – nur ganz wenige auf einer Harley.

Vielleicht erinnert sich der eine oder andere von Ihnen an mein erstes Buch mit kuriosen Geschichten aus dem Westen der USA. In diesem Erzählband mit Titel „Fish Tales & Coyote Stories", im weiteren kurz *Fish Tales* genannt, mühte ich mich bereits damit ab, die Akteure meiner Geschichten zu anonymisieren und zu pseudonymisieren.

Fürwahr, ich tue mich auch jetzt wieder schwer mit falschen Benennungen mir vertrauter Personen. Sie schwirren mir ständig im Kopf herum und machen mich ganz schwindlig.

So bestand zum Beispiel mein lieber Mann in meinem Erstwerk auf strikter Geheimhaltung seiner Person. Damals anonymisierte ich ihn von „Norbert" zu „Dick" oder „Dicky" – zunächst nur in den Geschichten so genannt und später auch im richtigen Leben, denn ich kann mir nicht so viele Namen merken. Insofern ist Dick in den *Gold Tales* inzwischen authentisch.

Ich selbst bezeichne mich weiterhin einfach als „ich" oder hier und da mal als „Doc". Ersteres ist ein Wort, das ich sowieso häufig verwende. Zweiteres stellt meinen Ehrentitel im wirklichen Leben dar. Den habe ich mir errungen, weil ich immer alles besser weiß. Und das auch völlig zu Recht. Doc weiß wirklich alles besser.

Mein früherer Boss TP besteht sogar auf der Anonymisierung einer seiner Initialen. Welche darf ich nicht sagen. Sie sollen außerdem nicht mal mit Punkten getrennt sein. Lachhaft, wie du dich anstellst, TP! Aber dein Kürzel ist der kleinen Rolle, die ich dir zugedacht habe, durchaus angemessen.

Leo Sluschinsky, die Hauptgestalt meiner Story „Speckstein", und im Übrigen mein geschätzter Mentor in wichtigen beruflichen Belangen, wollte allerdings unter keinen Umständen mit ins Rampenlicht gezerrt werden, was ich so gar nicht nachvollziehen kann.

Andere aber, die die Story kennen, verstehen sein Anliegen nur zu gut.

Okay. Ich erkläre hiermit Leo Sluschinsky als frei von mir erfunden. Er ist ein reines Fantasiewesen – ohne jegliche noch so zufällige Ähnlichkeit mit irgendeiner lebenden Person.

Doch gehen Sie bei Gelegenheit ruhig mal in die *Gallery of Man* im Untergeschoss des *Empress Hotel* in Victoria, Britisch-Kolumbien, und schauen Sie dann selbst, wer Ihnen dort begegnet …

Vorspann: Das Einhorn mit dem goldenen Huf

Die Goldsucher damals im Yukon, das waren vielleicht abergläubische Gesellen! Die schlichen nächtens heimlich zu Waldwiesen, um da das geheimnisvolle, glückbringende Einhorn zu erspähen. Das sollte angeblich bei Vollmond auf die Lichtung treten – schneeweiß mit seidiger Mähne und mit güldenen Hufen – und dort blaue Glockenblumen fressen.

Sie meinen, ein Hufeisen könne nicht aus Gold sein, schon wegen der wörtlichen Bezeichnung? Ich stimme Ihnen zu, aber die Goldgräber nicht.

Die glaubten nämlich felsenfest, dass unter der Stelle, wo das Wundertier dreimal mit seinem linken Vorderhuf aufschlug, die sogenannte „Mother Lode", jene sagenumwobene, ergiebige Goldader, verborgen sei.

Die hätte jeder von ihnen liebend gern gefunden – natürlich allein und nicht zusammen mit Partnern, mit denen man hätte teilen müssen.

So kam es also, dass sie in Vollmondnächten ein jeder für sich in aller Verschwiegenheit hinaus zur Lichtung schlichen.

Dort standen dann plötzlich so um die 20 Glücksritter im Waldesrund versammelt, schauten sich im Mondenschein etwas dümmlich an – und wer nicht kam, war das Einhorn.

„Die haben damals im Yukon so viel Aufhebens und Getöse um das gehörnte Pferd gemacht, bis Kanada es schließlich zu seinem Wappentier erkor", erkläre ich Dick meine Theorie.

„Das war es doch schon längst vorher", antwortet der. „Die Goldsucher hielten es für ein Glückstier, *weil* es im kanadischen Wappen dargestellt ist."

So eine einfache und fantasielose Herleitung.

Die letzten beiden Tage habe ich damit zugebracht, blaue Campanillas in die Wiese unseres Obstgartens zu pflanzen. Unermüdlich habe ich Grasstücke ausgestochen und die Löcher mit Büscheln dieser kleinen Glockenblumenart ausgefüllt.

„Sieht hübsch aus", meint meine Nachbarin über den Gartenzaun hinweg. „Aber ist Ihnen das viele Bleu nicht ein wenig eintönig? Es gibt sie auch in Weiß."

„Die blauen haben das beste Aroma", antworte ich unvorsichtigerweise.

„Ach, man kann davon Salat machen?", interessiert sie sich, und schon muss ich mal wieder einen vom Pferd erzählen.

„Campanilla-Salat ist besonders deliziös, wenn die Pflanzen in den letzten zwei Tagen vor Vollmond gesetzt werden", doziere ich. „In Brennspiritus extrahiert sind die blauen Glockenblüten auch ein hochwirksames Antidot gegen Fliegenpilzgift."

Sie nickt verständnisvoll: „Sie essen ja wohl des Öfteren halluzinogene Pilze."

Sie kennt mich ziemlich lange, und das war jetzt keine wirkliche Frage. Doch sie erwartet offenbar einen Kommentar zu ihrer Vermutung.

„Nur hin und wieder und nur aus Versehen", räume ich ein.

„Ich setze morgen vielleicht auch ein paar Campanillas – wegen des Salats", überlegt sie. Morgen ist es zu spät – mondphasenmäßig. Aber das denke ich nur.

Sie geht nun zurück in ihr Haus.

Da höre ich von der Straße her gerade den Wagen meines Gatten vorfahren. „Sieht ganz nett aus", sagt er, bald darauf neben mir stehend und meine blaue Lichtung überblickend. „Aber warum hast du nicht ein paar rote Blumen dazwischengesetzt?" Rot ist seine Lieblingsfarbe.

Da ich ihm die wenig bekömmlichen Glockenblüten auf gar keinen Fall morgen als Salat vorsetzen will, bedarf es nun einer neuen Erklärung.

„Nur blaue Blumen locken Monarchfalter an", sage ich, einer plötzlichen Eingebung folgend und weise auf zwei goldgelbe Flattertiere, die glücklicherweise gerade über die Campanilla-Wiese gaukeln. „Sieh mal, die ersten sind schon da", rufe ich erfreut aus. „Für mich sehen die aus wie Zitronenfalter", antwortet er ungerührt und zieht ab ins Haus.

Mir doch egal. Heute Nacht ist Vollmond!

1. Der Monarch von Mariposa

Wie bewundere ich doch die Grazie der spanischen Sprache. Gibt es einen schöneren Wohlklang als „Mariposa", ein Wort mit einem so ausgewogenen Verhältnis von Konsonanten und Vokalen? Dazu viersilbig. Vier Silben ergeben bereits eine Wortmelodie. Würde man dann auch noch einen Satz damit bilden ..., aber leider kann ich nicht so viel Spanisch.

Immerhin weiß ich, dass „Mariposa" „Schmetterling" bedeutet.

Wobei das deutsche Wort doch einfach nur hässlich ist! Ein Unwort! Selbst wenn ich es denke, treten ihm drei Punkte vorweg.

Lautmalerisch assoziiere ich mit ... Schmetterling anstelle eines anmutigen, bunten Falters eher einen schweren Schwinger aufs Kinn, ausgeführt von Old Shatterhand.

Der englische Begriff „Butterfly" ist mir ebenfalls ein Gräuel. Das gilt auch für seine wortwörtliche Übersetzung ins Deutsche.

Aber ich schweife ja schon wieder ab. Ich wollte doch gar keine Geschichte über ... Schmetterlinge oder Falter erzählen.

Nein, es ist eine Geschichte über den früheren Goldgräberort namens Mariposa in Zentralkalifornien. Er liegt südlich von Sacramento, wo 1849 der Gold Rush begann, und westlich vom berühmten Yosemite-Nationalpark, und zwar in dessen unmittelbarer Nachbarschaft.

Warum die spanischen Eroberer den kleinen Flecken

vor mehr als 400 Jahren Mariposa nannten, weiß heute dort keiner mehr so genau. Nur Doc weiß es.

Es war in längst vergangenen Zeiten eine Zwischenstation des berühmten gelborangefarbenen Monarchfalters auf seinem alljährlichen 8000 Kilometer langen Zug vom Norden Kanadas in den Süden Mexikos.

Sie meinen, eine solche Flugstrecke schafft ein anmutiger Falter nicht, sondern höchstens ein kraftvoller … Schmetterling. Na ja, vielleicht haben Sie in dem besonderen Fall dann auch recht.

Immerhin ist die Spannweite des Monarchen so groß wie der Durchmesser einer Untertasse. Nein, nicht der einer fliegenden Untertasse.

Eigentlich bewegen sich die Falter in ihrem 8000-kilometrigen Flug immer nahe an der Küste, um keine unnötigen Umwege zu machen. Was bewog sie dann zu einem Schlenker über Zentralkalifornien?

Nun, es waren die Bäume.

Es waren die Wälder von gigantischen Redwoods, die beim großen Goldrausch am Sacramento River ab 1849 noch munterer als zuvor gefällt und abgeholzt wurden.

Es wurde viel Holz gebraucht damals, zum Abstützen der Minenstollen, als Brennstoff für den Winter, zum Aufbau all der Orte, die wie Pilze aus dem Boden schossen, oder zum Ausbau der wenigen Orte die es bereits gab, wie zum Beispiel San Francisco und Mariposa.

Da konnte man doch keine Rücksicht auf bunte Falter nehmen, die im Frühjahr in die Wälder der Mammutbäume einströmten und sich am süßen

Nektar ihrer Baumblüten berauschten.

Sind die Monarchen ausgestorben, nachdem die Redwoods abgeholzt wurden? Nein, keine Sorge, es gibt sie noch, wenn auch nicht mehr so viele.

Und wo sind sie jetzt? Ja, auch das weiß Doc.

Die Monarchfalter bleiben nun meist strikt an der Küste und machen Zwischenstation in Pacific Grove. Dort haben die Reichen und Superreichen ihre Villen in den schützenden Schatten von majestätischen Zedern gesetzt. Sie werden den Teufel tun, ihre schattigen Parks abzuholzen. Und die … Schmetterlinge landen dort, weil sie Zedernblüten zur Not ebenfalls mögen.

Jetzt habe ich ja wieder den Faden verloren und über … Schmetterlinge geschrieben. Würden Sie bitte so freundlich sein und einfach mal weiterlesen, ohne mir ständig Zwischenfragen zu stellen.

Wie das gesamte Gebiet am Sacramento River, so blühte, wuchs und boomte auch Mariposa im Goldrausch der Fortyniners, wie sich die seinerzeit berauschten Goldgräber stolz nannten.

Doch 1859 wird Gold nördlich vom Pike's Peak gefunden. „Auf nach Colorado!", lautet das Motto, und Denver ward gegründet. 1870 hat Colorado Kalifornien an Goldausbeute überrundet.

1876 beginnt der Gold Rush in den Black Hills von Süddakota, wo man den dortigen Sioux dann einfach das Land wieder wegnimmt, das ihnen vorher im Gesetz von Laramie als Reservat zugesprochen war.

Als 1890 Gold am Cripple Creek gefunden wird,

rennt alles wieder nach Colorado zurück. Kalifornien ist da für Goldsucher bereits so interessant wie ein eingeschlafener Fuß.

Und dann beginnt der gigantische Klondike-Goldrausch ab 1896, der alles bisher Dagewesene in den Schatten stellt, behaupten zumindest die, die überall dabei waren.

Irgendwann gibt es dann gar nichts mehr für die kalifornischen Fortune Seekers zu holen. Die Mother Lode am Sacramento ist erschöpft.

Sutter, der Kaiser von Kalifornien, könnte da jetzt wieder Pfirsiche pflanzen.

Zurückgeblieben sind alle die Versorgungsorte der Goldgräber mit ihren Bars, Saloons, Spielhöllen, Bordellen und Banken, in denen allesamt nicht mehr viel verdient werden kann.

Also besinnt man sich auf die bürgerlichen Tugenden zurück, treibt Handel mit den landwirtschaftlichen Produkten und wird zum Umschlagplatz für Weizen, Pampelmusen und Orangen. Die Städte werden Versorgungsstationen für Farmen und Plantagen. Man baut Kirchen und Schulen. Den Banken geht es wieder besser.

Mariposa profitiert nun nicht mehr von seiner Nähe zu Sacramento, sondern von seiner Nähe zum Yosemite-Nationalpark und seines inzwischen weltberühmten Valley.

Weil die historische Park Lodge im Valley von anreisenden Sommergästen chronisch überfüllt und ausgebucht ist, suchen ein paar Orte am Rande des Parks, wo gebaut werden darf, ihr Heil im Fremdenverkehr und schaffen da mit vielen kleinen, bunten Motels der touristischen Übernachtungsnot Abhilfe. Mariposa ist einer davon, der Ort am westlichen Zugang zu Yosemite.

Die Gemeinde besitzt einen von goldenem Präriegras bewachsenen Hügel am Dorfrand in schöner Lage. Der würde sich nach Ansicht einiger Gemeinderäte ganz wunderbar für ein neues Bauvorhaben eignen, zum Beispiel ein etwas größeres Wellnesshotel.

Ein Investor ist beim Bürgermeister Tom Derrick bereits vorstellig geworden, nämlich ein Abgesandter der allseits bekannten *Best-Western*-Kette.

„Ein realistisch-lukratives Vorgehen", kommentiert Derrick in seinem ihm eigenen Politikerslang auf der nächsten Bürgerversammlung, nachdem im Gemeinderat sowieso schon alles verhackstückt ist. „Der Gemeinde werden etliche Goldukaten in ihre Kasse rollen, zuallererst mal beim Verkauf des Grundstücks."

Derrick denkt gerne voraus, aber immer nur bis zum Naheliegenden, denn sonst wäre er ja Visionär. Und so einen gaukelnden Falter braucht es nicht in Mariposa.

Ganze Redwoodwälder hat man hier abgeholzt, um luftige Flattertiere zu vertreiben und sich etwas Handfestes in der Minen- oder Farmarbeit zu erwirtschaften.

Ein prospektiv-lohnender Grundstückverkauf ist ebenfalls eine handfeste, reelle Sache. So stellt der Mayor das jetzt auch dar, und die meisten Bürger nicken zustimmend.

Aber halt, da steht ja noch etwas oben auf dem kleinen, goldenen Hügel: das Old Schoolhouse, ein historisches Gebäude und – da walmbedacht – auch noch denkmalgeschützt.

Die alte Schule tat ihren Dienst seit der großen Zeit des Gold Rush bis 1920. Dann wurde sie geschlossen und eine neue gebaut. Sie sei viel zu altmodisch, hieß es damals.

Es gab hier in der Tat noch Stehpulte für die Kinder. Im Winter musste der Lehrer die beiden Klassenräume durch in der Mitte des Raumes bullernde Bolleröfen beheizen. Im zentralkalifornischen Winter kann es nämlich ganz schön kalt werden.

Ja, es gab bereits zwei Klassenzimmer. So modern war man immerhin schon zu Goldrauschzeiten.

Das eine enthielt 20 niedrigere und das andere 20 höhere Stehpulte.

Die Klassenzugehörigkeit der Kinder wurde daher nicht nach Lebensalter, sondern nach Körpergröße eingeteilt. Es gab eine Scharte in Höhe von 45 Inches an der Eingangstür, und je nachdem, ob ein Schüler größer oder kleiner als diese Markierung war, musste er sich nach Betreten des Gebäudes nach links oder rechts wenden – entweder in die rechte Klasse mit den kleinen oder in die linke mit den großen Pulten.

Nein, kleine, schlaue Schüler wurden zu dieser Zeit in Mariposa nicht sonderlich gefördert.

Nicht nur deshalb musste eine neue Schule her – mit Sitzbänken und Zentralheizung.

Das alte Schulhaus wurde 1920 einfach abgeschlossen und blieb weitgehend unbeachtet auf seinem goldenen Hügel stehen. Man hatte allerdings im Gemeinderat noch beschlossen, es unter kommunalen Denkmalschutz zu stellen. Es sei historisch und im Übrigen eine deutsche Walmdacharchitektur.

Na ja, der damalige Bürgermeister des Orts war deutschstämmig.

Tom Derrick, der aktuelle unter seinen vielen Amtsnachfolgern, ist nicht deutschstämmig, auch nicht nostalgisch-rückbesinnend, sondern „bodenständig-fortschrittlich", wie er die eigentlich widersprüchlichen Attribute seiner Grundgesinnung auf Wahlplakaten in großen Lettern kundtut.

Die meisten Bürger von Mariposa überzeugt eine solch solide Dipolarität. Sie wählten ihn mit großer Mehrheit ins Amt und werden ihn doch ganz bestimmt auf eine weitere Legislatur wiederwählen, so hofft der Mayor.

Also beschreibt er sich in seiner jetzigen Kampagne gar als „pragmatisch-vorausschauend", und er kündigt an, im Falle seiner Wiederwahl dem Ort eine lokal-politische Beständigkeit zu sichern, wie sie ihresgleichen suche.

Das wäre auch gar nicht so schwer, denn bislang hatte man in Mariposa alle vier Jahre einen anderen Bürgermeister.

Inzwischen fühlt sich Tom Derrick dort als Institution. Und die – meisten – Einwohner sehen es auch so. „Der Monarch von Mariposa" titulieren sie ihn. Und so nennen ihn sogar diejenigen, die ihn nicht besonders mögen.

Nein, an den gelben ... Schmetterling denken sie dabei nicht, die Bürger.

Der Wortlaut des Ehrennamens lässt eher an die

Bezeichnung „Der Kaiser von Kalifornien" erinnern. So wurde der Ländereibesitzer und Großfarmer Johann August Sutter (1803-1880) genannt. Auf seinem Land wurde 1848 Gold gefunden, was der „Kaiser" zunächst mal geheim hielt. Ihm war klar, dass er mangels einer funktionierenden rechtsstaatlichen Struktur nicht vom Minengeschäft profitieren konnte. Die Geheimhaltung klappte nicht lange. Sutter verlor sein Land an den Staat. Er kehrte nie nach Kalifornien zurück und starb 1880 in Washington D.C.

Derricks politische Gegner wünschen sich einen ähnlichen Karriereverlauf auch für ihn. Doch die sind ja in der Unterzahl …

Aber ich schweife schon wieder ab.

Mayor Tom, alias „der Monarch", und seine Bürger besitzen einen goldenen Hügel und darauf ein eher störendes, da walmgeschütztes Baudenkmal.

Sang- und klanglos abreißen und entsorgen darf man es nicht. So hält man nach einer anderen Möglichkeit Ausschau und erspäht sie schließlich.

Im schönen Wyoming ist es den 200 Seelen eines Örtchens mit dem klangvollen Namen Fort Laramie ein Anliegen, ihren historischen Kern zu restaurieren und ansehnlicher zu gestalten.

Rund um das große, bereits gut instand gesetzte Fort, das früher den Fortyniners und nachfolgenden goldsuchenden Argonauten als wichtige Zwischenstation auf ihrem Zug nach Westen diente, gibt es noch viele halbverfallene Originalgebäude von historischem Interesse. Man will sie aufpäppeln, um mit der Touristenattraktion eines kompletten Wildweststädtchens aufzuwarten.

Doch ausgerechnet ihr Schulhaus erweist sich als ziemlich marode, obwohl dessen Inventarien, inklusive alter Stehpulte, noch gut erhalten sind. Die Bausubstanz ist schlecht, wahrscheinlich weil nicht von deutschstämmigen Zimmerleuten erbaut. Man kommt nicht umhin, es abzureißen.

So gibt es in Mariposa ein schönes Gebäude, dessen Grundstück man benötigt, und in Fort Laramie ein lauschiges Plätzchen, auf dem man genau ein solches Haus gut gebrauchen könnte.

In den USA geht alles.

Kurzerhand beschließt man, das Old Schoolhouse in Mariposa vorsichtig abzubauen und es Balken für Balken originalgetreu im Tal der Laramie Mountains wiederaufzurichten. Mit dem in Fort Laramie noch vorhandenen historischen Inventar ausgeschmückt, kann man es guten Gewissens für Besucher als – beinahe – authentisch ausgeben.

Übrig bleibt das alte Schulinventar von Mariposa, inklusiv seiner Stehpulte. Es wird in einer alten Scheune zwischengelagert, nachdem man das Schulhaus sorgfältig demontierte und Bretter und Balken durchnummerierte.

Genau das ist der historische Moment, als Dick und ich auf den Plan treten. Nein, nicht in Fort Laramie, sondern in Mariposa.

Von San Francisco per Auto anreisend wollen wir im Yosemite Park wandern und in Mariposa wohnen. So mieten wir uns am frühen Abend im *Red Rooster* ein, einem der kleinen, bunten Motels im Ortskern, denn was Gediegeneres ist hier – noch – nicht zu haben.

Von der Reise ruhen wir uns ein halbes Stündchen in den Sonnenliegen der winzigen Poolarea aus, machen uns dann stadtfein und gehen ins örtliche Steakhouse. Den Rest des Abends wollen wir im Pub *Mother Lode* verbringen, der mit allerhand Goldwäscherreminiszenzen und historischen Fotos aus den großen Tagen der Fortyniners geschmückt ist.

Dort finden wir Larry, den Inhaber unseres kleinen *Red Rooster Motel*, mit ein paar Einheimischen an der Theke. Er will uns einen Pint ausgeben, wo wir uns doch immerhin für drei Tage bei ihm einquartiert haben. So gesellen wir uns zu ihnen. Wir geben uns in der Runde dann wechselseitig Pints aus, und es werden über den Abend eine ganze Menge.

Dafür erfährt man auch viel lokalen Dorfklatsch. Der Abtransport des alten Schulhauses nach Laramie und der Neubau des *Best Western Recreation Ressort* draußen auf dem goldenen Hügel sind Hauptgesprächsthemen. Und natürlich die Umstände, wie Tom Derrick, der amtierende Bürgermeister, das alles mal wieder so eingefädelt hat. Über Letztere gehen die Meinungen auseinander.

Dem „Klein-und-Bunt"-Motelbesitzer Larry wird das neue Hotelprojekt eher Konkurrenz bescheren. Entsprechend ist er nicht so gut auf den „Monarchen von Mariposa" zu sprechen.

„Das ist doch ein autoritärer und selbstgefälliger Despot", tut er seine Meinung kund. Aber vom Protest etlicher Thekengenossen wird er lautstark überstimmt. „Derrick ist das Beste, was dem Ort nach Ende des Goldrauschs je passiert ist", loben die ihren

Local Hero über den grünen Klee.

Die willigen Vasallen, die ihn auch bei der nächsten Wahl wieder auf den Thron hieven, scheinen in der Mehrheit zu sein.

Aber wie immer an irgendeinem Biertresen dieser Welt gibt es auch in Mariposa unterschiedliche Meinungen, und einige Stimmen erheben sich nun, die energisch widersprechen.

„Der Mayor hätte das historische Schulhaus niemals aufgeben dürfen. Man wollte doch ein Heimatmuseum daraus machen, sobald Geld dazu da sei", ruft einer, den sie Jeff nennen. Er ist der Redakteur ihrer Abendzeitung *Mariposa Goldstar*.

„Geld ist aber nur da, *weil* die alte Bruchbude aufgegeben wurde", tönt es aus der Monarchenfraktion.

„Es handelte sich immerhin um eine ganz einmalige, denkmalgeschützte deutsche Walmdacharchitektur", fällt ein anderer ein, mit lautstarker Zustimmung von zwei weiteren.

„Aha, die deutschstämmige und -tümelnde Traditionsfraktion", denke ich, und sehe, dass auch Dick vor sich hingrinst.

Aber das ist natürlich der Moment, wo man uns hineinzieht.

„Wie seht ihr als Deutsche das, wenn ein solches Bauwerk einem Wellness Ressort zum Opfer fällt?", fragt uns unser Motelwirt.

Da sind wir fürwahr etwas in der Klemme. Wenn das komfortablere Hotel schon fertig gewesen wäre, hätten wir es wahrscheinlich Larrys Etablissement vorgezogen, aber das sollte man jetzt besser nicht zur Sprache bringen, hier am Tresen und überhaupt.

„Wenn wir in Deutschland alle Walmdächer unter Denkmalschutz stellen wollten, hätten wir viel zu tun", meint Dick ausweichend, aber nicht ausweichend genug. Er vergrätzt die Traditionalisten.

„Bei der interessanten Historie von Mariposa wäre ein Heimatmuseum aber auch nicht verkehrt gewesen", versuche ich die Waage wieder ins Lot zu bringen.

„Wir hatten vor dem Verkauf des Grundstücks kein Geld für ein Museum. Jetzt haben wir das Geld, aber kein geeignetes Gebäude mehr", resümiert Ron, der Deputy.

„Dann hätten wir das Schulhaus eben in Mariposa an anderer Stelle wieder aufbauen müssen, statt es nach Fort Laramie zu verfrachten", eifert sich ein anderer namens Craig.

„Tom Derrick ist ein eitler Schwachkopf", schimpft Larry sich in Rage und gießt wieder Öl ins Feuer: „Ich wähle grundsätzlich immer nur seinen Gegenkandidaten und täte das selbst dann, wenn Mrs. Tinning, die Handarbeitslehrerin des College, gegen ihn antreten würde."

Nun erhitzt sich die Debatte an der Person der Handarbeitslehrerin, die von den Fans des Monarchen jetzt als ältliche, weltfremde Jungfer geächtet wird.

Es folgen noch weitere geschmacklose Bemerkungen zu Mrs. Tinning, was die Gegenseite wieder auf den Plan ruft, die die Diffamierung einer gänzlich Unbeteiligten schärfstens verurteilt.

Rasch schießt man sich wieder auf den Mayor ein, beschimpft sich in wild-eskalierenden Kontroversen wüst gegenseitig, und bald werden Fäuste fliegen. So viel ist klar.

Joe, der Barkeeper, meistert die Situation, indem er uns eine neue Runde Pints hinstellt. „Geht aufs Haus", verkündet er.

Alle prosten ihm freudig zu, und Joe nutzt die Pause im hitzigen Disput für einen souveränen Schiedsspruch: „Unser Mayor ist konservativ-realpolitisch und gleichzeitig abwägend-zweckliberal." Darüber grübeln dann alle nachhaltig und ergebnislos. Weil schließlich keinem mehr dazu was einfällt, verzieht sich die aggressive Stimmung. Es wird nicht mehr gebrüllt, sondern nur noch gegrummelt und schließlich wieder Bier getrunken. Larry bestellt die nächste Runde – für Freunde wie Feinde.

„Bartender sind doch allemal die besten Politiker, da gewiefte Diplomaten mit ausgeklügelter Deeskalationsstrategie", denke ich bei mir und würde Joe auf der Stelle zum Bürgermeister wählen.

„Ihr solltet morgen nicht allzu spät von eurem Hiking im Valley zurückkehren, sonst verpasst ihr ein Ereignis", wendet sich Larry jetzt mit neuem Thema an Dick und mich. Wir spitzen die Ohren, denn abendliche Ereignisse in Mariposa erscheinen uns in der Regel dünn gesät zu sein.

Unser Motelwirt berichtet uns von der Versteigerung des alten Schulinventars, die für den morgigen Abend ab 6 p.m. angesetzt ist. Die Auktion findet der Einfachheit halber direkt am Ortsrand in der Scheune statt, wo man die Sachen nach dem Abriss des Schulgebäudes zwischengelagert hat.

„Selbst wenn ihr nichts von diesem ollen Plunder

brauchen könnt, wird es kurzweilig", verspricht Larry, „wenn es nämlich zur Versteigerung der größeren, alten Stehpulte kommt." Die anderen im Kreis nicken bestätigend und lachen fröhlich.

„Was soll denn an alten Schülerpulten so interessant sein?", frage ich zweifelnd. „Ihr Inhalt", grinst Ron, der Deputy, der im Übrigen beauftragt ist, die morgige Auktion zugunsten der Gemeindekasse durchzuführen. Der Ordnungshüter ist in einem friedlichen Flecken wie Mariposa ansonsten nicht allzu beschäftigt.

Er erklärt uns nun den näheren Sachverhalt. „Die Pulte aus der Klasse für die kleinen Kinder sind in der Tat ohne größeren Unterhaltungswert. Da bin ich froh, wenn der eine oder andere sich eins davon als Blumenbank für die Veranda mitnimmt. Sie haben unter der Schreibfläche lediglich eine kleine Schublade, in die die Schüler früher ihre Schreibsachen oder ihr Pausenbrot ablegten. Aber die größeren Stehpulte, das sind wahre Wundertüten."

Und wir erfahren jetzt, was es mit denen auf sich hat. Sie dienten nämlich gleichzeitig als eine Art Kommode mit einer größeren, abschließbaren Klappe unter der Schreibfläche und mit einer schmalen Schublade.

Darin wurde vom Schulmeister das gesamte Unterrichtsmaterial eingeschlossen und im Bedarfsfall entnommen. Das mochten alte Fibeln sein, geografische Karten oder kleinere Instrumente für die Musikstunden. Der Generalschlüssel für die Pulte war seinerzeit bei der Schließung der alten Schule zusammen mit den Gebäudeschlüsseln an einem Bund bei der

Bürgermeisterei abgegeben worden. Während man die Hausschlüssel dann künftig noch hin und wieder brauchte, um nach dem Rechten zu sehen, war der Inhalt der Pulte völlig in Vergessenheit geraten.

Ron verwaltet als zuverlässiger Deputy den Schlüsselbund, den er jetzt auf die Theke legt, wobei er auf den kleinsten, schwarz patinierten Eisenschlüssel verweist, der alle die Schlösser der Schülerpulte öffnet.

„Ich habe eines der Fächer vorgestern mal probeweise aufgeschlossen, als ich die Inventurliste für den Versteigerungsaufruf anfertigte", erzählt Ron. „Da waren dutzendweise alte Gesangbücher und Schulbibeln drin, und ich habe es ganz schnell wieder zugemacht."

Er ist wohl nicht so sonderlich fürs Kirchliche.

Dabei stelle ich mir alte Bibeln, die bestimmt fast 100 Jahre alt sind und seit gut 80 Jahren nicht mehr ans Tageslicht kamen, ganz interessant vor, insbesondere wenn es sich vielleicht gar um illustrierte Exemplare handelte.

„Die anderen Pulte habe ich aber gar nicht mehr aufgeschlossen. Ich will ja kein Spaßverderber sein. Da kommt vielleicht noch das ein oder andere nostalgische Schätzchen zum Vorschein. Es sind 20 Pulte, und ich starte mit einem Anfangsgebot von 20 Bucks", meint Ron.

Wir wollen am nächsten Abend dabei sein und lassen uns noch den Weg zur Auktionsscheune beschreiben, bevor wir uns verabschieden.

Wir sind von unserer heutigen Anreise rechtschaffen müde. Larry, unser Motelwirt, bleibt noch mit seinen Kumpels an der Theke stehen.

„Glaubst du wirklich, dass Ron sich nicht angeschaut hat, was er da morgen versteigern wird?", frage ich Dick auf dem Heimweg. „Der Deputy macht keinen besonders vorwitzigen Eindruck. Das wird wohl schon so sein, wie er sagt", meint der.

„Ich hätte aber in jedes Einzelne reingeguckt", überlege ich laut. Verschlossene Behältnisse faszinieren mich, besonders wenn ich irgendwie in den Besitz des zugehörigen Schlüssels komme. Ich hätte in den Fächern der Pulte bereits das Unterste zuoberst gezerrt. „Weibliche Neugierde", schnaubt Dick nur verächtlich. „Mich würde das Wühlen in dem alten, staubigen Kram überhaupt nicht interessieren."

Nun kommt ihm aber noch ein beunruhigender Gedanke, als er sich mal wieder der Unterschiede unserer beider Wesen bewusst wird. Das muss rasch klargestellt werden.

„Dass du mir aber ja nichts von dem ganzen Plunder ersteigerst", setzt er an. „Wir gehen hin, weil wir morgen – untrainiert, wie wir noch sind – eh' keine allzu lange Bergwanderung machen können. Wir kehren also zeitig zurück, schauen uns die Versteigerung an, und du kannst gerne zugucken, was die Käufer aus ihren Wundertüten hervorziehen. Aber dabei bleibt es dann auch."

Na so ein Spaßverderber. Da könnte ich genauso gut als Erntebeobachter den Einheimischen beim Pflücken von Pampelmusen zusehen.

Aber besser erst mal nix sagen …

Am nächsten Tag fahren wir hinaus ins Yosemite Valley, parken im Tal am Trailhead zu den Vermont und Nevada Falls und machen den gemäßigten Aufstieg, um die wundervollen Wasserfälle zu betrachten. Über ein Steinlawinenfeld geht es dann noch mal 600 Fuß höher bis zum obersten Kopf der Nevada Falls.

Das ist schon anstrengend genug für heute, aber auch äußerst lohnend. Wild faucht der imposante Wasserfall gleich neben uns, und der Wind hüllt uns in seinen Spray.

Nach dem Abstieg fahren wir unten im Tal am Merced River entlang zurück, verlassen den Park über eine Passstraße an seinem westlichen Ausgang und erreichten Mariposa am späten Nachmittag.

Nach einer kleinen Ruhe- und Erfrischungspause im Motel machen wir uns auf zur Versteigerung in der alten Scheune.

Als wir gegen 6.30 p.m. eintreffen, ist die Auktion bereits in vollem Gange. Es sind in erster Linie ortsansässige Interessenten, denn die Touristen kraxeln zumeist noch in den Hängen über dem Valley herum.

Vom lokalen Event künden in Mariposa zwar Plakate aus jedem Schaufenster, doch warum es heute so spannend wird, ist eine Insider-Information. Wir haben die Sache mit den Überraschungspulten gestern ja auch nur zufällig im Pub von den Einheimischen erfahren.

Letztere scheinen hier auch fast komplett versammelt zu sein.

Der Verkauf des Schulinventars findet auf Initiative des Bürgermeisters statt.

Mag man am Wirtshaustresen bisweilen auch

geteilter Meinung über ihn sein, doch wenn er ruft, dann kommen sie alle. Keiner möchte sich vom Kommunalwesen ausgegrenzt sehen.

So macht Ron, der versteigernde Deputy, ein zufriedenes Gesicht, als er die einzelnen Lose aufruft. Die Einwohner fühlen sich unter einem sozialem Zwang offenbar genötigt, kräftig mitzubieten.

Natürlich ist Tom Derrick, der „Monarch von Mariposa", auch persönlich anwesend, um den sozialen Zwang zu verstärken. So sitzt er selbstgefällig und aufgeplustert in der ersten der wenigen Stuhlreihen. Die meisten Leute stehen, wie wir auch.

Auf Plakaten und Flugblättern, die flächendeckend verteilt wurden, hat Derrick die Versteigerung als eine „Aktion zum Wohle aller" vollmundig beschrieben. Es sei „selbstredend-unmissverständlich" erste Bürgerpflicht, sich daran zu beteiligen. Der Druckereiinhaber des Orts kam seiner Bürgerpflicht bereits nach, indem er Mayor Toms Pamphlete kostenlos kopierte.

Das propagierte Allgemeinwohl sieht so aus, dass die Gemeinde vom Gewinn der Versteigerung ihr großes Sommerfest ausrichten kann. Das spült dann durch den Verkauf an Speiseeis und Erfrischungsgetränken auch wieder einen Erlös in die Kasse und der soll dem College zugute kommen, um den Pausenhof neu zu pflastern.

„Das alte Schulhaus hilft den neuen Schülern", so prangt es auf der PR-Propaganda des Lokalpolitikers. Die Neuwahlen zum Bürgermeisteramt scheinen in der Tat kurz bevorzustehen.

Jetzt schreitet aber erst mal die Versteigerung zügig voran. Der kleine, gusseiserne Bollerofen ist vom Wirt des *Mother-Lode*-Pubs ersteigert worden, sei es als reines Dekorationsstück oder tatsächlich, um im Winter im Barraum ordentlich einzuheizen. Funktionstüchtig sieht das Teil immerhin noch aus. Um die Schulglocke gibt es sogar einen Bietstreit zwischen dem Pastor der episkopanischen Kirche und dem Pfarrer der römisch-katholischen Gemeinde. Beide erstreben die Glocke wegen ihres noch schönen, hellen Klangs als Zweitgeläut.

Ein Bauunternehmer aus dem Ort schlichtet mit einem Höchstgebot und schnappt den Geistlichen das Los zunächst weg, um es gleich anschließend zu verschenken: Die Kirchenherren sollen darum eine Münze werfen, wobei der katholische Pfarrer gewinnt.

Nun kommt es aber zum Höhepunkt: die Ausbietung der abschließbaren Pulte.

Sie werden einzeln aufgerufen, und Ron will im direkten Anschluss an den Kauf und mit Einverständnis des Käufers jeweils die Lade vor den Augen der Zuschauer aufschließen, damit alle an der Überraschung partizipieren.

Gleich auf das erste Objekt wird hoch geboten. Mir juckt es im Finger mitzumachen, doch Dick sieht mich strafend von der Seite an. Ich rühre mich nicht, um des lieben Friedens willen, und sehe nur gespannt zu.

Es geht von 20 auf 65 Bucks. Jack, der Inhaber des ortsansässigen Grocery Store, ist nun der stolze Besitzer.

Ron geht vor und schließt das erste Pult feierlich auf. Dann tritt er rasch zurück und überlässt Jack nun das Feld, der die Lade vorsichtig herabklappt und zunächst selbst hineinschaut, bevor er den neugierigen Zuschauern lachend seinen Fund präsentiert: dutzende Packungen mit bunter Kreide und dicke Tafelschwämme.

Beides verteilt er sogleich an die im Publikum anwesenden Kinder fürs Asphaltmalen. Damit festigt der gutmütige Grocer Jack seine Beliebtheit bei den Kindern, denen er in seinem Laden auch immer Seidenkissenbonbons schenkt, und zwar aus einem großen Glas, das auf seiner Theke steht.

Ja, bei Jack im Store geht es noch richtig altmodisch und nostalgisch zu. Das Pult habe er nur gesteigert, um Apfelringe und Trockenobst darin staubsicher aufzubewahren, wie er jetzt erklärt.

Auch das nächste Los erzielt mit 50 Dollar einen ordentlichen Preis – und den größten Lacherfolg im Publikum.

Fred, ein Farmer, der es ersteigert hat, lässt es sich von Ron aufschließen, schaut in die Klappe und macht ein ratloses Gesicht. Vorsichtig greift er hinein, aber seine Hand zuckt zurück. Nun neigt er das geöffnete Pult, auf dass der Inhalt auf den Boden rolle. Wir rücken alle näher und schauen auf Hunderte von bräunlichen, runden Kringeln am Boden.

Alte Einweckringe? Keiner mag das Zeugs so recht anfassen. Wirklich keiner? Aber nicht doch: Doc tritt in investigativer Neugierde vor und hebt einen der Kringel hoch.

Er ist von biegsam-ledriger Konsistenz, und ich

halte meine Nase daran. Es riecht staubig mit einem leicht organisch-moddrigen Anflug.

Die Anwesenden sehen mich fragend an. Ich denke bereits angestrengt über die besonderen Umstände dieses Funds nach.

Was bewahrte man an Organischem vor 80 Jahren im verschlossenen Pult einer Schule auf?

Klar, einen gut haltbaren Pausensnack für die Kinder. Müsliriegel gab es damals noch nicht. „Apfelringe", verkünde ich und sehe grinsend Jack an, dem das Anlass zu einem nachhaltigen Heiterkeitsausbruch gibt. Alle anderen lachen mit.

Es ist wirklich eine prima Stimmung hier bei dieser Versteigerung.

Wir bekommen an dem Abend noch allerhand zu sehen. Ein Fach enthält Holzfarbkästen, Papierhefte und Pinsel für den Malunterricht, ein anderes Blockflöten, kleine Rasseln und Mundharmonikas.

Schulfibeln und geografische Karten kommen erwartungsgemäß zum Vorschein, dazu Vorzeigetafeln aus Pappe mit bunten Bildern für Erstklässler.

Aus einem Pult quillen ausgestopfte Kleinsäugetiere und Reptilien, einschließlich verschiedener Klapperschlangenarten.

Wir finden Setzkästen mit Vogeleiern und einen mit wundervollen Mineralien. Die Mineraliensammlung enthält sogar ein sehr kleines Goldnugget. Im Apotheker des Orts, der die Gesteine ersteigert hat und sich sichtlich freut, haben sie sicher einen würdigen Nachbesitzer gefunden.

Ich bin nun bei der Ausbietung der Lose immer

nervöser geworden, tippele von einem Fuß auf den anderen, aber ich beherrsche mich und biete nicht mit.

Gerade wird das vorletzte Pult geöffnet und unter vielen Ahs und Ohs kommt ein gläserner Schaukasten mit wundervollen Schmetterlingen zum Vorschein. In ihrer Mitte der große goldgelbe Monarch. Ich seufze auf. Diese Pracht könnte jetzt mir gehören.

So gibt es beim Aufruf des letzten Stehpults kein Halten mehr für mich. Mein Finger zuckt in die Höhe. Dick zischt neben mir wie eine bösartige Viper. Doch egal, ich bin jetzt nicht mehr zu stoppen. Notfalls werde ich 100 Dollar bieten.

Doch das muss ich gar nicht. Ich bekomme den Zuschlag bereits bei 35 Dollar.

Dick verdreht die Augen stöhnend gen Himmel, als Ron nun vortritt, um mir die Wundertruhe aufzuschließen.

Eilig ziehe ich die Klappe auf, und da kommt mir schon alles entgegengepurzelt: Indian Baskets in den schönsten Formen und Mustern.

Ein überraschter und freudiger Aufruf geht durch die Zuschauer, und alles drängt nun näher. Das ganze Pult ist vollgestopft mit diesen indianischen Artefakten, die wohl seinerzeit im Schulunterricht als Anschauungsmaterial benutzt wurden.

Es ist Korbwebkunst vom Feinsten. Heute gibt es solche Stücke nur noch in Museen.

Alle bewundern nun die schönen Exemplare, und sie werden andächtig von Hand zu Hand gereicht.

Auch Dick ist begeistert. „Ich habe sie gezählt, es sind 14 Stück", raunt er mir zu, was mir wohl auch als Kontrolle dienen soll, wenn ich sie zu guter Letzt den rauen und neugierigen Händen der Mariposa-Dorfbevölkerung wieder entreißen kann.

Aber das ehrliche Völkchen würde nie an Unterschlagung denken. Sie rücken den lang gezogenen Auktionstisch in die Mitte, den Ron jetzt am Ende der Versteigerung nicht mehr braucht, und stellen alle 14 Exemplare nebeneinander auf.

Die Artefakte haben im lichtgeschützten Versteck ihre schönen Originaltöne erhalten, warme Naturfarben in Hellbeige, Gelb, Rötlich, allen Brauntönen und Schwarz. Sie sind aus Agave-, Yucca-, Rabbitbrush- und Sisalfasern gewoben.

Was Indian Basketry angeht, ist Doc die Expertin Nr. 1, auch wenn jetzt hier viele Leute aus der Gegend versammelt sind, die sich mit der Kunst der einheimischen, zentralkalifornischen Indianerbevölkerung wie den Paiute und Washoe recht gut auskennen.

Sie alle sollen gleich mal aufmerken und erkennen, dass diese wundervollen Kunstwerke genau in die richtigen Hände geraten sind.

So tue ich mal wieder, was ich am liebsten mache: vortreten und dozieren.

„Fast alle Baskets stammen aus Zentralkalifornien. Sie wurden zu den verschiedensten Zwecken gefertigt. Wir haben hier zwei Winnowing oder Sifting Trays der Pomo." Ich hebe zwei flache Schalen kurz empor. „Sie halfen, bei der Getreideaufbereitung die Spreu vom Weizen zu trennen. Es gibt Storage Baskets für getrocknete Beeren oder für Tabak", wobei ich auf ein mit einem Deckel fest verschlossenes Flechtgefäß der Yurok weise, „und sogar wasserdicht gewobene Körbe, in denen man kochte." Ich zeige auf ein kugelrundes Exemplar eines Cooking Basket des Hupa-Stamms.

„Die am feinsten gewobenen Stücke wurden als Kopfbedeckungen benutzt", wobei ich zwei Women's Caps der Karok und Klamath mit kunstvollen Dreiecksmustern hochhalte.

Bewusst habe ich bei meinen fachkundigen Erläuterungen zwei Körbe ausgelassen, die mir als Kennerin sofort ins Auge fielen und die ich für die Wertvollsten des Konvoluts halte: ein sehr altes Chumach Basket mit Schmetterlingsmotiv sowie ein aus ganz hellen Weidensprossen gewebter Washoe-Korb mit feinsten rotschwarzen Musterlinien, die gestochen scharf und wie ziseliert auf dem hellen Grund wirken.

Schließlich will ich keine Begehrlichkeiten wecken, wenn meine Zuhörer merken, wie rar und selten gerade diese beiden Kunstwerke sind. Sie sind ja schon neidisch genug auf die übrigen.

Aber da ist eine ältliche Quiesel im Publikum, vom Typ her eine Handarbeitslehrerin, die genau aufpasst und mir meine Unterschlagungstaktik nicht durchgehen lässt.

„Meines Erachtens ist das helle Washoe Basket von Datsolalee", lässt sie sich altklug vernehmen. Ein Raunen ist die Folge.

Datsolalee, die legendäre indianische Webkönigin, kennen hier alle. Und alle wissen, dass der Wert eines Stückes aus ihrer Hand nur aufzuwiegen wäre, wenn man es mit Goldnuggets auffüllt.

Hier muss ich gegensteuern.

„Von Datsulalee wird es auf keinen Fall sein", erwidere ich und sehe der Quiesel, in der ich die am Vorabend so geschmähte Collegelehrerin Mrs. Tinning vermute, angriffslustig ins Gesicht.

Um eine Begründung bin ich nämlich nicht verlegen: „Es sind insgesamt nur 44 Kunstwerke von der Washoe-Weberin überliefert. Sie arbeitete bereits vor 120 Jahren nur streng nach Auftrag, und damals waren ihre Körbe bereits über tausend Dollar wert. Es ist also undenkbar, dass Datsolalee vor circa 90 Jahren ein Schauobjekt für eine Schulklasse anfertigte", antworte ich streng und füge dann etwas launiger an: „Datsolalee nenne ich immer den Vermeer unter den Korbflechterinnen, weil auch von dem niederländischen Malerfürsten nur 44 Originalwerke überliefert sind."

Diesen Vergleich findet man dann auch kulturvollgeistreich und applaudiert mir nun freundlich für meine kleine, improvisierte Ad-Hoc-Vorstellung. Die Quiesel schaut sauertöpfisch drein, hat aber nichts mehr zu entgegnen.

Allerdings rückt jetzt kein geringerer als Tom Derrick, der „Monarch von Mariposa", auf den Plan.

„Wir alle sind Zeuge, dass Sie die Baskets heute Abend öffentlich-rechtmäßig erworben haben", hebt er an. „Doch ein solcher Besitz ist ja auch eine ethisch-moralische Verpflichtung. Daher meine Frage: Werden Sie die kostbaren Artefakte ausführen und das amerikanisch-indianische Kulturgut mit in Ihre Heimat, ins ferne Deutschland, nehmen?"

Das schlägt ja nun dem Fass den Boden aus. Um ein paar 100 Bucks für sein Limonadensommerfest einzusammeln, hat Derrick eine Auktion veranlasst, ohne vorher zu überprüfen, was er da überhaupt versteigert. Und jetzt kommt er mir mit indio-amerikanischem Kulturgut und ethisch-moralischer Verpflichtung.

Natürlich habe ich vor, die Beute in meinen Hort zu verschleppen, auch wenn dieser noch so viele Kontinente weit entfernt liegen würde.

Doch hier beherrsche ich mich erst mal und gebe ein anderes Statement ab. „Nichts liegt mir ferner, als diese Pretiosen aus Kalifornien zu entführen", lächele ich schmallippig und habe die ungeteilte Aufmerksamkeit meiner Zuhörer.

„Unser Vetter aus San Francisco ist Kenner und Sammler indianischer Korbflechtkunst, und er wird diesen Schatz fachkundig-kompetent für mich aufbewahren. Er wird auch das ein oder andere Exemplar als Leihgabe für Ausstellungen zur Verfügung stellen, damit sich viele daran erfreuen können."

Nach diesen salbungsvollen Worten vermeine ich tatsächlich einen kollektiv-erleichterten Seufzer vonseiten meines Publikums zu hören.

Nur die Quiesel schaut noch immer sauertöpfisch drein, und Dick grinst so breit zu mir herüber, dass ich mich beherrschen muss, nicht aufzulachen.

Ich konzentriere mich eisern darauf, weiterhin eine überlegen-würdige Miene zur Schau zu stellen.

„Erklären Sie sich freundlicherweise bereit, am morgigen Abend eine Presseerklärung zu dem Fund zu geben und die Stücke noch einmal in dieser Form den Journalisten und dem Publikum zu präsentieren?", fragt Derrick nun noch. Denn an gemeinsamen Öffentlichkeitspräsentationen ist ihm doch ganz besonders gelegen. Er verspricht sich wohl viel Aufmerksamkeit für Mariposa – und für seine Person.

„Mitnichten", antworte ich gnädig.

Nun löst sich die Versammlung auf. Glücklicherweise, denn ich kann es kaum erwarten, meine Kostbarkeiten für mich zu haben. Vorsichtig stapele ich die Körbe aufeinander, wobei Dick mir assistiert.

Ich ziehe zwei zusammengefaltete große Stoffbeutel, sogenannte Shopper, aus meiner Handtasche hervor, die ich zu beachtlicher Größe aufblähen kann, und in die mein ganzer Schatz hineinpasst. Dick guckt scheel darauf und muss wieder etwas anmerken: „Du hattest also von Anfang an vor, hier mitzusteigern, wenn du schon Taschen mitgenommen hast."

„Worüber du dich freuen solltest", sage ich leichthin.

Das leere Holzpult, für das ich keine Verwendung habe, schenke ich Grocer Jack für seine Apfelringe.

Dann ziehen Dick und ich los in Richtung unseres Motels, jeder einen großen Shopper mit Baskets an der Hand.

Auf dem Zimmer begutachten wir unseren neuen, wertvollen Besitz bei einer Flasche Cabernet Sauvignon von Mondavi. Wir haben immer einen kleinen Weinvorrat im Kofferraum unseres Mietwagens dabei, auch wenn er während der Reise dann durchgeschaukelt und bisweilen etwas „neurotisch" schmeckt, wie Dick als Psychologe immer meint.

Doch das ist allemal besser, als unterwegs auf dem Trocknen zu sitzen. Und heute ist dieser teure Mondavi dran, denn wir haben was zu feiern.

„Weiß Vetter George eigentlich, dass er zum feinsinnigen Kenner und Sammler indianischer Artefakte avanciert ist?", feixt Dick.

„Er wird es bald wissen, denn ich fürchte, wir kommen nicht umhin, die Körbe im Beautiful Desert Home, seinem Ferienhaus in Palm Springs, zwischenzulagern," überlege ich. „Ich glaube nämlich kaum, dass wir es wagen können, sie alle 14 direkt mit nach Deutschland zu nehmen. Da werden sie uns tatsächlich vom Zoll konfisziert."

„Doch wenn wir sie bei George unterstellen und uns jedes Mal nur trauen, ein oder zwei Exemplare auszuschmuggeln, dauert es ja Jahre, bis wir sie zu Hause in der eigenen Sammlung haben", moniert Dick, der in solchen Fragen gerne eine „Wer-nichts-wagt-der-nichts-gewinnt"-Haltung einnimmt.

„Wir schmeißen unsere Klamotten weg und können sie dann alle im Koffer unterbringen", schlägt er gleich darauf vor.

„Ist das Washoe Basket vielleicht wirklich von Datsulalee?" Nun fängt der auch noch damit an.

„Nein, es ist ein Frühwerk von Lena Dickens", antworte ich mit Bestimmtheit.

Ich habe die Arbeiten dieser Washoe-Weberin, die von 1889 bis 1965 im Yosemite Tal lebte, gründlich studiert und erkenne ihre charakteristische Handschrift, wenn ich sie sehe.

„Und das andere Basket, das ein antikes Teil zu sein scheint, ist sogar vom Stamm der Chumach aus der Gegend von Santa Barbara, ein wertvolles sogenanntes ‚Mission Basket'. Rätselhaft wie es in die Schulkollektion kam. Es muss schon damals ziemlich kostbar gewesen sein", fahre ich fort.

„Mit seinem Schmetterlingsmuster ist es das schönste der ganzen Sammlung", stimmt mir Dick sogleich zu.

„Ich darf es auf keinen Fall morgen Abend mit zur Pressekonferenz nehmen", überlege ich weiter.

„Du darfst auf keinen Fall morgen Abend diese Pressekonferenz geben", sagt Dick mit Bestimmtheit. „Sonst haben wir halb Amerika auf den Fersen – und allen voran die Indianer."

An die Indianer hatte ich noch gar nicht gedacht und werde jetzt etwas grüblerisch. Doch Dick teilt mir bereits seinen konkreten Plan mit.

„Wir machen hier in Mariposa bei Nacht und Nebel einen Abgang", bestimmt er. „Wir nehmen die Baskets und verschwinden, bevor uns irgendjemand mit moralischer Verpflichtung kommen kann. Für Larry hinterlassen wir nur einen Zettel, dass unser Vetter uns überraschend gebeten hat, ihn in Monterey zu treffen – wegen einer dringenden Familienangelegenheit. In Wahrheit fahren wir morgen in aller Frühe genau in die umgekehrte Richtung los, durchqueren den Nationalpark und schlagen uns dann über den Tioga Pass nach Lee Vining hinunter, wo wir Quartier machen." Mir gefällt der Plan. Larry hat den Abstrich unserer Credit Card und kann uns die Raummiete problemlos auch ohne Check-out berechnen.

So packen wir am Vorabend noch all unser Hab und Gut und sind am anderen Morgen bereits äußerst früh im Valley. Dort folgen wir dem Merced River durch seine idyllische Wiesenlandschaft mit hellen Granitwänden, die das Tal einkesseln und 3000 Fuß strikt in die Höhe ragen. Bridal Veil, Yosemite und Stanley Falls fallen aus dieser Höhe hinab.

Bis in die Zeiten des frühen Tourismus lebten im Tal auch noch die Indianer, mussten aber im weiteren den Nationalpark räumen und in den Osten außerhalb des Yosemite Parks umsiedeln, wo sie auch heute noch sehr verstreut leben.

Im Talkessel wohnten seinerzeit verschiedene Gruppen recht friedlich beieinander. Insbesondere die Washoe und Paiute waren hier heimisch und teilten sich das wildreiche, paradiesische Valley.

Dann wurden Lodge und Village erbaut, und die Touristen strömten ein.

Vom frühen indianischen Leben in Yosemite zeugen heute nur noch die Exhibits im Museum des Village.

Da in Zentralkalifornien die Korbflechtkunst die höchste Blüte überhaupt erfuhr, hat das Museum eine bedeutende und kostbare Basketkollektion, die Liebhaber aus aller Welt anlockt.

Eine Besonderheit sind hier auch die ständigen Präsentationen der indianischen Weberinnen, die in der Vorhalle des Museums bereits seit Generationen stolz ihre Webkunst demonstrieren.

Nachdem wir als Walk-ins in der Lodge gefrühstückt haben, wird nun gerade um 10 a.m. das Museum geöffnet. Wir kennen die Exponate gut, doch jetzt, wo wir zu einem Eigenbesitz an diesen raren Artefakten gelangt sind, wollen wir uns die Ausstellung zu Vergleichszwecken noch einmal ausgiebig ansehen.

Ich drücke mir die Nase an den Vitrinen platt, kann das Basket von Lena Dickens anhand ihrer hier ausgestellten Werke verifizieren und identifiziere tatsächlich ein Paiute Basket aus unserer exquisiten Kollektion als ein besonders frühes Werk von Carrie Bethel, die von 1898 bis 1974 lebte.

Es ist wirklich unglaublich, was für ein Schatz uns da gestern in so glücklicher Fügung in die Hände gefallen ist.

In einer Nische des Foyers sitzen zwei Indianerinnen auf einfachen Holzstühlen, umgeben von ihrem Arbeitsmaterial und weben. So früh ist hier noch nichts los. Wenn man später kommt, sind die Weberinnen häufig von Touristen umringt.

Also nutze ich jetzt die Chance, mich ein wenig mit ihnen zu unterhalten.

Es sind Washoe Squaws, was man an ihrem kräftigen Körperbau und dem runden Kopf erkennt, mit Gesichtszügen, die an Eskimos erinnern.

Sie unterscheiden sich im Aussehen sehr von den feingliedrigen und häufig hageren Paiute-Indianern.

Auch an ihren Baskets sind die Washoe zu erkennen. Obwohl sie gleiche Ausgangsmaterialien verwenden, bevorzugen die Stämme verschiedene Muster und Motive zur Ausschmückung ihrer Arbeiten.

Bei den beiden Frauen handelt es sich offensichtlich um Mutter und Tochter. Die Mutter hat weißes Haar und dürfte über 80 sein. Die Tochter ist mit circa 50 meine Altersklasse. Sie hat ein Schildchen mit ihrem Namen „Connie" am Revers. Die alte Indianerin trägt kein Namensschildchen, was in der Regel ein Zeichen ist, dass man ihr keine Fragen stellen kann, weil sie nur wenig Englisch spricht.

Ich begrüße die beiden, sehe ihnen ein wenig bei

der geschickten Arbeit zu und komme mit Connie ins Gespräch. Ich erkläre, wie sehr ich ihre Art der Webkunst schätze und dass ich auch selbst Körbe flechte, „allerdings nicht so feine und wunderbare wie Sie und Ihre Mutter", wie ich rasch und wahrheitsgemäß hinzufüge.

Erfreut übersetzt Connie es ihrer Mutter ins Indianische. Die alte Squaw schaut mich daraufhin interessiert an, streckt schließlich die Hand aus und greift nach meiner Rechten. Sie schaut in meine Handinnenseite, schüttelt den Kopf und sagt in holprigem Englisch zu mir „you no weaver".

Doch Connie hat den Irrtum erkannt, und sie deutet auf meine Linke. „Mother, she is left-handed", sagt sie ihrer Mutter auf Englisch. Die folgt dem Fingerzeig der Tochter, versteht und lacht über ihren Irrtum. Sie hatte sich die falsche Hand angeschaut. Mein linker Handballen ist deutlich muskulöser und stärker ausgeprägt als mein rechter und zeichnet mich vor den Korbflechterinnen als eine der ihren aus.

Connie erzählt mir jetzt stolz, dass sie die Enkelin von Lena Dickens ist, die bis in die frühen 60er Jahre noch hier im Museum Präsentationen gab. Connies Mutter ist die Schwiegertochter dieser großen Meisterweberin der Washoe. Lena war nach Datsolalee die zweitberühmteste Korbflechterin dieses Stammes.

„Ihre Großmutter ist ja weltbekannt", sage ich bewundernd. „Kennt man sie auch in Deutschland?" fragt Connie neugierig. „Die Leute, die etwas von Korbflechtkunst verstehen, ganz sicherlich", bestätige ich.

„Kennen Sie auch Carrie Bethel?", fragt sie mich

nun nach der berühmten Paiute-Weberin, die ebenfalls hier im Tal lebte und arbeitete. Ich bejahe, und Connie erzählt, dass deren Enkelin hier auch Demonstrationen macht und sie gut mit ihr befreundet ist.

Es ist in beiden Familien offenbar schon eine lange Tradition, für das Museum zu arbeiten. „So können wir aktiv daran mitwirken, dass unsere Kultur erhalten bleibt," meint Connie.

„Besitzen Sie noch Werke Ihrer Großmutter?", frage ich. „Die könnte ich mir nicht leisten", lacht sie. „Es ist kaum noch was von ihr im Handel verfügbar, was nicht zu einem Museum gehört. Eines ihrer kleinen Treasure Baskets ist kürzlich für 25.000 Dollar bei Sotheby's versteigert worden."

Ich verabschiede mich dann von den Indianerinnen und bin sehr nachdenklich geworden.

Schweigend sitze ich neben Dick, der unseren Bentley die kurvenreiche Straße zum Tioga Pass hinauflenkt. Auch nachdem wir uns auf der anderen Gebirgsseite im winzigen Örtchen Lee Vining einquartiert haben, ist meine Stimmung bedrückt.

Als wir am Pool unseres kleinen *Tioga Motel* in der Sonne sitzen, schildere ich ihm schließlich mein Gespräch mit den beiden Indianerinnen, und dann wird auch er nachdenklich.

„Weißt du was?", sagt er schließlich. „Morgen fahren wir noch einmal zurück ins Tal. Dann ist neben Connie vielleicht auch die Enkelin von Carrie Bethel im Museum, und du gibst den beiden die Werke ihrer Großmütter zurück."

Mir fällt ein Stein vom Herzen, dass er es genauso

sieht wie ich. „Vielleicht sollten wir die ganze Kollektion dem Museum schenken. Man hat ja schließlich eine ethisch-moralische Verantwortung", murmele ich, und Dick nickt entschlossen.

Gleich über mir hat sich gerade ein Monarchfalter auf der Blüte eines Eukalyptusstrauchs niedergelassen. Versonnen betrachte ich ihn. „Was machst du denn hier so weit landeinwärts?", denke ich, aber der Falter antwortet mir nicht. Wenn ich … Schmetterlinge sehe, gerate ich immer ins Träumen.

Was, Sie meinen, ich verliere schon wieder den Faden? Stimmt, aber das ist nicht weiter schlimm. Die Geschichte ist jetzt sowieso gleich zu Ende.

Bleibt mir doch nur noch kurz zu sagen, wie es weiterging.

Das Museum des Yosemite Valley hat nun alle Baskets, die ich seinerzeit im Holzpult des alten Schulhauses fand, dankend entgegengenommen. Als Donation von Dick und mir sind sie bestens dort aufgehoben.

Wir hatten viel Presse, von sämtlichen Lokalzeitungen bis hin zur *Daily News* und der *New York Times*. Das Kultjournal *Arizona Highways* brachte einen Bildreport.

So ist es nicht verwunderlich, dass auch die braven Bürger von Mariposa es in der Zeitung lasen. Ihr Bürgermeister, Tom Derrick, sandte uns ein Dankesschreiben, in dem er verlauten ließ, wie sehr man unser Engagement für das inhärent-kulturelle Erbe und unseren großzügig-weisen Verzicht schätze.

Er bedauerte es allerdings außerordentlich, dass

wir die Sammlung nicht mit ihm zusammen in einer großen „paritätisch-repräsentativ" besetzten TV-Show dem Museum überreicht hätten, um seinem kleinen Ort zu größerem Bekanntheitsgrad zu verhelfen. Mit der besagten Besetzung meinte er doch wohl vor allem, dass er dabei die erste Geige hätte spielen können.

„Mit anschließenden gemeinsamen Talkshow-Auftritten, unter anderem in Connan O'Brians Late Night Show, hätten wir damit für Mariposa eine arriviert-publizistische Omnipräsenz in allen Medien erreichen können", wie er im Weiteren ausführte.

Na, der hatte Nerven.

Sollte er sich doch weiterhin um den kommunalpolitisch bedeutsamen Limonadenverkauf seines supportiv-karitativen Sommerfestchens kümmern!

Was geschah dann?

Tage später bekam ich schließlich noch ein Paket, ebenfalls aus dem fernen Mariposa. Daraus quoll mir ein farbenprächtiger, handgesteppter Quilt entgegen.

Ein sehr netter Brief von Mrs. Tinning, der Handarbeitslehrerin des dortigen College, lag bei. Sie drückte ihre übergroße Freude und Dankbarkeit bezüglich des Basket-Transfers aus.

Ein Foto der edlen Quilt-Spenderin war beigefügt: Es zeigte erwartungsgemäß die ältliche Quiesel, die mich seinerzeit im Anschluss an die Versteigerung so verbissen attackiert hatte – diesmal aber mit freundlichem Lächeln im Gesicht und strahlenden Augen. „So wäre ihr Bild sogar für ein Plakat zur Bürgermeisterwahl geeignet", ging es mir kurz durch den Kopf.

Aber jetzt breitete ich erst einmal die Decke in ihrer ganzen Schönheit aus und betrachtete das Muster voller Freude.

Riesige Schmetterlinge aus gelber Seide waren aufgestickt und gaukelten auf einer bunten Blumenwiese umher: meine Monarchen von Mariposa.

2. Speckstein

Dick und ich saßen in der altehrwürdigen *Bengal Bar* des historischen *The Empress Hotel* in Victoria und tranken ein Glas Chardonnay.

Wir hatten heute mit der *Coho*, dem von Port Angeles kommenden Fährschiff, einen Tagestrip zum kanadischen Vancouver Island unternommen, dessen größte Stadt, das schöne Victoria, die Hauptstadt Britisch-Kolumbiens ist.

Unseren Wagen hatten wir in Port Angeles auf dem US-Festland zurückgelassen und waren somit als Fußgänger in Kanada eingereist.

Wenn man außer einem netten Einkaufsbummel in Victoria sonst nichts plante, war dieser Tagesausflug mit der Fähre ideal.

Das Einkaufen hatten wir zu unserer beidseitigen Zufriedenheit und unter Ausschöpfung unserer finanziellen Ressourcen nun schon abgeschlossen, und es blieben uns jetzt ein paar Stündchen Zeit, um heute Abend die letzte Fähre zum US-Festland zurück zu nehmen.

„Heute ist nur noch Window-Shopping drin", ließ sich Dick gerade vernehmen und nippte sparsam an dem reichlich überteuerten Chardonnay.

„Nichts anderes hatte ich vor", versicherte ich artig und rückte verstohlen die vielfältigen Einkaufstüten am Sockel der Bartheke mit den Füßen zurecht. „Wahrscheinlich müssen wir noch eine Unmenge Zoll bei der Wiedereinreise in die USA bezahlen, wenn wir mit all den Tüten und Taschen in Port Angeles von Bord gehen", lamentierte Dick.

Er malte den Teufel mal wieder an die Wand!

„Wir gehen heute auf keinen Fall mehr nach da unten, eher trinken wir hier noch einen überteuerten Chardonnay", erklärte er mit Bestimmtheit und wies mit dem Daumen zu Boden.

Ich nickte scheinbar zustimmend, damit er erst mal noch einen Drink bestellte. Doch einverstanden war ich keineswegs.

„Dort unten" lag schließlich genau eine Etage unter uns die *Gallery of Man* und damit das unmittelbare und eigentliche Ziel meines heutigen „Window Shopping". Wir waren noch jedes Mal da gewesen, wenn wir Victoria besuchten, und noch nie hatten wir es beim Schaufensterbummel belassen.

„Es geht doch immer gleich aus", maulte Dick nun auch von unliebsamen Erinnerungen geplagt. „Besonders, wenn dieser Sluschinsky da ist."

Die *Gallery of Man* im Untergeschoss des alten, renommierten *Empress* war eine gediegene Kunstgalerie mit Objekten der gehobenen Preisklasse, die auf Steinskulpturen der Inuit-Eskimos spezialisiert war.

Leo Sluschinsky, ihr Verkaufsangestellter polnisch-russischer Abstammung, war noch immer da gewesen, wenn wir kamen. Als begnadeter Verkäufer indianischer Specksteinfiguren hatte er stets dafür gesorgt, uns zum Kauf einer Skulptur zu motivieren, die ein Riesenloch in unsere Reisekasse riss.

Unter vielen anderen Sammelleidenschaften hatten wir natürlich auch eine gewisse Affinität zu dieser Kunstrichtung.

Häufig stellten die Werke wahrhaft beschwingte Tierfiguren wie tanzende Bären oder Walrösser, flügelschlagende Adler oder Kormorane dar. Auch gab es Mensch-Tier-Transformationen wie zum Beispiel das Meeresweib Sedna mit seinem seejungfräulichen Fischschwanz sowie Darstellungen der Inuit bei ihrem normalen Tagesablauf: speerschwingende Männer bei der Jagd und Polarmütter, die ihre Kinder in den Kapuzen ihrer Anoraks auf dem Rücken trugen.

Wir hatten schon eine ganze Reihe dieser Skulpturen aus dem weißen, dem grünen oder dem ockerfarbenen Speckstein zu Hause in unserem trauten Heim in Solingen, wobei Dick den tanzenden Bären und ich den friedlichen Maternité-Szenen den Vorzug gab.

Gekauft hatten wir sie in zahlreichen renommierten Kunsthäusern Kanadas: in Toronto, Montreal, Quebec, Vancouver – und natürlich auch hier in Victoria. Die Künstler stammten aus den Polargebieten um Cape Dorset und Baker Lake, wo sie auch arbeiteten. Da diese Gegend klimatisch nicht zu unseren bevorzugten Reisegebieten zählte, waren wir auf den Erwerb in Galerien angewiesen. Wir achteten in der Regel auf ein ausgewogenes Preis-Leistungs-Verhältnis und hatten uns inzwischen etliche gute Bezugsquellen für unsere Sammelleidenschaft erschlossen.

Die *Gallery of Man* war indes eine exquisite Adresse in einem Grandhotel mit gut betuchter Klientel. Die Geschäftsmieten für die Nobelläden im Untergeschoss mussten hier ins Unermessliche schießen.

Ganze Kader an Ölscheichs galt es zu überreden, sich Inuit-Sammlungen zuzulegen, so dass der Galerie neben den Unkosten ein passabler Gewinn blieb. Zudem musste ihr Inhaber auch noch die Prämien für seinen Starverkäufer aufbringen. Dass Leo Sluschinsky einer war, stand völlig außer Frage.

Wie er es jedes Mal schaffte, uns zu überreden, dass ausgerechnet das Exemplar, das er gerade hochpreisig anbot, noch in unserer Sammlung fehlte, war uns im Nachhinein immer ein Rätsel.

So sehr wir uns auch vornahmen, diesmal nichts zu kaufen, verließen wir stets mit den Versandpapieren und einem dümmlichen Lächeln auf dem Gesicht die Galerie und konnten es dann einfach nicht fassen.

Zugegebenermaßen waren es erstklassige Stücke, für die wir diese Unmenge Geld ausgaben, und natürlich hatten wir zu Hause unsere Freude daran.

Dennoch trieb uns Sluschinskys Überredungskunst jedes Mal an den Rand des Bankrotts. Beim jetzigen Urlaub, in dem auch die aktuellen Kursverhältnisse der Währungen völlig zu unseren Ungunsten standen, wäre ein Neueinkauf geradezu ruinös.

Nun hatten Dick und ich allerdings unterschiedliche Vermeidungsstrategien. Während er dem Risiko aus dem Weg gehen wollte, indem er den Ort des Geschehens und die Begegnung mit dem Starverkäufer mied, plante ich, mich der Herausforderung zu stellen.

Ich wollte hingehen, alle Exponate ausgiebig bewundern, Sluschinsky die Stirn bieten und, ohne einen Kauf, triumphierend wieder abziehen.

Dann wäre der Bann gebrochen, und wir könnten uns künftig eigenbestimmt und souverän durch die Galerie bewegen, deren Kunstobjekte uns nun mal so brennend heiß interessierten.

„Gegen die Gallery of Man ist überhaupt nichts einzuwenden, solange man nichts kauft", hob ich an. „Man spart immerhin den Eintrittspreis für ein Museum, wenn man sich die Sachen dort anschaut."

„Es ist Juli, und Sluschinsky benötigt sicher noch eine fette Prämie für seinen Sommerurlaub mit der Familie", gab Dick zu bedenken.

„Wahrscheinlich ist er schon in Urlaub gefahren, und die blasse, schüchterne Blondine vertritt ihn. Und falls er da ist, wird es diesmal eine große Schlappe für ihn", malte ich das Best- und das Worst-Case-Szenario in einem Atemzug aus.

Dick dachte nun sicherlich über die Blondine nach, die Sluschinsky beim letzten Mal etwas scheu und wortkarg assistierte. Er hatte eine Sympathie für zurückhaltende Menschen, zumal wenn sie weiblich, jung und blond waren.

„In Kanada sind bereits seit einer Woche Schulferien. Die Chance, ihn urlaubsbedingt nicht anzutreffen, liegt nach meiner Schätzung bei 4:1", bluffte ich. „Wenn du dich nicht runtertraust, können wir aber auch hier noch ein paar Chardonnay trinken. Die Coho legt erst in zwei Stunden ab", fügte ich taktisch geschickt hinzu.

Die Aussicht auf weitere überteuerte Drinks und die von mir soeben herbeispintisierte Möglichkeit, Sluschinsky gar nicht erst zu begegnen, gaben in dieser Konstellation letztendlich den Ausschlag.

Dick zahlte mit einer großen Banknote unsere vier Gläser Wein, und wir verließen die *Bengal Bar*, um auf einer breiten Marmortreppe mit knöcheltiefem Plüschteppich in den Hades hinabzuschreiten.

Die *Gallery of Man* hatte riesige, gut ausgeleuchtete Glasfronten. Figuren standen in den Fenstern und auf Sockeln im Raum. Vorsichtig sahen wir uns zunächst die Skulpturen in den Schaufenstern an, um gleichzeitig das Innere auszuspähen.

Von Sluschinsky war keine Spur zu sehen, doch auch anderes Verkaufspersonal war nicht in Sicht.

„Maggie liest sicher gerade im Hinterraum einen Roman und kommt erst hervor, wenn man sich bemerkbar macht", ermutigte ich Dick.

„Ich weiß nicht, ob sie Maggie hieß", zögerte der. „Sie wird uns eine Visitenkarte geben, auch wenn wir nichts kaufen. Sluschinsky ist jedenfalls nicht zu sehen", munterte ich ihn ein letztes Mal auf und betrat auch schon den Laden. Dick folgte etwas beruhigt.

Der sanfte Dreiklang einer Klingel kündigte Besucher an – und da drehte sich der vermeintlich leere Schreibtischsessel zu uns herum: Leo Sluschinsky sah uns erwartungsfroh entgegen.

Er war ein untersetzter Mittvierziger mit munteren, dunklen Knopfaugen und erschien einem bis auf sein verschmitztes Lächeln wie die Harmlosigkeit in Person. Ich war auf ihn gefasst und wäre geradezu enttäuscht gewesen, wenn er tatsächlich schon seinen Urlaub angetreten hätte.

Diesen Häuptling Silberzunge sah ich als eine lebende Herausforderung an, zumal ich in meinem eigenen Unternehmen auch im Marketingbereich tätig war, wo stetes Durchsetzungsvermögen von mir abverlangt wurde.

Von Sluschinsky konnte sich auch noch der gewiefteste Vertriebsleiter eine Scheibe abschneiden. Doch ich meinerseits war ihm diesmal gewachsen. Ich stellte meine vielfältigen Einkaufstüten neben der Eingangstür ab, richtete mich auf und schritt ihm entgegen. Ich war bereit. Das Duell konnte beginnen.

Schon hatte er sich schwungvoll erhoben und eilte uns beflissen und voller Wiedersehensfreude entgegen. Ich gab ihm etwas unterkühlt und distanziert die Hand und winkte ihn zunächst einmal gnädig in seinen Sessel zurück.

„Setzen Sie sich ruhig wieder, und lassen Sie sich nicht in Ihrer Arbeit stören! Wir wollen uns diesmal nur umschauen", lächelte ich dünn.

„Sie kennen sich ja schon gut hier aus", gab er gleich zu und merkte nur höflich an, dass man sich bei Fragen unverzüglich an ihn wenden sollte, was ich rasch versprach zu tun.

Dann verzog er sich tatsächlich wieder in seinen Bürosessel.

Na also, der erste Punkt ging an mich. So weit ließ

er uns erst mal in Ruhe, und sogar Dicks Nervosität schwand, als wir uns in die einzelnen Exponate vertieften. Schließlich fühlten wir uns so sicher, dass wir vor dem einen oder anderen Stück stehenblieben und es untereinander kommentierten.

Ein beiläufiger Seitenblick auf Sluschinsky zeigte mir, dass er in diversen Katalogen nachschlug, offenbar eine wichtige Recherche bearbeitete und bisweilen konzentriert in seinen PC eintippte.

Unsere Arglosigkeit wuchs, wir vergaßen ihn ganz und diskutierten angeregt ein Stück, das uns beiden besonders gefiel.

Wie die Schlange vom Baum der Versuchung wand sich Sluschinsky plötzlich um die nächststehende Säule, trat hinzu und kommentierte mit seiner unaufdringlichen Lispelstimme das besagte Objekt auf fachkundige Weise.

Es rächte sich eben sofort, wenn man ihn eine Weile unbedarft aus den Augen ließ. In die Defensive gedrängt versuchten wir, uns unser Interesse nicht länger anmerken zu lassen.

Dick hörte ihm mit zusammengezogenen Augenbrauen zu, als müsse er sich ganz auf die englische Sprache konzentrieren. Ich lauschte beiläufig, höflich, aber distanziert mit etwas schräg gelegtem Kopf, ohne das Exponat weiter anzublicken.

„Wir haben diese wundervolle Skulptur einer Eskimomutter vor einigen Monaten aus Baker Lake hereinbekommen. Der Künstler ist nun weit in die achtzig und wird keine weiteren Steinskulpturen mehr hauen."

Aha, er hatte sich eine neue Masche ausgedacht.

Das letzte Mal hatte er uns über einen tanzenden Steinbären aus Cape Dorset berichtet, dass der Künstler leider jung verstorben sei.

Als Steinhauer in Cape Dorset verstirbt man in der Regel an einer Staublunge oder an den Folgen des Alkoholismus, häufig auch an einer fatalen Kombination von beidem, und Figuren, für die wir uns interessierten, stammten bislang immer von einem kürzlich Verstorbenen.

Das Berufsrisiko in Baker Lake sollte eigentlich ähnlich sein. Die Steinmetze arbeiteten in beiden Orten auch bei arktischen Temperaturen im Freien und hatten sich nie daran gewöhnen können, bei ihrer staubträchtigen Arbeit einen Mundschutz zu tragen. So war eine Staublungenentzündung geradezu prädestiniert.

Damit war die Variante eines späten Ruhestands des Künstlers neu und wert, dass man näher darauf einging.

„Er wird inzwischen eine ordentliche Staublunge haben, wenn er so lange dort als Bildhauer geschafft hat", überlegte ich.

„Ushlin Karadeike hat eine robuste Natur", antwortete Sluschinsky und teilte uns damit auch den Namen des Künstlers mit – die Methodik des „Name Dropping", wie ich als Marketingexpertin analysierte.

„Diese Maternité ist das Meisterwerk seiner Spätphase", wandte er sich nun ganz der Skulptur zu und umschrieb ihren Umriss mit den Händen.

Sie zeigte eine kräftige und stämmige Polarfrau aus anthrazitfarbenem Stein, circa 50 Zentimeter hoch, mit ungeheuer breiten Schultern. Sie trug ein schwächliches und winzig wirkendes Baby in ihrer Kapuze auf dem Rücken, das – um Gleichgewicht bemüht – angstvoll ein Ärmchen aus der Gewandung streckte.

Die Mutter stand in ihrer Haltung leicht nach vorne gebeugt, beide Arme angewinkelt vor dem Körper und die Hände in dicken Fäustlingen verborgen, wandte aber den Kopf grinsend und mit weißen Zähnen aus eingelegtem Walrossbein fletschend dem Betrachter zu. Sie strömte zugleich Aggressivität und Zuversicht in die eigene Kraft aus. Ihr mochte gerade ein Eisbär oder ein Rudel hungriger Wölfe gegenüberstehen, sie würde sich behaupten.

„Lassen Sie Ihre Hand über den Soapstone gleiten", lockte Sluschinsky. „Es ist eine geniale Formgebung und vollendete Verarbeitung." Ich tat wie geheißen, ertastete stirnrunzelnd einige kleinere Risse im Stein, die ganz natürlich auftraten. Doch mir war jeder Anlass zur Kritik recht.

Dick hielt sich vorsichtig zurück. Ich umrundete die Skulptur und betrachtete sie dann wieder lange Zeit von vorne. Sluschinsky sollte ruhig sehen, dass ich mich eingehend damit beschäftigte und das Stück auf mich wirken ließ.

„Ein expressives Teil", lobte ich zum Abschluss, „doch in der Ausführung scheint es mir hier und da etwas zu grob verarbeitet. Vielleicht hat ein Künstler in seinem Alter doch nicht mehr die Kraft zur Perfektion", mutmaßte ich, um Sluschinsky im eigenen Saft garen zu lassen. Er schwieg tatsächlich – war da so etwas wie leichte Betretenheit?

In diesem Moment seiner Schwäche fragte ich nun völlig unvermittelt nach dem Preis. „8400 Canada Dollar", antwortete Sluschinsky verlegen, denn er wurde von Kunstliebhabern nicht gerne etwas Profanes gefragt.

Dick und ich zuckten im Duett zusammen, und das war nicht einmal gespielt oder einstudiert. Dieser Wahnsinnspreis kam natürlich so gar nicht in Betracht.

Sluschinsky wusste um die Krise, die es in dieser schwierigen Verhandlungsphase zu bewältigen gab. Beim kleinsten Fehler seinerseits drohte der Kunde nun, verschreckt die Flucht zu ergreifen.

Also plauderte er erst einmal drauf los, um vom Knackpunkt abzulenken. Ich registrierte zufrieden, dass ich es an seiner Stelle nun genauso angehen würde.

So sinnierte er locker über Inuitkunst im Allgemeinen und Besonderen, zeigte anhand von Beispielen seiner Exponate unterschiedliche Schlifftechniken und stellte Stilvergleiche zwischen Cape-Dorset- und Baker-Lake-Figuren an. Wir entfernten uns dabei vom Zielobjekt unserer Begierde und schauten uns in rascher Abfolge ein Stück nach dem anderen an, wobei wir die gesamte Galerie abdeckten. Wir folgten Sluschinsky von einer Ecke in die andere, wenn er immer wieder auf ein anderes Beispiel wies, um das Gesagte zu untermauern.

Er brach das heikle Verkaufssujet damit geschickt auf die Ebene einer allgemeinen Fachsimpelei herunter. So fühlten wir uns inzwischen wieder auf sicherem Terrain, konnten zu den Themen mitreden, was wir dann auch taten, und unmerklich lullte er uns erneut ein.

Geschickt ging er nun auf die gestrengen Auswahlkriterien seiner Galerie ein, die nur die allerbesten von vielen ihr angebotenen Stücken ausstellte.

Diese Exemplare waren dann auch eigenhändig von ihm, Sluschinsky, selektiert, der die Polargebiete bereiste und die Stammkünstler der Galerie vor Ort betreute.

Er sprach eloquent von all den renommierten Ausstellungen, an denen die *Gallery of Man* teilnahm, und von Preisen, die ihren Künstlern verliehen wurden.

So hatte Ushlin Karadeike, der Erschaffer der von uns bewunderten Maternité, doch unlängst den renommierten *Baker Lake Sculptural Award* gewonnen, der nur alle drei Jahre vergeben wurde.

„In besonderer Würdigung seines Alterswerks", wie Sluschinsky bedeutungsvoll hinzusetzte, wobei er mit dem Kopf leicht in Richtung der Figur deutete, uns aber zugleich fortwährend fixierte, wohl um zu ergründen, ob wir uns von dem Preisschock langsam erholten.

Ich vermied es standhaft, die Figur überhaupt noch anzusehen, doch Dick schlich inzwischen wieder um sie herum und betrachtete sie von allen Seiten, was Sluschinsky ein selbstgefälliges Lächeln entlockte.

Dick suchte nun meinen Blick und schaute mich fragend an. Ich runzelte die Stirn und schüttelte leicht den Kopf. Er würde doch nicht etwa wieder einknicken.

Beim letzten Mal beendete er die Verhandlungen an diesem Punkt mit einem ganz plötzlichen „Wir nehmen es!" Doch dabei hatte es sich auch um einen tanzenden Bären, seine Leib- und Magen-Kategorie, gehandelt, wo er einem schönen Exemplar prinzipiell nicht widerstehen konnte.

Hier ging es um meine Themenwahl, und ich war am Zug, was ich versuchte, ihm mit strengem Blick zu suggerieren. Ich trat nun auch wieder zur Skulptur, scheinbar, um sie zu betrachten, doch in Wahrheit, weil ich Dick einige Warnlaute zuzischte, dass wir die Figur auf keinen Fall kaufen würden.

Sluschinsky versuchte, sich zwischen uns zu schlängeln, um unsere flüsternde Konversation zu unterbinden, und als es ihm schließlich gelang, musste mein Gatte mir seine Überlegungen nun auch noch halblaut mitteilen.

„Wir haben doch im August unseren 25. Hochzeitstag", führte er an. Jetzt war Juli, und ich betete, dass Sluschinsky kein Deutsch verstand. Bei seinem verschmitzten Lächeln musste man auf das Schlimmste gefasst sein.

„So ein feines Stück gönnt man sich natürlich nicht alle Tage – höchstens zu einem ganz besonderen Familienjubiläum", lispelte er, und Dick nickte eifrig.

Ich registrierte indes mit Ingrimm, dass Sluschinsky inzwischen wieder soweit Oberwasser hatte, dass er sich traute, den Kernpunkt in Angriff zu nehmen, und das war der Preis.

Die Brutalität mit der er gleich darauf zur Sache kam, machte mich dann aber fassungslos.

„Wenn Sie ein Jahr lang Ihre Restaurant- und Barbesuche einschränken, haben Sie die Kosten raus", behauptete er frech.

Mir stockte ob seiner Kühnheit der Atem, aber er legte locker noch eins drauf. „Wahrscheinlich sogar noch eher, wenn ich bedenke, dass sie eben für vier spärlich ausgeschenkte Chardonnays oben in der Bengal Bar 60 Bucks hingeblättert haben", fügte er hinzu.

„Steht uns das ins Gesicht geschrieben?", knurrte ich böse.

„Ich war eben rein zufällig dort oben, um mir ein Heftchen mit Streichhölzern zu holen. Da habe ich gesehen, wie Joe, der Barkeeper, Ihre Rechnung ausdruckte", erklärte er und grinste jetzt richtig verschlagen.

Das schlug ja nun dem Fass den Boden aus. Eben hatte er sich noch pikiert ob unserer profanen Frage nach dem Preis gegeben. Nun wollte er uns gar eine Änderung unseres Lifestyles vorschlagen, damit wir uns das Teil überhaupt leisten konnten.

Dick sah betreten wegen der uns vorgeworfenen Verschwendungssucht drein und schien in allem Ernst nachzurechnen.

Ich war verärgert, denn das Thema war nun zu profan für mich. Ich war sogar stinksauer. Schon fühlte ich, wie mir die Galle hoch kam.

Mein größter Fehler ist es, dass ich mein Temperament schlecht zügeln kann.

Seine Provokation reizte mich bis zur Weißglut, woraus sich bei mir nun eine schwer beherrschbare Gegenreaktion entwickelte. Zudem sah Dick mich nun schon wieder fragend an und gab mit seinem Einknicken eine klägliche Figur ab.

Auch das schürte meine Wut. Der Druck baute

sich ins Unerträgliche auf, und ein Vulkanausbruch schien unvermeidbar.

Ich holte bereits tief Luft, um mit einem zornigen „Wir nehmen sie" dem traurigen Schauspiel ein Ende zu bereiten, doch genau in dieser Sekunde drang ein dunkler, gutturaler Laut von draußen in die Tiefen des *Empress Hotel* hinab, durch die offenstehende Tür der Galerie, und Dick und mir mitten ins Mark.

„Die Schiffssirene der Coho", rief ich hysterisch und packte Dick am Handgelenk. „Wir müssen schnell zum Hafen", rief mein Gatte dem verdutzten und wie versteinert dastehenden Sluschinsky zu.

Hektisch packten wir unsere abgestellten Tüten, und schon rannten wir los, hasteten die Treppe hinauf und durch Flure mit knöcheltiefen Teppichbelagen. Wir stoben an erschreckten Gästen vorbei und liefen, einige abgestellte Reisetaschen überspringend, quer durch die große Halle. Irgendwie kamen wir ungeschoren durch den Feierabendverkehr der Kaistraße auf die andere Seite und sprangen rasch die Steintreppen zur Anlegestelle hinab.

Mit dem jeweils tütenfreien Arm rudernd und rufend konnten wir den Maat, der gerade das Tau lösen wollte, auf uns aufmerksam machen.

Er ließ das Tau verknotet und zog uns stattdessen rasch die bereits eingezogene Gangway zurück, und – wir waren an Bord.

Schnaufend und nach Atem ringend hingen wir erschöpft an der Reling, als die *Coho* ablegte, aus dem Inner Harbour herausfuhr und die Silhouette des ehrwürdigen *Empress Hotel* im Hintergrund immer kleiner wurde.

„Saved by the Bell", grinste Dick, als er wieder Luft bekam und sah zur Schiffsglocke hoch, doch ich konnte mich meines Pyrrhussiegs nicht freuen.

Ich war fest zum Kauf entschlossen gewesen, weil mir die Figur über alle Maßen gefiel.

Wenn ich weiter nachdachte, und ich grübelte während der ganzen Fährfahrt, hatte Sluschinsky im Übrigen mit allem, was er über unsere Zechgewohnheiten gesagt hatte, vollkommen Recht gehabt.

Missgelaunt stand ich während der Überfahrt an der Reling, während Dick ins Schiffsinnere an die Bar ging, um sich den einen oder anderen Chardonnay zu genehmigen.

„Wir haben heute immerhin 8400 Canadian Dollar gespart", freute er sich abends beim Dinner im *Crazy Salmon Restaurant* in Port Angeles und bestellte sich einen dicken Lobster. Ich aß murrend Fish 'n' Chips.

"Uns ist ein einzigartiges und ganz wunderbares Sammlerstück entgangen, das gut und gerne auch noch den doppelten Preis gerechtfertigt hätte", haderte ich mit Gott und der Welt.

„Und das alles, weil wir unbedingt Sluschinsky eine Abfuhr erteilen und ohne einen Kauf abziehen wollten", lamentierte ich weiter, als wir wieder zurück in unser *Red Sea Lion Hotel* im Hafen zurückgegangen waren.

Von unserem Panoramafenster aus über die dunkle See sahen wir weit hinten die Lichter von Victoria blinken. Das alles kam mir nun Lichtjahre entfernt vor.

Wann würden wir noch einmal zurückkehren? Und hätte das Meisterwerk Ushlin Karadeikes bis dahin nicht längst einen anderen kunstsinnigen Käufer gefunden? Es war für immer für mich verloren.

Natürlich teilte ich meinem Gatten diese schwermütigen Gedanken mit. Sehnsuchtsvoll starrte ich hinaus aufs Meer.

So beschloss Dick schließlich salomonisch, um einem weiteren Urlaub voller Zaudern und Zagen zu entgehen, unsere Route zu ändern.

Ursprünglich wollten wir uns von hier in südlicher Richtung der Washington Coast entlangbewegen, doch nun beschlossen wir, noch eine Woche auf dem nördlich gelegenen Vancouver Island in Kanada zu verbringen.

Am nächsten Morgen fuhren wir erwartungsfroh mit der *Coho* zurück nach Victoria und hatten diesmal auch unser Auto dabei. Nach einem Geschäftsabschluss in der *Gallery of Man* gedachten wir eine Tour über die Insel zu machen und dabei einige Tage an deren Westküste in Tofino zu verbringen, das mit seinen herrlichen Stränden bei Longbeach sowieso ein absoluter Lieblingsort von Dick war.

In Victoria angekommen fuhren wir von der Fähre hinunter und gleich das *Empress* an, gaben unser Auto einem Hotelboy zum Valet Parking ab und schritten hinter der Eingangshalle zielstrebig die Treppe hinab ins Untergeschoss.

Der harmonische Dreiton der Türklingel verhieß Sluschinsky in der *Gallery of Man* Kundschaft, und er erhob sich mit blanken Augen von seinem Schreibtisch, um uns beflissen entgegenzueilen.

„Ich wusste, dass Sie wiederkommen", strahlte er.

„Sammler Ihres Formats lassen sich eine so einmalige Okkasion doch nicht entgehen."

Wir schlossen nun mit Bestimmtheit und Würde den Kauf ab, und ich feilschte lediglich bei den Verschiffungskosten einen 5-prozentigen Discount heraus, den er uns mit Grandeur gewährte.

So ganz sicher, wie er tat, war er sich diesmal seiner Verkaufsprämie wohl nicht gewesen, denn er schien immerhin so glücklich über unsere Rückkehr, dass er nach allen Geschäftsabwicklungen und der Ausfertigung von Schiffs- und Zollpapieren mit uns hinausging. Er schloss die Galerie feierlich für ein Viertelstündchen, indem er ein kleines Schild „Coming back soon" am inneren Türgriff installierte, und lud uns zu einem Glas Chardonnay nach oben in die *Bengal Bar* ein.

„Ich kenne Joe, den Barkeeper, ganz gut", zwinkerte er, und in der Tat bekamen wir nun die Gläser reichlicher gefüllt als bei unserem Besuch am Vortag.

„Bestellt einfach schöne Grüße von Leo Sluschinsky, wann immer ihr hier in der Bengal Bar seid, dann lässt euch Joe die Drinks zum Happy-Hour-Preis", plauderte er leutselig und stieß mit uns auf unsere neue Errungenschaft an.

Zum Abschied erzählte er noch, dass er ab morgen mit seiner Familie in die Sommerfrische abreisen würde. Nichts anderes hatten wir erwartet.

Wir verbrachten dann einen schönen weiteren Urlaub in Tofino, wobei Dick zum Dinner fortan wieder Blackened Salmon bevorzugte anstelle von Lobster. Auch bei anderen Gelegenheiten gaben wir uns nach der großen Ausgabe etwas preisbewusster.

So meinte Dick nach einer Woche, als wir unsere Rundreise in Vancouver Island beendet hatten und zurück nach Victoria kamen: „Lass uns einen Chardonnay in der Bengal Bar trinken. Da bekommen wir ihn zu Happy-Hour-Preisen."

Wir brauchten nicht einmal Grüße zu bestellen, als wir die Bar betraten. Joe erkannte uns gleich wieder.

„Das ist aber gut, dass ihr wiederkommt", begrüßte er uns freudig. „Leo hat nämlich die Runde, die ihr getrunken habt, bei mir anschreiben lassen, ohne mir zu sagen, dass er gleich am nächsten Tag für vier Wochen in Ferien fährt."

Das sah Sluschinsky mal wieder ähnlich. Mürrisch übernahmen wir den Deckel, und einen Happy-Hour-Preis gab es auf unsere heutige Runde auch nicht. Dafür waren immerhin die Gläser bis zum Eichstrich ausgeschenkt.

Was geschah dann?

Sehr viel, denn Sluschinsky wurde mein Mentor in beruflichen Belangen, was unsere finanziellen Einbußen durch weitere Einkäufe in der *Gallery of Man* glücklicherweise in etwa egalisierte.

Mehr noch: Ich machte Leo Sluschinsky schließlich mit meinem Chef TP bekannt, der ihn darob zeitweilig als Verkaufstrainer für unser Unternehmen einsetzte.

Die näheren Umstände dieses neuen Wirkfelds Sluschinskys waren dann so amüsant, dass ich nicht umhin konnte, darüber eine Geschichte zu erzählen. Nachzulesen ist sie in „Make Dust or Eat Dust", einem Buch über Beruf und Karriere, das ich allerdings kurz nach seinem Erscheinen aus dem Buchhandel zurückziehen musste.

Mein Boss TP hatte sofort begriffen, von wem es geschrieben war, obwohl – oder weil – ich es unter dem Pseudonym „Trickydocblue" veröffentlichte. TPs Initiale war von mir zwar sorgfältig anonymisiert, doch musste er sich durch meine realitätsnahe Charakterschilderung zu seinem größten Leidwesen in meinem Hauptprotagonisten wiedererkennen. Augenblicklich drohte er mir mit einem Milliardenprozess, wenn ich nicht Seite für Seite von Hand einschwärze.

Damit bin ich übrigens bis zum heutigen Tage beschäftigt.

3. Gold fließt in Colorado

Angesichts meiner hartnäckigen Bronchitis empfahl mein Arzt mir einen mehrwöchigen Aufenthalt in Davos.

„Gute Luft, gesunde Ernährung, kein Alkohol und heiße Bäder – dann wird das schon wieder", meinte er.

Ich nickte etwas zögernd und nachdenklich.

Dick und ich hatten für unseren Jahresurlaub bereits einen Flug nach Denver, Colorado, geplant, das uns als Ausgangspunkt einer Rundreise durch den Wilden Westen dienen sollte.

„Geht auch Colorado und Wyoming?", fragte ich vorsichtig. „Da ist die Luft ganz prima", setzte ich noch taktisch klug hinzu.

„Na ja", antwortete mein Arzt, der unsere Reisegewohnheiten kannte, etwas zögerlich, „aber nur, wenn Sie diesmal nach Aspen statt Durango fahren und nach Thermopolis statt Cody."

Voller guter Vorsätze reiste ich ab.

Tatsächlich steuerten wir in Wyoming das Städtchen Thermopolis mit seinen berühmten heißen Quellen an, wo im Zimmer des historischen Kurhotels schon die Anstaltskleidung für mich bereitlag.

Mit weißen Frotteemantel und Badelatschen sah man mich bald darauf zum Pavillon mit der gelben Schwefelquelle schreiten.

Bei diesem „Kurlaub" war ich Anfang 50 und damit auch nicht mehr die Jüngste, doch als ich das gut besuchte Bad betrat, reduzierte ich das Durchschnittsalter der Anwesenden um eine Dekade.

Schwaden von Sulfurdämpfen schlugen mir entgegen, und im heißen Wasser wurde meine Haut schrumpelig. Leichter Schwindel erfasste mich und besorgt tastete ich meinen Puls nach Unregelmäßigkeiten der Herzfrequenz ab.

Nach dem Bad fühlte ich mich dann längst nicht mehr als Jüngste unter den Anwesenden.

Mühsam schlurfte ich im Kurpark die 500 Fuß bis zur weißen Schwefelquelle, wobei ich immer wieder innehielt, um zu verschnaufen und aus meiner Mineralwasserflasche zu trinken.

Glücklicherweise stand auf halbem Weg dann eine Bank, wo ich mich zu zwei anderen 95-Jährigen setzen konnte.

Mit ihnen begann ich nun, alle Krankheitssymptome zu bereden, die man in diesem Alter so hat.

Hier fand mich Dick, der inzwischen von einem Ausflug in das circa 70 Meilen entfernte Cody zurückgekehrt war und mir nun begeisterten Bericht erstattete: „Cody ist wunderbar gelegen, mitten in den Bergen und mit guter Luft. Es gibt dort ein Best-Western-Motel mit mineralischem Hot Spa, und ab 17 Uhr ist Happy Hour im historischen Irma Saloon."

Ich zog ein rasches Resümee von meinem heutigen Badeaufenthalt in Thermopolis: Ich war um 45 Jahre gealtert und roch wie ein faules Ei.

Außerdem überzeugte mich der Gedanke an das gesundheitsförderliche Hot Spa mit – höchstwahrscheinlich – effektiveren Mineralzusätzen als dem ekelhaften Schwefel.

Kurz darauf hatte ich meine Zelte im Kurhotel abgebrochen, Frotteemantel und Badelatschen mit Jeans und Western Boots vertauscht und fuhr mit Dick in Richtung Berge.

Die Luft in Cody war gut, und ich inhalierte sie tief und pflichtschuldig, als wir nun eilig von unserem Motel aufbrachen und dem historischen *Irma Saloon* in der nahe gelegenen Altstadt zustrebten.

Wir liebten den Konsum von geistigen Getränken in der möglichst authentischen Atmosphäre von alten Bars und Saloons des Wilden Westens.

Als wir nun im *Irma* ankamen, war die Happy Hour fast schon vorbei, doch ich schaffte immerhin noch drei Bourbon Highball und zwei Frozen Margaritas, während Dick fünf Jack Daniel's straight-up zu sich nahm.

Dann gingen wir in den *Five Star Saloon* auf der anderen Straßenseite, wo wir den ein oder anderen White Russian tranken.

Cody, das vom berühmten Buffalo Bill, alias William Cody, gegründete Westernstädtchen mit seinen vielfältigen Saloons und Kneipen gefiel uns ungemein.

„Wurde hier auch mal Gold gefunden?", fragte ich Dick, als wir zur nächsten Bar aufbrachen. „Nö, nicht das ich wüsste", antwortete er. „Hier ging es schon immer in erster Linie um flüssiges Gold."

Und schon verschwanden wir in einer Taverne, die sich – nomen est omen – *Goldnugget Melt* nannte.

Von hier an entsinne ich mich nicht mehr so recht, weiß nur, dass es ein richtig schöner Abend war und ich mich wieder wie Anfang 50 fühlte. Ach ja, und dass ich vergaß, zu später Stunde in unserem *Best-Western*-Motel das Hot Spa noch aufzusuchen.

Am nächsten Tag setzten wir unsere Reise fort und erreichten Mammoth Hot Springs, einen zweiten Kurort mit heißen Mineralquellen, der im berühmten Yellowstone-Nationalpark liegt.

Hier konnte ich den roten Faden meiner guten Vorsätze wieder aufnehmen.

Nach dem Wassertreten in der Bäderhalle des Kurhotels schlürfte ich einen heißen Kräutertee im Salon und schaute durch ein Panoramafenster versonnen auf die dampfenden Rinnsale der Hot Springs in meiner unmittelbaren Umgebung hinaus.

Zum Dinner hatte ich mich bereits für das vegetarische Menü eingetragen, als Dick von seinem Ausflug nach Gardiner, einem kleinen Westernort am Rande des Nationalparks, zurückkam.

In Gardiner sei gerade das *Big Bison*, ein Restaurant mit Schonkostküche, neueröffnet, wusste er zu berichten. Der Ort habe eine besonders schöne Hanglage über dem Yellowstone River, „mit guter Luft", wie er fürsorglich hinzufügte.

Ich überlegte und wog ab. Gardiner war nur ein paar Meilen entfernt; man konnte sich das dortige Diätlokal ja ruhig einmal anschauen.

Im *Big Bison* aßen wir ausgezeichnete Räucherlachsforelle, Bisonsteaks beachtlicher Größe und zum Dessert Chocolate Suicide. Auch der Wein war nicht zu verachten.

Gleich nebenan lag die historische *Blue Coyote Tavern* des kleinen Westernorts, wo wir den einen oder anderen Jack Daniel's als Digestif einnahmen. Dort hielten wir uns dann sehr lange auf, denn ein begabter Barpianist intonierte unsere sämtlichen Lieblingssongs, wobei wir aus voller Kehle mitsangen, denn wir sind recht musikalisch – insbesondere zu vorgerückter Stunde in der gepflegten Atmosphäre eines Pubs.

Das Auto ließen wir anschließend doch lieber stehen und konnten daher leider nicht ins Kurhotel zurückfahren. Wir gingen zu Fuß über die Brücke und mieteten uns in einem kleinen Motel direkt am Yellowstone River ein. Wir vergaßen beim Einchecken allerdings, uns nach einem Hot Spa zu erkundigen.

Doch meine schwächelnde Lungenfunktion hatte ich an diesem Abend sowieso bereits durch kraftvolles Absingen von Trinkliedern gestählt.

Den weiteren Urlaub verbrachten wir ganz ähnlich und auf das Angenehmste.

Meine Gewissensbisse hielten sich in Grenzen, hatte ich mir doch immerhin noch Aspen vorgenommen. Dieser Luftkurort in Colorado, mitten in den Rocky Mountains gelegen, konnte jedem alpenländischen Davos den Rang ablaufen.

In Aspen tat ich dann wirklich etwas für die Gesundheit, ließ mich von einer weiß bekittelten Pflegerin zu den anderen 95-Jährigen auf die Sonnenterrasse führen, wo ich vorsichtig in einem Liegestuhl Platz nahm und mir die Wolldecke über die Beine breitete.

Ich schaute auf die Bergwelt und atmete mit tiefen Zügen die gute Luft ein. Das strengte mich so an, dass ich auf der Stelle einschlief.

Im Traum saß ich im *Diamond Belle Saloon* in der Wildweststadt Durango und prostete Dick mit einem Glas Pinot Grigio zu.

Wir stimmten lauthals in die Reggae-Musik des Barpianisten ein, was hier im Übrigen jeder tat.

Es war Freitagabend, und der Laden brummte. Der Alkoven war so überfüllt, dass sich die Balken bogen.

Wir mussten uns anstrengen, um durch die Zigarettenrauchschwaden die Schrift auf einer an der Wand hängenden Schiefertafel zu entziffern.

„Arbeit ist der Fluch der trinkenden Klasse", stand da hinter dem Tresen geschrieben. Das hatte Potenzial, unser Lieblingsspruch zu werden, und wir prosteten uns fröhlich mit diversen Jack Daniel's zu. Die waren hier in der Tat so teuer wie flüssiges Gold, doch das kümmerte uns nicht die Bohne. So eine Bombenstimmung!

Heute Abend fand hier niemand Einlass, der nicht Sporen an den Stiefeln und einen Stetsonhut auf dem Kopf trug.

Als ich erwachte, hing mein Stetson über der Nachttischlampe und einer meiner Westernboots lag neben dem Bett, während ich den zweiten noch anhatte, was sehr störend war – wegen der Sporen.

Dick murmelte noch tief in den Kissen versunken: „Geht es dir gut? Es ist gestern in der Diamond Belle

Bar etwas spät geworden. Der Pinot Grigio war gepanscht, und den Jack Daniel's hätten wir besser ganz weggelassen."

„Ach ja, es geht schon", seufzte ich. „Ich hatte nur so einen schweren Albdruck. Ich träumte, ich sei in Aspen."

„Dann hast du ja wenigstens im Traum deine guten Vorsätze erfüllt", meinte Dick und fügte mit einem Gähnen hinzu: „Du wolltest ja gestern so unbedingt den Abzweig nach Aspen links liegen lassen und stattdessen nach Durango weiterfahren."

War das so? Ich konnte mich an nichts mehr erinnern.

Wieder in Deutschland nahm ich meinen nächsten Arzttermin wahr.

„Hat der Kurlaub Ihnen gut getan?", fragte der Doktor und sah mich mit forschendem Blick an. „Ja, ja, alles bestens", beeilte ich mich zu bestätigen und unterdrückte tapfer meinen permanenten Hustenreiz. Mein rasselnder Atem war allerdings auch ohne Stethoskop deutlich vernehmbar. Mein Arzt zog die Augenbrauen zusammen.

Nach eingehender Untersuchung konnte er mir allenfalls einen mäßigen Kurerfolg attestieren.

„Das nächste Mal fahren Sie besser nach Olpe", ließ er sich nun vernehmen und griff nach seinem Rezeptblock. „Ich schreibe Ihnen Codein auf. Sie werden eine Menge davon brauchen", meinte er nachdenklich mit tiefgefurchter Stirne.

Olpe? Codein? Meine Adhärenz lag auf dem absoluten Nullpunkt.

Ich hüllte mich in stures Schweigen.

Natürlich wurde ich es leid, dass mein Doktor die Bronchitis, die mich in unregelmäßigen Abständen befiel, einer ungesunden Lebensweise zuschrieb.

Die Schübe der hartnäckigen Erkrankung, die sich allmählich chronifizierte, war ich aber schon längst leid. Doch zäh hielt sich meine Überzeugung, selbst am besten zu wissen, was für mich gut ist.

So plante ich gemeinsam mit Dick einen erneuten Kurlaub in Colorado. Schon lange vor Reiseantritt freute ich mich auf die gesunde Luft der Rocky Mountains.

Frisch in Denver gelandet holten wir unseren Mietwagen ab, deckten uns in einem Store am Rande von Downtown mit einigen Lebensmittelvorräten und sonstigem Outdoor Supply ein und fuhren dann auch gleich aufs Gebirge zu, das sich circa 30 Meilen westlich der Stadt mit imposant gezackter Silhouette erhob.

„Cripple Creek: 70 Miles", sagte ein Wegschild an einem Linksabzweig. Dort führte eine schmale Schotterpiste tief ins Bergtal hinein.

„Da fahren wir hin", rief Dick spontan aus. „So berühmte, alte Westernorte sollte man sich unbedingt ansehen."

Das legendäre Cripple Creek war das Zentrum des Goldrauschs von 1890 und stellte alles bis dahin Dagewesene in den Schatten. Saloons, Bars, Spielhöllen und Amüsierlokale schossen wie Pilze aus dem Boden. Es wuchs größer und schneller als das damalige Denver.

Wir hofften, dass viele der alten Etablissements

nun nach historischem Vorbild original restauriert in neuem Glanze erstrahlten, und etliche Saloons und Kneipen wiedereröffnet waren. Vielleicht gab es gar ein Hotel mit Spa in dieser so malerisch am Fuß der Berge gelegenen, alten Goldgräberstätte.

Aber da hatten wir uns gewaltig geschnitten!

Als wir nach beschwerlicher Fahrt über die lange, einsame Staubpiste den Ort erreichten, fanden wir nur eine verlassene Geisterstadt vor, wo der Wind die verdorrten Dornbüsche durch die staubigen Straßen trieb.

Enttäuscht und mit langen Gesichtern blickten wir uns um. Hier war ja rein gar nichts los: keine Menschenseele außer uns, kein Saloon, kein Hotel mit Wellnessbad – weder flüssiges noch festes Gold.

Cripple Creek war tot.

Und wir mussten nun in einer der zerfallenen Blockhäuser in unseren Schlafsäcken übernachten. Wir suchten uns ein nur halbzerfallenes aus, setzten unseren Wagen daneben ab und bemühten uns, mit unseren bescheidenen Vorräten vor der Hütte am Lagerfeuer ein provisorisches Abendessen vorzubereiten. So ein Reinfall!

Wütend trete ich gegen einen der vorbeifliegenden Dornbüsche. Doch was ist das? Ich nehme das Gewächs in die Hand und untersuche es. Kleine vertrocknete, gelbe Blüten hängen im Geäst.

„Das ist ganz ordinärer Rabbitbrush", murrt Dick, der inzwischen ein Feuer entfacht und einen Topf mit Teewasser aufgesetzt hat. Doch mein Gatte hat von Botanik keine Ahnung.

Nein, nein, das ist die seltene Stachelstrauchkamille, ein wertvolles Heilkraut.
Neugierig geworden begutachte ich die dürre Prärie rund um die zerfallenen und halbzerfallenen Hütten. Hier steht noch ein ganzer Busch davon in Blüte. Und im Verbund daneben wächst doch tatsächlich die Wüstenarnika. Das wundertätige Gewächs habe ich in natura noch nie zu Gesicht bekommen und kenne es nur aus *Dr. Köhlers Atlas der Heil- und Medizinalpflanzen*. Das ist ein Wink des Schicksals.

Und schon braut Doc sich was zusammen: Indian Paintbrush, Indigostrauch, wilder Ingwer, Wolfsmilch. Diese Schätze wachsen hier unbeachtet aus der dürren Prärie hervor.
Ich schmecke den Sud ab. Irgendwas fehlt noch. Ein wenig Pulver vom verdorrten Fruchtstand einer abgestorbenen Agave. Etwas kleingehackter Sisal. Es fehlt immer noch was. „Rabbitbrush", feixt Dick. Okay, schaden kann es ja nicht.
Tatsächlich, das Wunderelixier ist perfekt. Flüssiges Gold. Ich kann mein Glück kaum fassen.

Was geschah dann?

In der Tat stellte sich mein Extrakt im Folgenden als hochwirksames Heilmittel gegen chronische Bronchitis heraus. Ich war kuriert, nachdem ich es zwölf Monate lang dreimal täglich einnahm – als Tropfen auf jeweils drei Codeintabletten geträufelt.

„Ich habe im letzten Jahr fast jedes Wochenende in Olpe verbracht", gab ich meinem verblüfften Hausarzt als Ursache der Wunderheilung an, der seither jedem Bronchitiserkrankten eine Kur ins Sauerland verschreibt.

4. Dakota – Glasgow – Amsterdam

„Das Werk des Meisters riecht nicht nach Schweiß, verrät keine Anstrengung und ist von Anfang an fertig." (James Abbott McNeill Whistler, amerikanischer Maler, 1834–1903)

Der aufmerksame Leser erinnert sich noch an die Geschichte „Das Porzellanvermächtnis", mit der meine *Fish Tales* enden. Dort wurden die näheren Umstände eines mysteriösen Porzellanfunds beschrieben und die Rätsel, die ein in ein Lederköfferchen eingravierter Schmetterling allen Beteiligten aufgab. Dies ist die mit Spannung erwartete Fortsetzung der dort geschilderten Ereignisse.

Dick und ich reisten im Auftrag der ehrenwerten Lewis & Clark Historical Society nach Britisch-Kolumbien in Kanada. Dort gelangte auf abenteuerlichen Wegen ein Teeservice aus blauweißem Chinaporzellan in meinen Besitz. Es befand sich in einer alten, ledernen Box, die nach Art eines Picknickkoffers speziell zur Aufbewahrung der zerbrechlichen Teile angefertigt war. Diese bestanden aus sechs Tassen von feinem Eierschalenporzellan nebst dazugehörigen Untertassen, einer runden Teedose sowie sechs zierlichen Konfektschälchen.

All das konnte man im Maßköfferchen ungefährdet mit auf Reisen nehmen und jederzeit eine perfekte englische Teahour zelebrieren – immer wenn sich die Gelegenheit bot, einen Kessel Wasser aufzukochen.

Ich pflegte diesen Brauch nun ebenfalls auf Reisen. Das mochte in einem fernen Hotelzimmer sein, an einem abendlichen Lagerfeuer in der Wildnis oder bei einem Picknick in den Sanddünen.

So viel Kultur musste sein, obwohl Dick das als mein Reisegefährte ständig negierte und seinem eigenen Kulturbegriff mit einem Flachmann voll und ganz genüge tat, den er vorzugsweise mit Whiskey der Marke Jack Daniel's auffüllte.

Pikiert spreizte ich den Finger ab, wenn ich meine Teetasse anhob und wartete auf einen unbeobachteten Moment, um mir den Trunk mit einem Schuss aus besagtem Flachmann zu verfeinern.

Als ich seinerzeit das Köfferchen in Empfang genommen hatte, war mir das kleine, in den Metallverschluss gestanzte Schmetterlingssymbol zum ersten Male aufgefallen. Durch diese Besonderheit stellte ein Häuptling der Ilwaco klar, dass es nicht identisch sein konnte mit dem Porzellankoffer, der dem Besitz von Meriwether Lewis zuzuordnen war. Somit hatte es für die Lewis & Clark Society keinen historischen Wert, und ich durfte es dauerhaft behalten, ohne amerikanisches Kulturgut zu unterschlagen.

Es war mir von Anfang an klar, dass der Schmetterling einen Hinweis zu seinem wahren Vorbesitzer darstellte, und irgendwoher hatte ich schon einmal von diesem Symbol gehört.

Es kam mir eine vage Idee, die sich allmählich verfestigte, bis ich schließlich der Ansicht war, der Sache unbedingt auf den Grund gehen zu müssen. Denn wer mochte schon ein Teeservice unklarer Genese zu seinen Besitztümern zählen?

Ich teilte meine Vermutungen zur Herkunft der Pretiose meinem Gatten mit.

Aber da Dick in Porzellanfragen etwas heikel und nur wenig motivierbar ist, beschloss ich, erste Nachforschungen auf eigene Faust zu unternehmen. Wenn sich die Spuren verdichteten und es richtig spannend wurde, gedachte ich immer noch, auf seine Unterstützung zurückzugreifen.

Immerhin wusste ich bereits genau, wo ich meine Suche beginnen musste: in Glasgow, der schönen Industriestadt an der Clyde im Nordwesten Schottlands.

Und hier beginnt nun die neue Geschichte.

Für mich bedurfte es so einiger Überredungskünste, meinen Boss TP zu überzeugen, dass ich dringlich an einem medizinischen Kongress teilnehmen musste, der Ende des Monats November in Glasgow stattfand.

„Dein Reisebudget ist bereits seit Mai ausgeschöpft, und dennoch musstest du an – ach, so wichtigen – Konferenzen in Barcelona, Paris, Lissabon und Toronto teilnehmen", gab der sich mal wieder diktatorisch. „Für den Rest dieses Jahres ist Schluss mit deinem Kongresstourismus."

„Bei einem Ort wie Glasgow zu einer Jahreszeit wie November wirst du mir doch nicht etwa eigennützige Absichten unterstellen?", entrüstete ich mich.

Er stutzte, überlegte, sah das dann in der Tat ein und gab schließlich nach.

„TP hat mir heute einen einwöchigen Kongress in Glasgow aufs Auge gedrückt", berichtete ich abends meinem Gatten scheinbar verdrossen. „Glasgow im November ist bestimmt kein Vergnügen", bedauerte er mich.

Zielstrebig begann ich mit der Umsetzung meiner Pläne gleich nach der Anreise. Der Kongress konnte warten. Also nahm ich mir, sobald ich meine Koffer im Hotel abgestellt hatte, ein Taxi zum Glasgow Institute of Fine Arts.

Dort vertiefte ich mich im Hauptsaal in die Werke des amerikanischen Künstlers James Abbott McNeill Whistler, dessen Malerei mir immer schon ausnehmend gut gefallen hatte.

Das Museum setzt einen klaren Schwerpunkt auf Whistlers Schaffen. Vor 120 Jahren hatte man zur Blütezeit der reichen Hafenstadt Glasgow begonnen, diese Sammlung zusammenzustellen und konkurrierte seither mit der Freer Gallery in Washington, die dem renommierten Smithsonian Institute angeschlossen ist. Deren Kollektion war seinerzeit noch durch die Unterstützung Whistlers in seinen späten Lebensjahren aufgebaut worden.

Der Künstler, der sich kosmopolitisch in vielen Ländern Europas bewegte und 1903 in Chelsea, London, starb, wertschätzte die wachsende Aufmerksamkeit für sein Werk in seinem Geburtsland USA und insbesondere auch die Tatsache, dass sich ein potenter Förderer wie Charles Lang Freer, ein Hersteller von Eisenbahnwaggons aus Detroit, für seine Malerei einsetzte.

Wenn es nach Whistler gegangen wäre, hätte die Freer Gallery sein gesamtes Lebenswerk erhalten.

Aber es ging nicht immer alles nach dem Willen des eigensinnigen Künstlers, und manche Dinge gingen ihm auch schlichtweg schief.

Mit Whistlers interessantem Lebenslauf hatte ich mich bereits vor Jahren eingehend beschäftigt, schien er mir in seiner ausgeprägten Ex- und Egozentrik doch mein Zwillingsbruder im Geiste zu sein. Und malen konnte ich ebenfalls sehr gut, wenn vielleicht auch nicht so meisterhaft und genial wie mein großes Vorbild.

Künstlerisches Talent gepaart mit Hang zu dandyhafter Selbstdarstellung, lebhaftem Temperament und dem Lebensstil eines Bohemiens hielten nicht nur Whistlers Zeitgenossen in Atem, sondern strahlten auch hundert Jahre nach seinem Ableben noch die Faszination und den Charme einer einzigartigen Persönlichkeit aus.

Der Fakt, dass er aufgrund seiner Überheblichkeit auch bisweilen auf die Nase fiel und als Verlierer dastand, gab seiner Vita eine zusätzliche pikante Note.

Am meisten amüsierte mich in seiner schillernden Biografie die Anekdote mit dem Pfauenzimmer.

Whistler nahm von seinem Mäzen und Hauptsammler, dem wohlhabenden englischen Reeder Frederick R. Leyland, den Auftrag an, dessen Londoner Privatbibliothek so umzugestalten, dass eine reichhaltige Sammlung an blauweißem Chinaporzellan dort ausgestellt und gut zur Geltung kommen sollte.

Auch Whistler, der extravagante Künstler und Dandy, sammelte zur damaligen Zeit mit Leidenschaft blauweiße Chinoiserien. So glaubte Leyland den Auftrag bei ihm in besten Händen, vertraute ihm den Schlüssel seiner Londoner Villa an und entschwand auf eine einjährige Weltreise.

Dem Künstler ließ er weitgehend freie Hand, bat ihn aber um äußerste Sorgfalt mit der bereits vorhandenen kostbaren Chagrinledertapete, die unbedingt bei der Umgestaltung zu erhalten sei.

Whistler indes empfand gerade diese als zu langweilig für den Raum und begann gleich nach Abreise seines Mäzens mit deren Übermalung mit Goldmustern und fantastischen Pfauendarstellungen in leuchtenden Blau- und Grüntönen, was seiner Art von Eitelkeit und Lebensfreude eher entsprach als eine Wandverkleidung in beige-bräunlichem Chagrin.

Die Idee hielt er für so genial, dass er unbedingt Publikum bei der Entstehung seines Goldzimmers brauchte. So berief er Pressekonferenzen in das Haus seines Auftraggebers ein, wobei er die Rolle des Hausherrn übernahm. Er bewirtete die begeisterten Journalisten und Fotografen fürstlich und gab selbstgefällige Interviews. Die Presseleute berichteten dann auch bereitwillig und mit Überschwang von seinem kühnen Projekt – und zwar so überregional, dass sein Gönner die Nachrichten am anderen Ende der Welt in der Zeitung las.

Leyland versuchte zunächst mit verzweifelten Depeschen, den Künstler in seiner Londoner Villa zu stoppen, und befahl ihm, das Werk bis zu seiner Wiederkehr ruhen zu lassen.

Aber Whistler war in seiner Begeisterung nicht mehr zu bremsen, reihte mit dem Fortschreiten seiner güldenen Wandmalereien eine Pressekonferenz an die andere, was seinen Mäzen schließlich hochalarmiert zum Abbruch seiner Weltreise und unverzüglicher Rückkehr an den Ort des Geschehens zwang.

Dort brach er angesichts der Eigenmächtigkeit seines Schützlings und der öffentlichen Zurschaustellung seiner Privatsphäre ein großes Donnerwetter vom Zaum.

Da bereits drei Wände gestaltet und mit Pfauenbildern übermalt waren, sah er sich allerdings genötigt, von Whistler auch noch die vierte Wand – um der Einheitlichkeit willen – vollenden zu lassen.

Dieser rächte sich für Schimpf und Kritik vonseiten seines früheren Gönners mit der Darstellung des berühmten Pfauenkampfs, dem Wandbild von zwei flügelschlagenden Pfauen in erbittertem Streit um die Vorherrschaft.

Dass er dem wahrscheinlichen Verlierer dabei eine geschwungene, silbern glänzende Feder auf den Kopf malte, die der weißen Haartolle Leylands ähnelte, machte das Maß voll und brachte das Fass zum Überlaufen.

Zornentbrannt erteilte ihm sein Auftraggeber darob Hausverbot und zahlte ihm für seine Arbeit nur die Hälfte der vereinbarten Summe aus.

Man sollte nun meinen, Whistler sei für all seine Frechheiten und bösen Streiche auf diese Art noch glimpflich davongekommen und sein Mäzen habe ihn durch Geldabzug mit Augenmaß gestraft, zumal Leyland die vergoldete Bibliothek nun als Gesamtkunstwerk annahm.

Doch der Künstler war bis ins Mark getroffen. Die

erzwungene Trennung von seinem Hauptwerk trieb ihn zeitweilig fast in die Depression, und die Honorarkürzungen trafen den Bonvivant wie ein Dolchstoß.

Da er stets auf großem Fuße lebte, hatte er das zu erwartende Honorar bereits für seinen aufwendigen Lebensstil ausgegeben und bekam nun großen Druck von seinen Schuldnern. Gleichzeitig hielten sich wohlhabende Sponsoren mit Aufträgen zurück, weil sie nach diesem Gesellschaftsskandal seine Extravaganzen und Eigenmächtigkeiten fürchteten.

So brachte ihn die ganze Angelegenheit an den Rand des Ruins. Schließlich musste er persönlichen Bankrott anmelden und – um Schuldner zu bezahlen – seine exquisite eigene Sammlung an blauweißem Chinaporzellan verkaufen, was ihm besonders weh tat.

Die Sammlung wurde in alle Winde zerstreut. Als er nach Jahren – wieder zu Geld gekommen – die wichtigsten Stücke zurückerwerben wollte, gelang ihm das nur bedingt.

Die Spur seiner ehemaligen Schätze führte ihn in die Antiquitätenszene Amsterdams, wo er eine Galerie nach der anderen abklapperte und mithilfe von alten fotografischen Aufnahmen und eigenen Zeichnungen nach Stücken aus seiner Sammlung suchte. Meist bot man ihm aber nur blauweißes Delfter Porzellan an, was ihn nicht interessierte.

Bei der zähen und zumeist erfolglosen Sucherei fertigte er dann aus Überdruss und Frust eine Radierungsserie der Grachten und Gassen Amsterdams an. Sie wurde später weltberühmt. Heute befindet sie sich zum Großteil im Glasgow Institute of Fine Arts – im Übrigen sehr zum Neid des Direktors der konkurrierenden Freer Gallery in Washington.

Whistler indes fand das heiß begehrte Chinaporzellan nicht wieder. So begnügte er sich auf Amsterdamer Auktionen mit dem Ankauf von einigem Tafelgeschirr, das zwar deutlich minder exquisit war als jenes aus seinem früheren Besitz, aber immerhin ebenfalls aus der blauweißen Ming-Periode stammte.

Viele persönliche Gebrauchsgegenstände des Künstlers konnte sich das Glasgower Museum aus seinem Nachlass sichern. Diese Utensilien wurden fortan als Devotionalien behandelt und in einigen Glasvitrinen mitten im großen Whistler-Gemäldesaal des Museums ausgestellt. In genau jenen Vitrinen, an denen ich mir am heutigen Tag die Nase plattdrückte.

Dabei fiel mir eine Schmetterlingsgravur auf, die sich sogar an profanen Besitztümern des Dandys befand, wie zum Beispiel einem silbernen Schnupftabakdöschen, einer Haarbürste aus Kamelienholz, an dem Silbergriff seines Monokels und an einem langen Schuhanzieher, einer japanischen Lackarbeit. Denn so ganz profan war eigentlich nichts, was ihm je gehörte.

Der in das Eigentum des Malers eingeritzte Schmetterling entsprach genau dem angedeuteten Falter, mit dem Whistler in seinem Spätwerk auch seine Bilder zu signieren pflegte, wie ich im direkten Vergleich mit den Gemälden an den Wänden des Saals feststellte. Auf meinem Handydisplay sah ich mir die Fotovergrößerung des Monogramms an, das als Stanze am Metallverschluss meines Porzellanköfferchens prangte. Ich umkreiste wie eine Hummel die Vitrinen, um die Symbole abzugleichen.

Nun hatte ich die Bestätigung, nach der ich suchte. Sämtliche Schmetterlinge, die ich zu Gesicht bekam, waren identisch mit dem auf meinem Handydisplay.

In dem ansonsten fast publikumsleeren Saal fiel meine hektische Aktivität indes schon seit geraumer Zeit dem Saalwärter auf die Nerven.

„Hier darf leider nicht fotografiert werden", maßregelte er mich, als ich das Handy zückte. Ich erklärte ihm selbstbewusst, dass ich hier nichts ablichtete, sondern lediglich recherchierte, weil ich selbst daheim Teile aus dem früheren Besitz des Künstlers aufbewahrte.

Natürlich musste ich mal wieder ein bisschen angeben, und natürlich verstand ich wie immer, Eindruck zu schinden.

Der Wärter bat mich, einen kleinen Moment zu warten, und rief auf seinem Handy Unterstützung herbei. Den älteren, hochgewachsenen Herrn, der kurz darauf den Saal betrat, stellte er mir als Herrn Prof. McAberleen, den Museumsdirektor, vor.

Mit seiner weißen Haarsträhne, die ihm markant über die Stirn fiel, erinnerte mich der Direktor sogleich an den Reeder Frederick R. Leyland, den früheren Mäzen und späteren Widersacher Whistlers. Leylands Foto stand in einer der Vitrinen. Prof. McAberleen sah ihm in der Tat ziemlich ähnlich.

Mit meiner Expertise gab ich nun auch vor dem Professor an, und der begutachtete mit Interesse den Abgleich der Schmetterlingsmonogramme. Er hielt die Herkunft für wahrscheinlich, aber nicht für zweifelsfrei belegt. Man müsse das noch gründlich untersuchen.

Das konnte er sich aber abschminken. Keinesfalls würde ich meinen Koffer nebst Inhalt für langwierige Untersuchungen aus der Hand geben. Das gab ich ihm auch sogleich zu verstehen.

Für mich persönlich stand die Authentizität ohne Zweifel fest. McAberleen konnte da sagen und meinen, was er wollte.

Meine Freude war inzwischen übergroß, und ich beglückwünschte mich zu dem guten Geschick, das mir im fernen Amerika das Teeservice in die Hände gespielt hatte. Davon würde ich mich nie mehr trennen. Wer weiß, vielleicht war es sogar Vorsehung – bei so unübersehbarer Seelenverwandtschaft zwischen mir und dem Künstler.

Die Glasgowreise hatte sich für mich bereits mehr als gelohnt.

Meine Mission war erfüllt. Ich hätte mich nun dem profaneren Zweck der Reise widmen können, dem Kongress. Um meinen Chef TP hernach mit einem Bericht zufriedenzustellen, so überlegte ich. Doch irgendwie war mir der Gedanke an TP immer lästig.

So entschied ich als kulturbeflissener Mensch, mir am nächsten Tag mal den burgartigen Bau des schottischen Nationalmuseums Kelvingrove und die dortigen Exponate anzuschauen. Das musste man gesehen haben, warum auch immer man in Glasgow weilte. So stand es zumindest in meinem Marco Polo Reiseführer.

Ich hatte ebenso darin gelesen, dass etliche Museen der Stadt verwaltungstechnisch Unterabteilungen des Nationalmuseums Kelvingrove darstellten. Dazu gehörte auch das Glasgow Institute of Fine Arts mit seiner Whistler-Sammlung. Gut, dass ich mein gestriges Eintrittsticket noch nicht weggeworfen hatte. „Gilt auch für Kelvingrove" stand klein darauf geschrieben. Also nichts wie hin.

Im historischen Hauptgebäude las ich gleich auf dem Messingschild am Eingangsportal, dass McAberleen auch hier als „Executive Director" aufgeführt war. „So ist der Professor mit der Leyland-ähnlichen Haartolle offenbar der ‚Herr der Ringe' hier vor Ort", dachte ich beeindruckt.

Nun widmete ich mich in Muße der – durchaus bemerkenswerten – schottischen Freilichtmalerei des 19. Jahrhunderts. Aber es gab für einen explorativen Geist wie mich auch noch Spannenderes: eine überwältigende Fülle an Tiertrophäen und Dinosaurierknochen in der naturkundlichen Sektion. Auch war eine ethnologische Abteilung vertreten, und Völkerkunde interessierte mich als Viel- und Gern-Reisende besonders.

Der Eklektizismus der Sammlung ließ allerdings den Verdacht aufkommen, dass man alle Exponate, die in den Kellergewölben des Britischen Museums in London keinen Platz mehr fanden, wahllos themseabwärts zum Meer und dann küstenaufwärts bis zur Clyde-Mündung und in den Hafen von Glasgow verschifft hatte.

Die Kollektion entsprach so ganz der Sammelwut der Kolonialzeit und wurde hier mit offenkundiger

Lust am Schaurigen zur Schau gestellt.

Staunend stand ich vor Schrumpfköpfen aus Borneo, kunstvoll tätowierten Häuptern der Maori, Zauberkörben der Zulu mit vielen Knöchelchen unklarer Herkunft und schließlich – dem Lakota Shirt.

Für letzteres hatte man sogar einen eigenen Saal eingerichtet, in dem jede volle Stunde eine Filmvorführung und Beleuchtungsshow begann, die die Geschichte des Indianergewands erzählte.

Diese kannte ich schon von unserer letzten Reise durch Dakota, die uns auch zum Wounded Knee geführt hatte.

Das sogenannte „Ghost Dance Shirt" gehörte einst einem ranghohen Schamanen aus dem Stamm der Lakota Sioux. Dem Zauberhemd wurde nachgesagt, kugelsicher zu sein, was offensichtlich nicht der Fall war, wenn man die zahlreichen Einschusslöcher betrachtete. Sein Träger fiel darin 1890 in der Schlacht von Wounded Knee. Die siegreiche US-Kavallerie nahm es als Trophäe mit.

Bereits 1891 kaufte das Kelvingrove Museum das Shirt von einem Teilnehmer der *Buffalo Bill`s Wild West Show*. Vielleicht hatte der es aus den Requisiten geklaut

Nun wurde das blutverschmierte und arg ramponierte Büffellederhemd als Exotikum in einer Vitrine ausgestellt und in theatralischer Szenerie präsentiert. Man erhoffte wohl, dass es als gruseliger Publikumsmagnet dienen möge, um schwindende staatliche Förderungsgelder mit dem Erlös von Eintrittskarten abzufedern.

Eine Rechnung, die wahrscheinlich nicht aufging,

denn ich war heute der einzige Besucher in diesem Raum.

Was hatte das Shirt denn auch mit Glasgow zu schaffen? Anderswo wurde es indes schmerzlich vermisst.

Im fernen Süddakota beklagten die Sioux die sensationsheischende Zurschaustellung eines Gewandes, das ihr Stamm für so heilig hielt, wie Katholiken den Heiligen Rock in Trier. Der wurde schließlich auch nur alle Jubeljahre der Öffentlichkeit gezeigt – und nicht in einstündigem Abstand in einer Vorstellung mit Beleuchtungseffekten.

Die Indianer argumentierten, dass ihre alten Wunden für das Unrecht von Wounded Knee nur vernarben könnten, wenn man das Relikt in ihr Reservat zurücküberführte.

Entsprechend hatten sich die Stammesältesten auch mit einer Petition an das Museum gewandt und dringlich um die Herausgabe des Lakota Shirt gebeten.

Die Museumskuratoren berieten sich und kamen überein, dass man nicht auf das Schaustück verzichten wolle.

Um guten Willen zu zeigen, spendierten sie allerdings einer kleinen Abordnung von indianischen Tribal Elders eine Europareise ins schöne Glasgow (wahrscheinlich im November), um sich die Lakota Show vor Ort anzusehen.

Die stündlich stattfindende Filmdokumentation stellte immerhin die Schlacht von Wounded Knee als ein den Indianern von der US-Armee angetanes Unrecht dar. So hoffte man, die geladenen Gäste mit dieser Demonstration milde zu stimmen und ihre öffentlichen Protestrufe abklingen zu lassen.

Auch wenn es durch die aufgenommene Kommunikation zu versöhnlicheren Tönen und Gesten kam, so blieben die indianischen Gesandten allerdings bei ihrer Forderung nach der Herausgabe des Shirt.

Ich kannte die Historie von Wounded Knee und die Dispute um die Rückführung des Textils von früher her. In der letzten Zeit hatte ich nichts mehr von den Streitigkeiten mitbekommen, doch bei meiner heutigen Besichtigung wurde mir all das schlagartig und sehr drastisch wieder vor Augen geführt.

Die Indianer hatten ihr berechtigtes Anliegen nicht durchsetzen können, und das Shirt war nach wie vor ein gruseliges Schauobjekt.

Das war abstoßend. Ich erkannte auf Handlungsbedarf – warum nicht durch mich, wenn ich doch schon einmal hier vor Ort war und den Museumsdirektor kannte.

Mir kam eine zunächst noch unbestimmte Idee, über die ich für den Rest des Tages nachdenken musste, um sie ausreifen zu lassen.

Da mein Einfall mir im Folgenden einen großen Verzicht und Opferbereitschaft abverlangte, wurde ich etwas melancholisch, und so setzte ich meine Überlegungen über etlichen Pints im Pub *Crystal Bell* bis in die späten Abend- und Nachtstunden fort.

Dann stand mein Entschluss fest, und ab sofort gab es wieder genug für mich zu tun, hier im schönen Glasgow.

Am nächsten Morgen rief ich im Museum an und ließ mich mit meiner mir eigenen Überredungskunst von einer Sekretärin gleich zu Prof. McAberleen durchstellen, der ja immerhin ein guter Bekannter von mir sei, wie ich ihr gegenüber zumindest behauptete.

Der Professor erinnerte sich natürlich sogleich an das Gespräch mit der so kunstsinnig wie kompetenten Whistler-Kennerin. Als er von mir vernahm, dass es diesmal nicht primär um den Künstler gehe, sondern in erster Linie um das Lakota Shirt, war er wohl so verdutzt, dass er mir einen zeitnahen Gesprächstermin gab.

„Sie sind also nicht nur Whistler-Expertin, sondern auch Indianer-Fachfrau?", empfing er mich am nächsten Vormittag in seinem Büro und bat mich, auf dem Besucherstuhl vor seinem voluminösen Schreibtisch Platz zu nehmen.

„Als publikationsaktive USA-Spezialistin interessiere ich mich brennend für alle ihre diesbezüglichen Exponate", lächelte ich vieldeutig und stellte damit zugleich eine Querverbindung beider Themen her.

„Ja, wir sind sehr stolz – sowohl auf Whistler als auch auf das Lakota Shirt", entgegnete er wachsam, denn möglicherweise witterte er bereits, warum ich ihn wegen des umstrittenen Shirts sprechen wollte.

Als ich ihm nun sehr ernst und aufrichtig die Rückführung des Lakota Shirts als die unvermeidliche Notwendigkeit schilderte, die sie in meinen Augen darstellte, nahm er eine reservierte Haltung an: „Wir können auf das Exponat nicht verzichten. Es ist unser Publikumsmagnet der völkerkundlichen Abteilung …"

„…in der ich gestern der einzige Besucher war", fuhr ich gehässig fort.

„Wir haben im November in Glasgow nicht allzu viele Gäste", entgegnete er. „Aber im Sommer ist da oft der Teufel los."

„Von wallfahrtenden Indianern?", hakte ich direkt nach, denn meine Bosheit war steigerungsfähig, wenn ich meinen Willen nicht bekam. Er schwieg betroffen.

Ich wusste, dass ich nun schwereres Geschütz auffahren musste. Es tat mir leid, nun unangenehm zu werden, denn eigentlich fand ich ihn recht sympathisch, wo er doch mit seiner netten, weißen Haartolle Leyland ähnelte, den Whistler so schön geärgert hatte.

Jetzt musste ich ihn ärgern – in einer Parallelhandlung ein Jahrhundert später sozusagen.

Whistler hatte sich seinerzeit bei der Presse lieb Kind gemacht. Das konnte ich auch.

So begann ich jetzt, mit unliebsamen Veröffentlichungen zu drohen. Nicht umsonst kannte ich Jeff, den Chefredakteur des *Rapid City Sentinel* aus Süddakota.

„Den kenne ich auch schon", lächelte der Professor schmallippig, sobald ich ihn erwähnte, „er ist ein Indianerfreund und setzt sich für die Sache der Lakota ein. Kürzlich forderte er in einem sechsspaltigen Artikel die Herausgabe des Relikts von mir. Doch was er in Rapid City im fernen Dakota schreibt, kann uns hier nicht wirklich beängstigen." Etwas versöhnlicher setzte er hinzu: „Gewissermaßen verstehe ich das Anliegen, und wir reden ja auch mit den Lakota.

Aber letztendlich muss ich die ökonomischen Folgen für unser Haus einkalkulieren."

Diese Priorisierung schnöder, wirtschaftlicher Aspekte erinnerte mich nun so stark an meinen Boss TP, dass in mir die nötige Aggressivität aufwallte, um sehr energisch eine Wende herbeizuzwingen.

„Jeff kennt bislang nur die eine Seite der Medaille, nämlich dass Sie den Indianern die Rückgabe ihres Kulturguts verweigern. Dass Sie gleichzeitig einen Kulturraub viel größerer Dimension begehen, wenn Sie der Freer Gallery Hauptwerke des amerikanischen Malers Whistler vorenthalten, dessen ist sich Jeff noch gar nicht bewusst, und es wird höchste Zeit, dass ihm das mal einer steckt."

Touché. Mein Gesprächspartner ließ sich offenbar bluffen, denn er wurde jetzt in der Tat etwas bleich um die Nase. Mir waren die nationalrechtlichen Zusammenhänge überhaupt nicht klar. Ich hatte nur als naheliegend vermutet, dass zwei Institutionen, die die beiden größten Whistler-Kollektionen der Welt besaßen, in direkter und möglicherweise erbitterter Konkurrenz miteinander stehen würden – und offenbar hatte ich ins Schwarze getroffen.

McAberleen rechtfertigte plötzlich eifrig den legalen Anspruch seines Hauses auf alle Werke Whistlers, die es beherbergte, und gab damit indirekt zu, dass die Freer Gallery in Washington in der Tat schon versucht hatte, ihn diesbezüglich unter Druck zu setzen.

Dabei wussten seine dortigen Widersacher nicht nur das allmächtige Smithsonian Institute in ihrem Rücken, sondern auch die überregionale US-amerikanische Presse.

Und da kannte ich natürlich mal wieder Ross und Reiter und setzte gleich noch eins drauf. „Jeffs Namensvetter, der bei der Washington Post als Kulturredakteur arbeitet, kenne ich natürlich auch sehr gut", bluffte ich.

Wobei diese Bekanntschaft etwas einseitig war, denn ich kannte den Redakteur, aber er kannte mich nicht.

Doch immerhin hatte ich von ihm unlängst einen entrüsteten Bericht gelesen, dass die Amsterdam-Radierungen Whistlers, die seiner Meinung nach besser ins Profil der Freer-Kollektion passen, von Glasgow nicht herausgerückt wurden.

„Und Washington ist ja nicht so weit entfernt wie Süddakota", höhnte ich nun, auf die Bedeutung der *Washington Post* anspielend.

Der Artikel hatte allerdings in der Kunstszene für einiges an Aufsehen gesorgt und Diskussionen vom Zaum gebrochen. Ich hatte ihn seinerzeit auf Deutsch in einer Ausgabe der Kunstzeitschrift *art* interessiert nachgelesen.

„Natürlich weiß der Washington-Jeff noch nichts über Ihre Hemdsünde, genauso wenig wie der Dakota-Jeff vom Whistler-Raub ahnt", nahm ich McAberleen nun mit dem Doppel-Jeff in die Zange.

Jetzt war mein Gegenüber zornesrot geworden. „Sie glauben doch nicht im Ernst, dass ich die Amsterdam-Radierungen Whistlers herausgebe?", polterte er.

Doch hinter diesem Wutanfall witterte ich Angst. Sein Blick wich mir aus, seine Schultern senkten sich, und er verschränkte die Arme vor dem Bauch, eine abweisende, aber auch defensive Haltung, die nicht zu dem verbalen Zornesausbruch passte.

Wie gut, dass ich mich mit der Deutung von Körpersprache auskannte. Jetzt hatte ich ihn genau da, wo ich ihn haben wollte, und nun war die Zeit reif für meinen Vorschlag zur Güte.

„Bezüglich Whistler teile ich im Übrigen Ihre Auffassung, dass der Künstler, der fast sein ganzes Leben in Europa schuf, nicht den USA alleine gehört. Er gehört der ganzen westlichen Welt, und Sie verwalten einen wichtigen Teil seines Werks – angemessen." Ob der milderen Töne horchte er nun auf.

Aber ja, die frohe Botschaft ging noch weiter. „Ich bewundere Ihre Arbeit hier in Glasgow sogar so sehr, dass ich bereit bin, Ihnen das Porzellanexponat aus Whistlers persönlichem Besitz, über das wir gestern sprachen, zu schenken", fuhr ich salbungsvoll fort.

„Dass das Porzellan von James Abbott McNeill Whistler stammt, lässt sich zurzeit nur aus der Tatsache schließen, dass es den eingravierten Schmetterling am Lederkoffer aufweist", meinte er nachdenklich. „Könnte ich mir vielleicht noch mal das Foto auf Ihrem Display anschauen?"

Ach wie dumm, mein Handy lag im Hotel. Daher bat ich um einen Federhalter und ein leeres Blatt und malte ihm das Schmetterlingssymbol mit lockerer Hand aufs Papier.

Er starrte auf meine Zeichnung und war ganz offenbar verblüfft. Er nahm das Blatt an sich, prüfte die Linienführung eingehend und legte es sich dann sorgfältig zur Seite.

Was immer ihn an meiner Skizze so fasziniert

hatte, von der Authentizität meiner Devotionalie war er noch nicht überzeugt.

„Um es im Museum auszustellen, benötige ich ein weiteres Indiz seiner Provenienz. Bringen Sie mir einen eindeutigen Herkunftsbeweis, und ich überdenke auch noch mal die Sache mit dem Lakota Shirt in Ihrem Sinne", resümierte er schließlich recht wohlwollend.

Ich überlegte, dass meine Anklage hinsichtlich eines doppelten Kulturraubs ihm mehr zu denken gab, als die Aussicht auf ein kleines Teeservice, womit er seine Vitrine ergänzen konnte – aber so weit so gut.

Für mich stellte der Verzicht immerhin ein großes Opfer dar. Da brauchte ich jetzt zum Tausch noch etwas mehr als die Aussicht auf eine wohlwollende Überlegung seinerseits.

„Wenn Sie das Shirt zurückgeben, können Sie gleichzeitig dem Smithsonian Institute sehr viel Wind aus den Segeln nehmen. Sie überführen damit ja schließlich historisches Erbe in die USA zurück und beweisen guten Willen. Machen Sie dann einfach geltend, dass Freer das Pfauenzimmer nach dem Tode Leylands aus London wegschaffte und nach USA verschiffte. Das könnte man schließlich auch als Wegnahme von Kulturgut interpretieren", riet ich ihm schlau.

„Sie glauben aber nicht im Ernst, dass wir das Pfauenzimmer zum Tausch erhalten, wenn wir das Lakota Shirt nach USA zurückgeben?", sinnierte er. Das musste ich zugeben, denn die Indianer hatten dort drüben schließlich keine starke Lobby.

„Eine solche Geste können Sie aber immerhin als

Verhandlungsmasse benutzen. Vielleicht überlässt Ihnen das Smithsonian dann irgendein anderes Exponat, das für Ihre Whistler-Sammlung bedeutungsvoller ist als für deren eigene", spann ich den Faden weiter.

„Vielleicht das historische Fotoarchiv aus dem Nachlass Whistlers?", überlegte er nun laut vor sich hin, denn das hätte er wohl besonders gern gehabt. „Wovon träumt er nachts?", dachte ich im Inneren, ließ ihn aber beflissentlich in dem Glauben und nickte sogar bestätigend.

Schließlich schieden wir doch noch in gutem Einvernehmen.

Mein Aufenthalt in Glasgow näherte sich seinem Ende, und ich genoss an den beiden letzten Tagen noch die Kneipen- und Jazzszene der Stadt, nachdem ich mich in ihren sonstigen Kulturbetrieb so engagiert und nachhaltig eingebracht hatte.

Was für mich jetzt noch zu tun blieb, bedurfte mal wieder eines Ortswechsels.

Zu Hause angekommen sprach ich bei Dick beiläufig an, dass man auch noch mal Amsterdam in der Vorweihnachtszeit besuchen sollte. „Wie kommst du jetzt gerade auf Amsterdam?", wunderte sich Dick, der die Stadt im Übrigen mochte und nur meinen Gedankengängen nicht folgen konnte. Ihm das zu erklären, führte aber jetzt tatsächlich zu weit …

Amsterdam hatte generell für uns so seine Reize. Da es nahe unserer Heimatstadt Solingen gelegen ist, kostet die Fahrt im IC nur schmales Geld. Eine Fahrt nach Amsterdam war jederzeit auch ohne lästigen

Dienstreiseantrag als Privatausflug erschwinglich.

So konnte ich auf nervtötende Diskussionen mit TP gut verzichten, er möge mir eine Konferenzreise dorthin gewähren. Wo der doch immer noch wegen meines ausstehenden Kongressberichts von Glasgow herumquengelte.

Dick und ich fuhren über das zweite Adventswochenende. Wir bewunderten die Lichterketten an den Grachten bei Nieselwetter, schlenderten über Weihnachtsmärkte, die den unsrigen nachempfunden waren, und kauften Geschenke ein, die wir in Köln und Düsseldorf preiswerter bezogen hätten.

„In Bergisch Gladbach gibt es einen netteren Weihnachtsmarkt", nörgelte Dick, an einem überzuckerten Glühwein schlürfend.

„Ich habe für übermorgen noch Karten fürs Koninklijk Concertgebouworkest ergattert", ließ ich mich fröhlich vernehmen. „Sie werden die ‚Sinfonie der Tausend' geben", ergänzte ich bedeutungsvoll.

Dick liebte die Sinfonien von Gustav Mahler. Die Achte wurde wegen des orchestralen Aufwands (es waren zwar nur rund 270 und nicht tausend Musiker notwendig, aber immerhin …) äußerst selten aufgeführt.

Nun glänzten seine Augen ob der günstigen Gelegenheit, und der verregnete Aufenthalt in Amsterdam war gerettet.

Tagsüber trennten wir uns. Dick klapperte Musik- und CD-Shops ab, während ich die Antiquitätengeschäfte aufs Korn nahm. Ich fokussierte mich insbesondere auf alteingesessene Läden mit Tradition.

Ich hatte mir einige Fotos meines Teeservice ausgedruckt und legte sie den Händlern zur Identifizierung vor.

Doch so sehr ich mich auch abmühte, niemand erinnerte sich, vor circa 120 Jahren ein ähnliches Service an einen dandyhaften Mittvierziger mit Menjou-Bärtchen und Monokel verkauft zu haben.

„Wir waren früher einmal auf blauweißes Chinaporzellan spezialisiert – neben unserem großen Angebot an Delfter Porzellan", war noch die hoffnungsvollste Auskunft, die ich bekam, aber ansonsten konnte mir niemand weiterhelfen.

Vor lauter Enttäuschung kaufte ich mir dann eine teure Tulpenvase aus blauweißem Delfter.

Wieder im Hotel holte ich meine Aquarellierutensilien hervor, weil sich von unserem Zimmerfenster aus eine ganz passable Sicht auf die Spiegelgracht bot.

In schneller Abfolge malte ich ein paar Grachtenszenen, so wie Whistler es auch tat, als er mit dem Porzellan nicht weiterkam. Das Genie und ich hatten also auch recht ähnliche Frustabbaustrategien.

Schließlich kehrte Dick aus seinen Musikläden heim, und wir bereiteten uns auf einen abendlichen Restaurantbesuch vor.

„Weißt du übrigens, dass James Abbott McNeill Whistler in dieser Umgebung seine weltberühmte Serie von Amsterdam-Radierungen angefertigt hat?", fragte ich ihn bei unserem abendlichen Dinner im *Vishuis Soeders*, einem Traditionslokal an der Prinsengracht.

„Der Blick von diesem Lokal aus über das Wasser war sogar eines seiner Lieblingsmotive."

Dick kannte und schätzte die Malerei des Künstlers, aber seine Exzentrik war für ihn befremdlich. „Der war mit seiner Aufgeblasenheit dein Zwilling im Geiste", kommentierte er. „Er war in der Tat ein Multitalent, genauso wie ich", ging ich darüber hinweg, denn nach fruchtlosen Diskussionen stand mir jetzt nicht der Sinn.

Ich war niedergeschlagen und frustriert, weil ich so gar nicht weitergekommen war.

Doch Dicks nächste Bemerkung änderte alles. „Die sämtlichen Amsterdam-Stiche Whistlers hängen als Kopien im Flur zu den Toiletten. Außerdem gibt es sogar noch ein historisches Foto des alten Gecken, als er gerade so geziert aus einer Teetasse trinkt, wie du es so gerne machst."

Ohne weitere Erklärung verschwand ich nun schleunigst in Richtung der WC und fand die berühmten Radierungen als Kopien in Kleinformat tatsächlich alle aufgereiht im Gang hängen. Das historische Foto war aber dort nicht zu sehen.

„Das Bild mit Whistler beim Teetrinken konnte ich nicht finden", drang ich fragend in Dick, als ich zurückkehrte. „Es hängt auf dem Herrenklo", grinste er schadenfroh und beobachtete, wie ich unverzagt wieder fortschritt. Im Herren-WC zog ich dann einige erstaunte bis pikierte Blicke auf mich.

Sobald ich das Bild auf der Wand links der Urinoirs ausgemacht hatte, nahm ich es kurzerhand ab, um an diesem Ort nicht länger als unbedingt nötig zu verweilen. Das Bildabhängen sorgte für noch verwundertere Blicke.

Rasch zog ich mich mit dem Fund in die Damentoilette zurück, wo ich mich etwas mehr am Platze fühlte, schloss mich dort in eine Kabine ein und betrachtete die gerahmte Aufnahme nun in Ruhe und Abgeschiedenheit.

Es war genau das, was ich brauchte. So wickelte ich es mit Sorgfalt kreuz und quer in Klopapier ein, bevor ich wieder nach draußen trat.

Nun war es an zwei Damen, die sich gerade im Waschraum aufhielten, erstaunt zu schauen, als ich ein großes Stück Frottierpapier am Wickeltisch abriss, um damit eine äußere Umhüllung für mein Päckchen zu schaffen. Ich wartete, bis ich einen Moment allein im Waschraum war. Diesen nutzte ich, um das Bündel vorsichtig durch das auf der Klappe stehende Fenster nach außen zu schieben, weil es nun mal zu groß für meine Handtasche war.

Nun ging ich zu unserem Tisch zurück, wo Dick mich, bereits etwas ungeduldig geworden, erwartete. „Hast du auf dem Herrenklo alles gesehen, was du wolltest?", fragte er pikiert.

Genant wie ich war, hatte ich es nun eilig, aus dem Lokal zu verschwinden, wo ich offenbar überall Anstoß erregte. So verzichtete ich sogar auf einen Digestif.

„Ich kenne in der Nähe eine Bar mit Lagavulin im Ausschank", köderte ich Dick, der sich nur unwillig von etlichen Genevern als Scheidetrunk im Fischlokal abbringen ließ, und bat ihn, hier gleich zu bezahlen.

Draußen verschwand ich augenblicklich in einer schmalen Gasse, die zur Rückfront des Lokals führte.

Entschlossen schob ich in einem Innenhof zahlreiche Mülltonnen beiseite. So fand ich das Souterrainfenster zu den Damenklos, wo ich meinen eingewickelten Fund deponiert hatte.

Mit dem weiß umhüllten Päckchen kehrte ich so bald wie möglich zu meinem ungeduldig wartenden Gatten zurück. „Mit dir macht man was mit", stöhnte er, dem schon schwante, welche Beute ich da gemacht hatte.

Nach etlichen Lagavulin in der *Oude-Genever*-Bar war er aber schon milder gestimmt. Zuhause beäugte er mit mir gemeinsam das Bild, das wir erst auf unserem Hotelzimmer auszuwickeln wagten.

Es zeigte zweifellos James Abbott McNeill Whistler, wie er aus einem zierlichen, eierschalendünnen Tässchen aus Blauweiß-Porzellan Tee schlürft und dabei ebenso zierlich den kleinen Finger abspreizt.

Durch sein Monokel schaut er über den Tassenrand geradewegs den Betrachter an. Er befindet sich bei dieser Aufnahme offensichtlich in seinem Amsterdamer Atelier, wo er sich seinerzeit für einige Monate niedergelassen hatte.

Im Hintergrund liegen einige Skizzenblätter verstreut über einem großen Arbeitstisch, auf dem auch das Köfferchen mit dem Rest des Teeservice ruht.

„Mit einer guten Lupe erkennst du sicherlich auch noch dein Schmetterlingssymbol am Verschluss des Lederkoffers", meinte Dick aufmunternd, und davon war ich auch überzeugt.

Mit dem Resultat meiner Amsterdamreise und den dortigen Recherchen konnte ich wirklich hochzufrieden sein.

Ich sandte das Foto nach Glasgow an Prof. McAberleen und erklärte dazu noch vollmundig, die Originalaufnahme befinde sich im Archiv des *Smithsonian Institute* in Washington, D.C., was ich nicht wusste, aber vermutete, weil sie ja schließlich im Besitz fast aller Whistler-Devotionalien waren, die das Glasgow Museum sich nicht rechtzeitig unter den Nagel gerissen hatte.

Bald darauf rief mich der Direktor an und erklärte mir, dass man das Köfferchen von mir als Stiftung sehr gerne entgegennehmen würde.

Auf meine Frage nach dem Lakota Shirt erzählte er mir, es sei den Sioux bereits zurückgegeben worden. Sie hatten kurz nach meiner Abreise noch einmal eine dringliche Petition auf Herausgabe ihres geheiligten Objekts eingereicht und sich gleichzeitig bereit erklärt, dem Museum eine handgefertigte Replik des Gewands aus Büffelleder zu fertigen und zu überlassen, was den Professor rührte.

Wahrscheinlich hatte ihn wegen des Kulturraubs sein zunehmend schlechtes Gewissen geplagt, wie ich mir überlegte.

Nun war das Shirt fast ohne mein Zutun wieder an die ursprünglichen Eigentümer zurücküberführt worden.

McAberleen bestätigte mir – ganz Gutmensch –, dass man das natürlich auch ohne mein freundliches Angebot der Stiftung einer Whistler-Devotionalie getan hätte. „Obwohl wir uns über diese aufrichtig freuen, insbesondere wo der Fund nun von Ihnen eindeutig verifiziert ist", fuhr er rasch fort.

„Übrigens", fügte er am Ende unseres Telefonats noch hinzu, „ich habe den Schmetterling, den Sie mir so schwungvoll mit Tinte auf ein Blatt Papier zeichneten, von unseren grafologischen Experten untersuchen lassen. Er ist absolut identisch mit Whistlers Signatur, bis auf die kleinsten Druckstellen stimmt alles genauestens überein. Das ist faszinierend für uns und ganz unglaublich."

„Nicht für mich", dachte ich, verzichtete aber auf einen Kommentar.

„Jetzt werden Sie mir aber nur nicht zur Kunstfälscherin", lachte er noch, bevor er auflegte.

Nun, da hatte er mich aber auf eine Idee gebracht. Warum sollte ich nicht gelegentlich mal der Freer Gallery eine Freude mit ein paar meiner Amsterdam-Aquarelle machen? Signierte ich doch neuerdings meine eigenen Bilder auch stets mit dem Schmetterlingssymbol …

Was geschah dann?

„Wie einst mein Idol, so bin ich nun von Leyland um mein heißgeliebtes Porzellan gebracht worden", denke ich versonnen und arrangiere etwas melancholisch gelbe Tulpen in die blauweiße Delfter Fayence.

Da ich mich ohne Not von meinem Teeservice trennen musste, war ich wohl der einzige Verlierer in der Angelegenheit.

Außer vielleicht noch das Smithsonian Institute. Das sah sich in der Folgezeit unter Zugzwang genötigt, dem Glasgower Museum etliche Originalfotos aus seinem Archiv zu überlassen, die Whistler beim Teetrinken zeigen.

5. Der Schatz der Singers

Dick und ich wollten die Weihnachtsfeiertage schön ruhig und mit angenehmen Temperaturen am Strand von South Padre Island im Tropischen Texas verbringen. Wir überquerten per Auto die Laguna Madre auf der 1,5 Meilen langen Baybridge und quartierten uns auf der Insel angekommen im *Sheraton* ein. Wie immer bestanden wir auf einem Zimmer im obersten Stock des zehnstöckigen Gebäudes.

Das garantierte uns einen schönen Blick auf den Golf von Mexiko, den breiten Sandstrand, die Laguna Madre sowie die Dolphin Cove, eine malerische Bucht an einer Meerenge.

Die Sicht zur Dolphin Cove war uns besonders wichtig, lag doch an ihrem Gestade in einer Entfernung von knapp einer Meile die berühmt-berüchtigte *Oyster Bar*. Diese aber war unsere Stammkneipe, wie alle StammleserInnen der *Fish Tales* bereits wissen.

Mit einem guten Fernglas konnten wir unsere Lieblingstaverne anpeilen, ins Visier nehmen und von hier oben die Einhaltung ihrer Öffnungszeiten genau überwachen.

Am heutigen Heiligen Abend pflegte Irma, die Wirtin, nur für wenige Stunden aufzumachen, verkaufte dann ihre Getränke aber zu Happy-Hour-Preisen. Außerdem war zur Feier des Tages Santa Claus dort angekündigt.

Wir observierten mit dem Feldstecher, bis wir sahen, dass Irma das Türschild endlich von „CLOSED" auf „OPEN" drehte. Nun hasteten wir aus dem Hotel und beeilten uns, quer durch die Dünen dorthin zu kommen.

Wir saßen dann gemütlich an der Theke mit einigen anderen Heavy Drinkers bei etlichen Bourbon Highball und Frozen Margaritas, als Santa geräuschvoll auf einer Harley Davidson um die nächste Düne röhrte. Er parkte seinen Roller vor dem Lokal, stieg ab und trat in den Barraum.

Neben weißem Wattebart, Bischofsmitra und Motorradbrille trug er noch eine rote, weißgepunktete Badehose und fragte, ob wir das ganze Jahr auch immer brav getrunken hätten, was alle Anwesenden mit Fug und Recht bejahten.

Dann schmiss er eine Lokalrunde, bevor er wieder, mit lautem „Hohoho" das Getöse seiner Harley übertönend, hinter dem Dünensaum verschwand.

Irma schloss jetzt auch den Laden, und wir zwei mussten wohl oder übel den Rest unserer texanischen Weihnacht auf dem Hotelzimmer verbringen und dort – so gut es ging – weiterfeiern.

Dick war müde und hielt ein Schläfchen, während die eigentliche Ausrichtung der Festivität wieder mal an mir hängen blieb.

Ich ging auf den Ocean Boulevard hinab, wo die meisten Läden schon geschlossen hatten, ergatterte aber bei *Gary's Deli* noch Käse, Oliven und Rotwein.

Ich brauchte ein Geschenk für Dick und ging in die einzige noch offene Boutique, ein Geschäft für strandliche Sportartikel.

Wir sind aber beide so gar keine Sportsfreunde, deshalb bat ich die freundliche Inhaberin, mir nur die Artikel zu zeigen, deren Einsatz ein Minimum an körperlicher Aktivität erforderte.

„In der Kategorie ist der Metalldetektor unser größter Renner", sagte sie prompt. Ich rümpfte etwas die Nase.

Dick und ich hatten uns schon oft über Strandläufer amüsiert, die ein solches Teil mit konzentrierter Miene und charakteristischem Armschwenk bierernst über den Sandstrand schweifen ließen.

Auf ein Signal des Detektors hin schaufelten die Wünschelrutengänger fieberhaft mit dem Klappspaten an designierter Stelle und ließen den Sand durch ein Sieb rinnen, auf dem sie dann einen Kronkorken oder die Abrisslasche einer Coladose wiederfanden.

Die Fortgeschrittenen unter ihnen vergruben ganze Eimer an Münzgeld im Sand, um anschließend ihren Detektor – und sich selbst – mit der Wiederfindung stundenlang zu beschäftigen.

Ich wies den Erwerb eines solchen Geräts zunächst einmal weit von mir. Doch die Verkäuferin erklärte mir, dass es hier wegen der Münzschätze aus Schiffen, die einst vor South Padre strandeten, überdurchschnittlich häufig zu Funden alter Geldstücke am Strand komme.

„Mit etwas Glück stoßen Sie auf spanische Golddukaten und französische Louisdor", fuhr sie munter fort, „und, wer weiß, vielleicht entdecken Sie ja sogar den Schatz der Singers."

„Meinen Sie damit, dass man auch alte Nähmaschinen am Strand finden kann?", argwöhnte ich skeptisch.

„Es handelt sich hierbei zwar um die besagte Singer-Dynastie", erläuterte sie geduldig, „doch um einen

Zweig der Familie, der hier auf South Padre lebte und bestimmt keine Nähmaschinen im Sand vergrub."

Und dann erfuhr ich von ihr die geheimnisvolle Geschichte der Singers, die einst die Herren der Insel und sehr wohlhabend waren.

Wegen ihres ständigen Ärgers mit den Piraten vergruben sie vor über 100 Jahren ihre Wertgegenstände, ließen dann ihr Haus widerstandslos von den Seeräubern plündern, so dass diese schließlich zu der Überzeugung kamen, es gäbe bei der Familie nicht viel zu holen, und quasi unverrichteter Dinge abzogen.

Bevor die Singers nun ihren Schatz wieder bergen konnten, wurde die Insel von einem furchtbaren Hurrikan überrollt. Sie mussten Hals über Kopf aufs Festland flüchten, alles zurücklassen und retteten nur ihr nacktes Leben.

Als sie Wochen später nach South Padre Island zurückkehren konnten, hatten der Taifun und die verheerende Sturmflut kein Brett ihres Hauses zurückgelassen.

Sie fanden in Sand und Dünen nicht einmal die Stelle genau wieder, wo es früher einmal stand. Einige Bäume, die ihr Anwesen umgeben hatten, waren ebenfalls spurlos verschwunden und damit alle Anhaltspunkte auf das Versteck ihres Schatzes.

Sie suchten lange vergebens und beklagten den Verlust. Schließlich siedelten sie sich im Westteil der Insel neu an, wo auch jetzt noch ihre Nachfahren wohnen und das heutige Village von South Padre entstand.

Der Osten der schmalen Inselzunge, wo sie seinerzeit lebten, ist nun unbesiedelte, naturgeschützte Dünenlandschaft.

„Mir hat der Schatz der Singers nur Glück gebracht", gab die Ladeninhaberin unumwunden zu. „Der Absatz an Metalldetektoren ist auf South Padre ganz enorm."
Längst war ich auch entschlossen, auf Schatzsuche zu gehen, aber ich stellte es mir nicht einfach vor.

Ich kannte den Osten der Insel: zur Golfseite hin ein einziges Meer aus Dünen mit einem über 40 Meilen langen Strand. Auf der anderen Seite der schmalen Landzunge befand sich hinter Marschlandschaft die Laguna Madre, über die man hinweg auf das texanische Festland schauen konnte.

Das Anwesen der Singers hatte offenbar zur Golfseite hin gelegen. Es bedurfte noch einiger Zusatzinformationen, um erfolgreicher zu sein als das Heer der bisherigen Glücksritter.

Die tüchtige Geschäftsfrau hatte meine Gedanken erraten: „Für weiteres Insiderwissen fragen Sie bei meiner Freundin Irene im Bookstore nach", riet sie mir vertraulich und gab mir auf drei 50-Dollar-Scheine nur ein kleines Wechselgeld heraus.

Dafür war der Klappspaten im Preis des Metalldetektors inbegriffen, tröstete ich mich, als ich mit dem großen Paket unter dem Arm den kleinen Buchladen betrat.

Irene sah natürlich sofort, was Sache war, und führte mich schon, ohne zu fragen, zu einem Stapel der historischen Buchausgabe *The Story of South Padre*, in dem ein ganzes Kapitel dem legendären

Schatz der Singers gewidmet war.

„Where do you come from?", fragte Irene, und ab meiner Antwort konnten wir dann unsere Unterhaltung auf Deutsch fortsetzen.

„Ich bin in Rheinland-Pfalz aufgewachsen", erzählte sie mir. Ihren Mann hatte sie in Kaiserslautern kennen gelernt, als er dort als US-Soldat stationiert war. Sie folgte ihm nach South Padre, Texas, und heiratete so in die Familie Singer ein.

Bei selbstgebackenen Weihnachtsplätzchen und einem Becher Kaffee berichtete sie mir von ihrem jetzigen Leben auf der Insel. „Natürlich pflegen wir die Geschichte vom Schatz der Singers. Wer kann es uns auf diesem öden Eiland verdenken? Und Sie sind ja offenbar auch schon mit dem Virus infiziert", lachte sie auf meinen Metalldetektor weisend.

„Das Zeug können Sie im Übrigen vergessen, wenn Sie den Schatz der Singers suchen", vertraute sie mir an. „Die Wertgegenstände sind so tief im Sand verschüttet, dass sie nicht davon geortet werden. Sie müssen sich schon an anderen Anhaltspunkten orientieren." – „Und die wären?", fragte ich neugierig. – „Das Anwesen der Singers lag damals exakt 20 Meilen von dem uralten, rosa gestrichenen Badehäuschen entfernt, das noch heute am Strand steht. Das ist in dem Buch genau beschrieben." Ich kaufte das Buch.

„Was nicht in dem Buch steht", fuhr sie fort, „ist ein altes Familiengeheimnis, dass vor dem Haus vier Weiden im Karree standen, in deren Mitte sie den Schatz vergruben. Nach dem Hurrikan war nichts Sichtbares von den Bäumen mehr auszumachen, doch ihre Wurzeln und Stümpfe sind irgendwo unter den Dünen. Jeder Sturm auf der Insel kann einen der Baumstümpfe freilegen, und wer die Baumreste findet, stößt auf den Schatz."

Als ich schließlich schwer beladen wieder in Richtung des *Sheraton* ging, hatte der Wind stark aufgefrischt und trieb mir von hinten kraftvoll einen abgebrochenen Stechpalmenzweig ins Genick. Den nahm ich nun auch noch als Weihnachtsdekoration mit.

Einer Eingebung folgend versteckte ich auf dem Hotelparkplatz noch Metalldetektor und Klappspaten im Kofferraum unseres Chevy sorgfältig unter der Abdeckung des Reserverads.

Ich war mir auf einmal nicht mehr so sicher, ob Dick ein solches Weihnachtsgeschenk zu würdigen wusste.

Aufs Zimmer nahm ich nur die Tüte aus *Gary's Deli*, den Palmenzweig und das Buch über die Insel mit, Letzteres als Geschenk für Dick. Das reichte dann auch, uns einen beschaulichen und ruhigen Heiligabend zu bescheren.

Am nächsten Tag schlug ich einen Ausflug an den Dünenstrand vor. Auf South Padre war jetzt an Weihnachten das beste Badewetter, und so ließ Dick sich erst gar nicht lange bitten.

Wir fuhren los, und bald darauf ortete ich rechts vom Highway das alte, rosa Badehäuschen.

Von da an zählte ich am Tachometer den Meilenstand mit und tat exakt nach 20 gefahrenen Meilen kund, dass hier der schönste Strand der Insel sei.

Dick ist jeder Strand recht, und so bog er zu einem kleinen Parkplatz mitten in den Dünen ab, von wo aus wir zu Fuß schnell das Meer erreichten.

Solange Dick mit mir gemeinsam über den Strand ging und im Wasser watete, suchte ich wie immer nach Muscheln und bunten Kieselsteinen.

Bald darauf zog er sich erwartungsgemäß zu einem Nickerchen in eine Kuhle zwischen den Dünen zurück. Nun schlich ich verstohlen zum Parkplatz und holte Metalldetektor und Klappspaten aus dem Wagen hervor.

Meine Beschäftigung war zweigeteilt. In den Dünen schritt ich große Bereiche systematisch nach Baumstümpfen ab, die ich aber nicht fand.

Um etwas Abwechslung zu haben, begann ich dann – wegen der spanischen Golddukaten – den Metalldetektor über den Strand zu schwenken.

Dukaten waren keine zu finden, aber immerhin eine Unmenge Münzgeld, das andere Wünschelrutengänger hier ausgelegt hatten, um ihre Geräte zu testen. Mein Detektor bestand den Test, und ich fand $2,85 in Cents, Nickels und Dimes, was ich als schönen Anfangserfolg wertete.

Als Dick aufwachte, hatte ich meine Arbeitsutensilien schon wieder unter der Abdeckung des Ersatzreifens verschwinden lassen.

An unseren nächsten Strandtagen suchte ich mit gleicher Diskretion und ähnlichen Resultaten weiter.

Dick wunderte sich nur über meine neue Vorliebe für das Strandleben und die Bevorzugung des spezifischen Standorts an einem Sandstrand, der insgesamt gut 40 Meilen lang war.

Schließlich wurde ich eines Tages doch fündig, als

ich in den Dünen auf einen Baumstumpf stieß. Hektisch begann ich neben ihm zu graben und fand einen weißgebleichten, runden Schädel. Sollten die Singers hier etwa auch einen Familienfriedhof gehabt haben?

Der Sache musste ich auf den Grund gehen und stieß dabei auf weitere Knochenreste, die ich nicht so recht zuordnen konnte, dann aber auf ein Teil, das den gesamten Fund erklärte – den großen Panzer einer Riesenschildkröte.

„Den willst du doch nicht etwa mit nach Hause nehmen?!", ertönte Dicks Stimme hinter mir streng. Ich zuckte zusammen, denn nichts weniger hatte ich vorgehabt.

Den Schatz hatte ich nicht gefunden, der Baumstumpf stammte von einer Palme statt von einer Weide, und irgendetwas wollte ich als Ersatz für meine Mühsal mitnehmen. Warum nicht den gut erhaltenen und wunderbar gemaserten Schildkrötenpanzer?

Ich hätte ihn im Auto versteckt, doch nun war ein frischer Wind aufgekommen, der Dick früher als sonst aus seinem Schlummer aufgeschreckt hatte. Was er von solchen Fundstücken hielt, war mir nur zu gut bekannt.

Resigniert begann ich also, die Schildkröte wieder einzugraben. Wenn ich sie schon nicht mitnehmen konnte, sollte sie auch kein anderer finden.

„Was machst du hier eigentlich mit einem Klappspaten?", stellte Dick die nächste unangenehme Frage.

„Den habe ich nur mitgenommen, falls wir den Wagen mal auf Sand setzen", entgegnete ich kleinlaut.

Als wir dann zum Parkplatz quer durch die Dünen mussten, kämpften wir uns bereits durch einen regelrechten Sandsturm. Die kleine Parking Lot war mit Dünensand bedeckt, und ausgerechnet vor unserem Wagen lag eine höhere Verwehung, die unsere Ausfahrt behinderte.

Dick nahm mir den Klappspaten ab. „Da hast du ausnahmsweise mal mitgedacht", sagte er gnädig.

Als er den Wagen freigeschaufelt hatte, stellte er kurz darauf das ganze Ausmaß meiner fürsorglichen Vorsehung fest. Er hatte beim Graben nämlich die Autoschlüssel aus seiner Hosentasche im Sand verloren.

Als sein erstes verzweifeltes Suchen nichts zutage förderte, holte ich mit souveräner Miene den Metalldetektor aus unserem unverschlossenen Kofferraum. „So etwas muss man auch für alle Fälle dabeihaben", erklärte ich und führte mit gut geübtem Schwenk das Gerät über den Sand. Nach ein paar Kronkorken und Coladosenabrisslaschen kam dann tatsächlich der vermisste Schlüssel wieder zum Vorschein.

Dick betrachtete den Detektor mit Interesse. „Wahrscheinlich sind sie nur zu diesem Zweck konstruiert", mutmaßte er.

Er nahm das Gerät zur Hand und schwenkte es auch kurz hin und her.

Das Piepsignal erklang; er war auf etwas gestoßen. Unser Erstaunen war groß, als er eine silberne Geldscheinklammer aus dem Sand zog, in der tatsächlich fünf neue Einhundertdollarnoten steckten. Auf der Klammer stand der Name „Singer" eingraviert.

„Nun haben wir zu guter Letzt doch noch den Schatz der Singers gefunden", ging es mir durch den Kopf.

Am nächsten Tag ging ich in Irenes Bookstore und nahm die Klammer mit den Geldscheinen mit. „Jemand aus eurer Familie hat am Strandparkplatz bei ‚Meile 20' Geld verloren", sagte ich und reichte ihr den Fund. Sie schaute sich die Klammer und Gravur an und wurde sehr vergnügt: „Ich verkaufe diese Geldscheinklammern hier dutzendweise im Laden und sage den Touristen, darin könnten sie ihre Hundertdollarscheine bündeln, wenn sie den Schatz der Singers finden."

Sie zeigte mir ein ganzes Körbchen der versilberten Klemmen mit gleicher Gravur, das direkt bei der Kasse auf ihrer Ladentheke stand und reichte mir die gefundene Klammer mit den Banknoten zurück.

„Wenn Hundertdollarscheine drin sind, und es auf dem Parkplatz von ‚Meile 20' lag, heißt das wohl, dass jemand den Schatz gefunden hat", überlegte ich laut.

„Ja", lachte sie, „und wer immer es war, er ist nun so reich, dass er auf die 500 Bucks mit Leichtigkeit verzichten kann." Und da waren wir völlig einer Meinung.

Was geschah dann?

Sehr viel. Fast alles an dieser Geschichte ist wahr und echt, nur das Wichtigste nicht, aber das konnte ich damals noch nicht wissen.

Die gefundenen Geldnoten stellten sich im Nachhinein als Blüten heraus, und Dick und ich bekamen damit noch eine Menge Ärger.

Aber das ist eine andere Geschichte, und ich erzähle sie erst in einem nächsten Band – vielleicht auch überhaupt nicht, denn ich mag sie nicht besonders.

6. Der Schimmelreiter

Letztens sah ich mir nach vielen Jahren noch einmal die Urlaubsbilder von unserer großen Tour durchs nördliche Kanada und südliche Alaska an, faszinierende Landschaftsaufnahmen vom Yukon Territory.

Dabei fiel mir ein altes Polaroid in die Hand. Ich mache zwar hin und wieder Fotos von minderer Qualität, aber diesen verschwommenen Schnappschuss hatte ich nun wirklich nicht geschossen. Dazu noch bei Nacht.

Nur undeutlich nahm man auf dem Bild die Silhouette einer weißen Mähre im dunklen Tann wahr. Die Augen glühten rot im Blitzlicht und gaben dem Tier ein gespenstisches Aussehen. Da ragte etwas aus seiner Stirn – noch schlechter erkennbar als alles andere.

Aber ich wusste natürlich Bescheid, lächelte nun stillvergnügt in mich hinein und meine Gedanken gingen zurück zu unserer damaligen Reise. Es gab viele schöne Erinnerungen, aber die unglaublichste Geschichte war uns in Whitehorse am Yukon River widerfahren und hatte mit diesem Foto zu tun …

Von Calgary in Alberta kommend fuhren wir per Mietwagen, einem Ford Escort, zunächst nach Westen mitten in die Canadian Rockies und hielten dann strikt nach Norden, bis wir bei Dawson Creek die Meile 0 des berühmten Alaska Highway erreichten, der von hier aus noch weitere 1422 Meilen nordwärts geht.

Der legendäre Highway war nun im dritten Jahr

mit Teer belegt und durfte seither von Touristen mit normalen Rental Cars befahren werden, obwohl es die Mietwagenverleiher sicherlich nicht gerne sahen.

In Baustellenbereichen, die locker mal 50 Meilen überspannten, fuhr man nämlich nach wie vor auf unwegsamer Schotterpiste. Hier wurden Frostschäden aufgearbeitet – extensive Reparaturarbeiten, die in der Regel über die ganze Saison bis zum nächsten Wintereinbruch dauerten.

Und immer an diesen ungeteerten Abschnitten tauchten dann plötzlich auf der sonst so einsamen Wegstrecke Dutzende von Trucks hinter einem wie aus dem Nichts auf, fuhren mit tierischer Geschwindigkeit links vorbei und wirbelten Steine auf, die dem überholten Pkw wie Geschosse gegen Karosserie und Windschutzscheibe knallten.

Wir überlegten uns, dass wir wohl nie einen Mietwagenverleih an den Flughäfen Calgary oder Anchorage betreiben würden, wo all die – vorwiegend – europäischen Touristen ankamen, die dann in ihrem Urlaub den Alaska Highway rauf- und runterfahren wollten.

Ansonsten genossen wir die Tausendmeilenroute durch unendliche Wälder immer weiter nach Norden. Auf unserem Rückweg würden wir sie auf gleicher Strecke zurückfahren. Denn unser Abflughafen war das südlich in Alberta gelegene Calgary.

Wir würden bis Dawson City oder Klondike dort oben im Yukon reisen und dann wieder wenden. Die beiden Orte waren die Stätten des letzten großen Goldrauschs auf nordamerikanischem Boden.

Nicht, dass wir da nach Gold zu graben planten,

nein, wir wollten nur auf der endlosen Fahrt dorthin Elche, Bären und Karibus sehen, denen man heutzutage in der Eifel oder im Schwarzwald ja eher selten begegnet.

„Wie könnt ihr euch sowas nur antun?", hatten uns Freunde in Deutschland wegen unserer Tourenplanung gefragt. Als wir später durch Alberta fuhren, fragten uns das auch etliche dort ansässige Kanadier, die nicht verstehen konnten, dass man landschaftlich so schön gelegene Orte wie Banff und Jasper, beide inmitten der Rocky Mountains gelegen, der Waldödnis im hohen Norden vorzog. „Elche, Bären und Karibus haben wir hier auch", sagten sie.

Wir konnten es ihnen allen nicht erklären. Wir wussten es selbst nicht so genau. Wir fühlten uns wohl einfach nur zivilisationsmüde.

Immerhin waren wir inzwischen nach Tagen in der Einsamkeit schon wieder richtig froh, auf einen bewohnten Flecken zu treffen. Ab und an brauchte man eben eine Tanke, einen Grocery Store, ein Wirtshaus sowie ein Bett.

Whitehorse war in dieser einsamen Gegend die größte Siedlung, die auf unserer Route lag. Es wurde zur Zeit der Gold Camps direkt am Yukon River gegründet, um eine Versorgungsstation zu bilden.

Einst brausten hier sogenannte „Whitewater Rapids", wilde und gefürchtete Stromschnellen des Flusses, entlang. Sie gaben der Stadt ihren schönen Namen, weil sie an Neptuns weiße Rosse erinnerten.

Würde Whitehorse heute gegründet, könnte es keiner mehr so nennen, denn die Schnellen wurden geschliffen und begradigt und damit sogar für einen

Raddampfer, die *Klondike*, schiffbar gemacht. Die gibt es immerhin noch heute – als Museumsschiff.

Wir erreichten auf unserer Fahrt Richtung Norden müde und hungrig das Städtchen und wurden hier Zeuge eines historischen Ereignisses, das uns zu diesem für uns ungünstigen Zeitpunkt nicht gerade in Begeisterung versetzte.

Die kleine Stadt im hohen Norden Kanadas war mit bunten Wimpeln und Girlanden geschmückt. So schwante uns schon aus einiger Entfernung her nichts Gutes bezüglich unserer Quartiersuche. Denn immer, wenn dort viel los war, fand man kaum ein Zimmer.

Drei Stunden vor unserer Ankunft war der erste Deutschland-Direktflug der Condor aus Frankfurt kommend gelandet. Es handelte sich in der Tat um einen Charterflug, dem diese Ehre zuteil kam. Inzwischen ist die Flugverbindung auch wieder eingestellt. Wegen Unrentabilität, vermute ich jetzt mal.

Am denkwürdigen Tag unseres Whitehorse-Besuchs schöpften nun die rund 300 Passagiere des Airbus der Fluglinie Condor alle Übernachtungsmöglichkeiten komplett aus. Und wir hatten geglaubt, dass bei den paar üblichen Durchreisenden keine Motelreservierung vonnöten wäre.

Bereits morgen früh würde sich die Situation entspannen, weil die meisten deutschen Touristen sich mit vorgemieteten Pkw von diesem gut geeigneten Startpunkt aus auf Alaskatour begeben würden, doch für heute war der ganze Ort rappelvoll.

„Warum haben wir nicht auf diesen Condor-Flug gebucht und stattdessen die ganze lange Autoanreise von Calgary aus ins Yukon Territory auf uns genommen?", fragte ich Dick vorwurfsvoll, denn er war bei uns für die Reiseplanung zuständig.

„Dann hätten wir die schöne Fahrt durch die Rockies und die bisherige Tour über den Alaska Highway verpasst. Schließlich ist der Weg doch das Ziel."

Wo hatte ich diesen viel strapazierten Spruch beim letzten Mal gehört? Von Boris Becker wahrscheinlich. Die Binsenweisheit wird immer wieder gerne gebraucht, wenn man eine Nichtzielerreichung einräumen muss.

„Außerdem wusste ich überhaupt nichts von dem Flug, weil ich auf der Homepage von Condor wohl nicht nachgeschaut habe", fügte mein Gatte etwas kleinlauter hinzu. Aha!

Nun steckten wir ein wenig in der Klemme, stand uns nach der langen Fahrt doch so gar nicht der Sinn danach, in unserem kleinen Auto zu übernachten.

Dann keimte noch mal Hoffnung auf. Hier oben in der Wildnis gingen die Menschen noch gut miteinander um und waren auch zu fremden Touristen stets gastfreundlich und hilfsbereit.

So telefonierte sich die Concierge des *Best-Western*-Hotels die Finger wund, um für uns noch irgendwo im Umfeld eine Übernachtungsmöglichkeit aufzutun.

Dick erwartete gespannt an ihrem Tresen das Resultat der Endlosanruf-Aktion ab, während ich mich in einem benachbarten Grocery & Deli Store für Steaks, Grillwürstchen und Bier in die Schlange deutscher Landsleute einreihte, die sich ebenfalls mit Proviant eindecken mussten.

Bei der Zusammenstellung unseres Abendessens kalkulierte ich bereits ein, dass wir heute Abend ein etwas rustikaleres Nachtmahl außerhalb des Downtown-Bereichs im Freien zu erwarten hatten.

Und so war es dann auch.

Donna, die Concierge des *Best Western* hatte, als ich mich um die Proviantbesorgung kümmerte, immerhin ein Hüttchen irgendwo in den unendlichen Tiefen der kanadischen Wälder aufgetan, das zum Anwesen von Immy, der Postmeisterin des Ortes, gehörte und so einfach ausgestattet war, dass es nur bisweilen und dann auch nur an besondere Natur- und Wildnis-Freaks vermittelt werden konnte.

Egal, uns war jetzt alles recht.

Donna zeichnete uns eine Wegskizze auf und war fast beleidigt über unser Ansinnen, ihr für ihre Gefälligkeit ein Trinkgeld zuzuschieben. „Ich hatte doch in unserem Haus kein Zimmer mehr für euch", war ihr Argument, ihren Dienst nicht als besondere Serviceleistung anzusehen, sondern nur als eine selbstverständliche Pflicht, der sie gerne und freundlich nachkam.

Die circa zwei Dutzend deutsche Urlauber, die hinter uns in einer Schlange standen und – mit Reservierungen – noch einchecken wollten, sahen das wohl auch etwas anders. Sie murrten und knurrten über die jetzige Wartezeit nach einem langen Flug und mit dringendem Bedürfnis nach heißem Bad und warmem Bett.

Wir schwangen uns nun wieder in den Wagen, verließen den Stadtbezirk und mussten zunächst noch gut

20 Kilometer Richtung Norden aus dem Ort heraus und in die Wälder fahren.

Wir überquerten den Dawson River mit seinen schlammbraunen Fluten auf einer Highwaybrücke.

Eine Elchkuh brach aus dem Wald zu unserer Linken und überquerte die Fahrbahn dicht gefolgt von ihrem Kalb, was Dick zu einem Bremsmanöver und mich zu einem Freudenruf veranlasste.

Hektisch griff ich nach der auf dem Rücksitz liegenden Kamera, aber da waren sie schon wieder verschwunden und ins undurchdringliche Grün eingetaucht.

Wir fuhren jetzt, wie die hilfreiche Donna uns angewiesen und zusätzlich aufgezeichnet hatte, nach links in ein ganz schmales Seitensträßchen hinein, das schon bald darauf in eine Schotterpiste überging, die zu den Hot Springs führte. Das war auf einem kleinen, leicht zu übersehenden Schild auch so angekündigt.

Der Wald grenzte nun noch dichter und undurchdringlicher an den Straßengraben als eben noch auf dem Highway.

Ein Muledeer, eine besonders große und in Nordamerika weit verbreitete Rehsorte, äste friedlich im Graben zur Rechten und kümmerte sich nicht um unser Vorbeifahren.

In dieser Gegend sagten sich ganz gewiss Fuchs und Hase gute Nacht – oder auch Bär und Elch, ganz nach Belieben.

Wir kamen an der Einfahrt eines Wildreservats vorbei, auch das noch eingezeichnet auf unserer Wegskizze.

Nach weiteren zwei bis drei Kilometern durchs mittlerweile Stockdunkle stand dann schließlich ein kleines, handgemaltes Schild am Straßenrand, das auf Cottages hinwies.

Das musste bestimmt unser Ziel sein, denn sonst gab es hier überhaupt nichts mehr. Vorsichtshalber fuhren wir noch ein Stückchen weiter, bis nach ein paar hundert Metern die Straße an den designierten Hot Springs endete, die in der Dunkelheit im Scheinwerferlicht unseres Wagens gut sichtbar vor sich hin dampften.

Wir drehten und fuhren dann die kleine Privateinfahrt zu den Cottages hinein. Der Waldweg wurde als Fahrrinne nun noch einmal erheblich schmaler. Baumäste streiften unser Dach, und Sträucher wucherten so nah, dass man versucht war auszusteigen und sich mit einer Machete den Weg durch diese Waldwildnis zu bannen. Wir hatten aber keine Machete dabei.

Also fuhren wir weiter, und das Gesträuch kratzte so stark am Autoblech, dass man ständig in Angst um die unversehrte Rückgabe des Mietwagens sein musste.

Als es durch einen Hain höherer Alaskazedern ging, war, durch die undurchdringlichen Baumkronen bedingt, immerhin kein Unterholz mehr vorhanden und der Boden nur mit Baumnadeln bedeckt. Hier standen die Cottages verstreut im Wald. Doch wir sahen im Scheinwerferlicht, wie verfallen sie aussahen, und bei einigen war gar schon das Dach eingebrochen.

Vom finsteren Tann aus wand der Zufahrtsweg sich dann noch mal bergauf, wieder durch Gestrüpp bis auf die lichte Kuppe eines Hügels, auf der ein verwunschenes zweistöckiges Holzhaus mit wild drum herum wucherndem Garten thronte.

Hier oben gab es sogar elektrisches Licht. Eine Laterne erhellte den Vorplatz des Hauses, und zwei Frontfenster der unteren Etage leuchteten hell.

Die Bewohnerin hatte unsere Ankunft bereits bemerkt und kam uns nun von ihrem Hauseingang aus entgegengeeilt.

Immy, die Postmeisterin von Whitehorse, war eine zierliche Mittfünfzigerin, agil, freundlich lachend und mit kurzkrausigem Haar.

Wir stellten uns vor, als wir aus dem Wagen stiegen. Weil es ja schon ziemlich spät am Abend war, schlug sie vor, uns gleich das Hüttchen zu zeigen.

Dabei lief sie im Scheinwerferlicht vor uns her, während wir ihr mit dem Wagen wieder hügelabwärts folgten, zurück in den finsteren Tann mit den verfallenen Cottages.

Da! Eines der Hüttchen, zu dem wir ihr über den Waldboden nachfuhren, war offenbar noch betriebsbereit, sogar ganz liebevoll in Schuss gehalten mit kleiner Vorveranda aus Holz, auf der zwei Schaukelstühle standen.

Wir stiegen aus dem Wagen, und Immy leuchtete uns nun mit ihrer Stablampe den Weg aus: die Treppenstufen auf die Veranda hinauf und dann ins Innere des Häuschens.

„Trapper Joe's Cabin", raunte Dick mir zu, als wir ihr folgten.

Im Inneren der Hütte überreichte mir unsere Vermieterin nun die Taschenlampe, damit sie selbst die

Hände frei hatte, eine Petroleumlampe anzuzünden. Hier gab es kein elektrisches Licht, fließendes Wasser schon gar nicht.

Immy deutete auf eine große Trinkwassergallone, die nun im Schein der Petroleumlampe sichtbar wurde. Auch die Einrichtungsgegenstände erkannte man jetzt. In der Ecke stand ein kleiner Bollerofen, vor dem bereits brandgerecht zerkleinerte Holzscheite gestapelt waren. Eine Schachtel Kaminhölzer lag daneben. Einige ebenfalls in der Ofenecke liegende, alte Zeitungen sollten wohl als Brandbeschleuniger dienen.

Das Mobiliar bestand insbesondere aus einer großen, altmodischen Bettstatt, auf der circa 100 bestickte Kissen über einer überhohen Matratze drapiert lagen, was mich sogleich an das Märchen der „Prinzessin auf der Erbse" erinnerte.

„Cozy", kommentierten Dick und ich einmütig, denn wir konnten uns ja schließlich glücklich schätzen, überhaupt noch ein Bett gefunden zu haben.

Da es außer Ofen und Bett nur noch einen kleinen Holztisch mit zwei Schemeln und an der Wand eine alte Kommode mit einer Waschschüssel und Kanne aus Porzellan gab, waren wir rasch mit der Besichtigung der Kammer durch.

Immy leuchtete uns den Weg zu unserem Auto zurück, wo wir nun dem Handschuhfach unsere eigene Stablampe entnahmen und das Gepäck aus dem Kofferraum zur Hütte hinübertrugen.

Eine Frage gab's da noch. Immy wies uns genant durch den Schein ihrer Lampe eine Richtung in den Wald hinein. Dort erblickten wir undeutlich zwischen den Baumstämmen einen kleinen Holzverschlag.

Für mein Dafürhalten lag er beunruhigend weit von der Hütte entfernt.

„Kümmert euch nicht, wenn ihr nachts Geräusche im Wald hört. Im schlimmsten Fall ist es ein Schwarzbär. Grizzlys sind nämlich zurzeit nicht in der Gegend."

„Was ist es im besten Fall?", fragte ich, denn ich hatte immer schon eine Schwäche für Best-Case-Worst-Case-Szenarien.

Immy lächelte geheimnisvoll im Schein unserer Taschenlampe und schaute uns mit verklärten Augen an.

„Wenn ihr viel Glück habt, könnt ihr vielleicht das weiße Einhorn beobachten. Es kommt gerne, insbesondere in Vollmondnächten, auf meine Lichtung und frisst von diesen blauen Glockenblumen."

Damit schwenkte sie den Schein ihrer Stablampe auf ganze Büschel von Campanillas, die hier den Waldboden bedeckten.

Ganz offensichtlich erklärte sie lieber Einhörner als Schwarzbären und Plumpsklos. Ist ja auch zweifelsohne ein angenehmeres Thema.

Sie lud uns noch ein, morgen früh in ihr Haus zum Frühstück zu kommen, da unsere Logis ein „Bed & Breakfast" sei, kassierte daraufhin ihren sehr moderaten Mietzins in Cash und empfahl uns als Ersatz für die morgendliche Dusche, die sie uns nicht bieten konnte, ein Bad in den Hot Springs, die nur 200 Meter entfernt im Wald gelegen seien. Sie leuchtete uns kurz den Beginn des kleinen Trampelpfads aus, der in diese Richtung führte.

Wir waren nun bestens instruiert, und unsere Vermieterin konnte sich zu ihrem wohlverdienten Feierabend in ihr Haus auf dem Hügel verabschieden und uns in der Waldfinsternis zurücklassen.

Zunächst lauschten wir noch etwas beunruhigt auf das Knarzen und Knarren im Tann. Doch sich bange ins Innere des Cabin zurückzuziehen, kam nicht in Frage, wenn man noch eine warme Mahlzeit dringend benötigte.

Vor unserer Hütte gab es einen Picknicktisch mit einem kleinen Grillrost daneben. Es war genügend Holz aufgeschichtet, um den Grill gleich in Betrieb zu nehmen.

So arrangierten wir uns vor unserem bescheidenen Hüttchen, indem wir zunächst einmal vor der Tür einen zünftigen Grillabend mit Steaks, Würstchen, Bohnen und Bier veranstalteten. Darüber vergaßen wir fast die Furcht vor den ständig knackenden und knirschenden Geräuschen.

„Unsere Zimmerwirtin ist schon etwas wunderlich", bemerkte Dick zwischen zwei Grillwürstchen und zwei Dosen Coors. „Als sie eben von dem Einhorn sprach, machte sie fast den Eindruck, als glaube sie selbst daran."

„Übermorgen Nacht ist Vollmond", antwortete ich und wies zwischen den Baumwipfeln hindurch auf die helle Mondscheibe, an der nur ganz am Rand links unten noch ein kleines Stückchen zur formvollendeten Rundung fehlte.

Vom Mond verstand ich was, und natürlich glaubte ich an Einhörner.

„Bis dahin sind wir aber schon auf dem Weg nach

Dawson City", meinte Dick und legte sich das letzte Steak auf den Grill. Er hatte in der Tat in Whitehorse nur einen eintägigen Aufenthalt mit zwei Übernachtungen für heute und morgen geplant.

Meine Neugierde auf Einhörner war eindeutig größer als die auf Dawson City, und außerdem gefiel es mir gar nicht so übel hier in der Waldeinsamkeit. So wollte ich gerne noch einen Tag länger bleiben und die Vollmondnacht abwarten.

Schweigend löffelte ich mir den Rest an Kidneybohnen aus der Konservendose. „Besser erst mal nicht widersprechen", dachte ich mir.

Zu Bett gegangen schlafen wir zunächst mal müde ein, denn es ist doch ein langer und anstrengender Tag gewesen.

Unser Schlummer in „Trapper Joe's Cabin" wird dann aber rasch gestört, als wir ein lautes Kratzen auf dem Dach hören und aus dem ersten Schlaf erschreckt wieder hochfahren. Dick läuft mutig hinaus, erklimmt auf der Veranda einen Schemel, um das Dach besser zu überblicken – und sieht einem Maskierten ins Gesicht: ein Waschbär, der dort oben randaliert hat und ihn jetzt von oberhalb der Dachrinne her neugierig und erwartungsvoll anstarrt.

Ich werfe dem Störenfried eine Handvoll Schokoladen-Cookies aus dem Fenster, was ihn vom Dach hinunter ins Gras lockt und unsere weitere Nachtruhe sichern soll, aber weit gefehlt.

Sein Schnüffeln und Schmatzen im Gras neben dem Hüttchen ist zwar nicht gerade so geräuschvoll wie das Kratzen und Schaben unmittelbar über unseren

Häuptern, doch klar vernehmbar. Nachdem er den letzten Plätzchenkrümel verzehrt hat, bezieht er auch schon wieder die strategisch aussichtsreiche Position auf dem Dach und nervt durch weitere Geräusche.

Dick stürmt wieder hinaus, und den Waschbären freut's. Gleich wird sich noch einmal das Fenster öffnen, und eine huldvolle Hand verstreut Cookies im Grase.

So denkt der Waschbär. Und das kann er dann die ganze Nacht weiter treiben. So denkt er auch.

Aber mein Gatte wird bisweilen rabiat, wenn er seinen nächtlichen Frieden in Gefahr sieht. So fliegt dem Racoon plötzlich ein Holzscheit entgegen und verfehlt nur um Zentimeter seine kleine, vorwitzige Schnauze.

Das reicht. In wilder Flucht stiebt das Pelztier davon. Dick kehrt als Sieger heim, legt sich wieder hin und hüllt sich mit wohligem Seufzen in seine Decke. Kurz darauf schläft er schon, und ich liege wach, weil mir der arme, kleine Waschbär leidtut.

Der fast volle Mond scheint in den Raum, weil wir bewusst die Fensterläden nicht verschlossen haben. Totale Finsternis wäre mir bei all den Klängen aus dem Wald zu unheimlich. Es ist mir auch jetzt schon bange genug.

Angespannt horche ich auf die Geräusche. Manche sind identifizierbar.

Dieser unheimliche Schuhu-Ruf, der aus einiger Entfernung alle paar Sekunden herüberdringt und aus größerer Nähe sicherlich markerschütternd wäre, stammt von einer Yukon Screech Owl, einer hier ansässigen Waldkauzart. Natürlich könnte er auch von irgendeiner anderen Eule oder einem Uhu stammen, doch ich ziehe es vor, mir etwas Konkretes zu dem Ruf zu denken. Und da ist mir jetzt ein kleiner Kauz irgendwie lieber als ein großer Uhu.

Da knirschen zwei Baumstämme, die der Wind gegeneinanderdrückt. Auch diese Vorstellung ist harmloser als der Gedanke, dass der Hauptast der morschen Fichte neben der Hütte gleich herunterrauscht und unser Dach durchschlägt.

Das durchdringende Jaulen und Heulen, das sind Kojoten und kein Wolfsrudel. Vielleicht auch nur Hunde. Doch Whitehorse ist 20 Kilometer entfernt.

Draußen vor der Tür steigert sich nun die ganze große Nachtmusik zum Crescendo. Ein beunruhigender Vielklang an Tönen, die ich nun nicht mehr zuordnen kann. Eine wilde Waldsinfonie.

Und Dick schläft den Schlaf des Gerechten und will unter keinen Umständen gestört werden. So weit kenne ich ihn.

Da in den Wäldern ist ein Fauchen, Pfeifen, Stöhnen, Krachen, Stampfen … – Stampfen?

Aber sicher. Nach Knacken, Krachen, den Geräuschen brechender Äste im Unterholz wird das Hüttchen nun von näherkommenden schweren Tritten erschüttert. Jetzt auch noch ein Schnauben und Schnaufen nahebei. Mir stehen die Haare zu Berge. Ein Grizzly? Ein Elch? Nein, viele Grizzlys und Elche im Verbund.

Ich brauche Klarheit. Egal was ich da draußen erspähen muss, ich schäle mich aus der Decke, stehe auf, strebe zum Fenster und schiebe Immys Rüschengardine zur Seite.

Was ich da im mondbeschienenen Wald erblicke, rechtfertigt extreme Maßnahmen: Ich stürze ans Bett und rüttele Dick wach.

„Bisons", schreie ich hysterisch. Der schreckt auf, ist auch sogleich am Fenster und sieht die Bescherung: Der lichte Wald um unsere Hütte ist voller brauner, grasender Kolosse. „Ich dachte, die gibt es nur in der Prärie", flüstert Dick ungläubig.

„Es sind Waldbisons", raune ich zurück. Nicht mehr auf mich allein gestellt, werde ich ein wenig ruhiger und denke rationaler, kann sogar schon wieder seltene Subspezies von Büffelrassen verlässlich identifizieren.

Die dunklen Giganten weiden friedlich. Deutlich heben sich ihre Silhouetten ab. Ein riesiger Bulle grast keine fünf Meter von Trapper Joe's Cabin entfernt, tief den massigen Schädel ins Gras gesenkt. Wie er so langsam weiterzieht, können wir ihn von seiner rechten Flanke her gut beobachten, fast in greifbarer Nähe. Sein im Verhältnis zum mächtigen Haupt kleines Auge blickt wachsam, fast ein wenig tückisch.

Es ist nicht ratsam, seine Aufmerksamkeit zu erwecken.

„Holzscheit geht jetzt gar nicht", feixe ich zu Dick. „Habe ich unter diesen Umständen auch nicht vor, obwohl die Biester ja mit ihrem Schnauben und Stampfen einen Höllenlärm veranstalten." Nun ja, die Großen lässt man besser laufen.

Langsam zieht ihre Herde von rechts aus der Richtung der heißen Quellen kommend an unserer Hütte vorbei, und die Büffel nehmen dabei äsend auch noch im Weitergehen das ein oder andere Grasbüschel mit. „Ich hätte nicht gedacht, dass sie fast so groß sind wie ihre Vettern aus der Prärie", staune ich und fange an die Tiere zu zählen.

Es sind vierzig mit acht schon halbwüchsigen Kälbern in ihren Reihen. Da sie langsam an unserem Häuschen vorbeiziehen, sieht man jedes Tier der Gruppe. Waldbisons bilden zum Glück nur kleinere Horden mit übersichtlicher Kopfzahl im Gegensatz zu tausendköpfigen Büffelherden in der Prärie.

„Sie haben an den heißen Quellen Mineralstoffe aufgenommen", vermute ich.

Nach einer halben Stunde ist der Spuk vorbei. Die Fotos, die ich machte, sind leider nur von minderer Qualität, wie ich bedauernd auf dem Display meiner Kamera feststelle. Ich habe mich nicht getraut, das Blitzlicht zu benutzen.

Dick und ich begeben uns nun wieder zu unserem Bettlager. Noch immer ist die Nacht da draußen voller Geräusche.

„Am besten, du bleibst jetzt einfach ruhig liegen, egal was du hörst", meint Dick noch. „Sonst bekommst du diese Nacht überhaupt keinen Schlaf." Spricht's, scheinbar um mein Wohl besorgt, und schläft schon wieder wie ein Murmeltier. Der hat Nerven.

Also verhalte ich mich still und verlege mich mal wieder aufs Lauschen: Rascheln, Knacken, Kracken, Pfeifen, Heulen, Jaulen.

Ich kann mir nur ausmalen, was jetzt an unserem Hüttchen vorbeizieht. Natürlich bekomme ich kein Auge zu. Ich ziehe mir die Decke über die Ohren, um nichts mehr zu vernehmen.

In der Tat: Jetzt höre ich überhaupt nichts mehr. Aber wie kann es sein, dass Immys handgesteppte Halbdaunendecke nun wirklich jedes Geräusch absorbiert?

Schon ist mein Kopf wieder draußen – und im nächsten Moment sitze ich starr vor Entsetzen aufrecht im Bett.

Ich höre rein gar nichts mehr: Ruhe, Totenstille, nicht einmal Windsäuseln. Das kann doch nicht sein, dass alle Tiere da draußen sich jetzt mucksmäuschenstill verhalten und exakt zum gleichen Zeitpunkt eingeschlafen sind. Die sind doch fast allesamt nachtaktiv.

Nichts ist so unheimlich wie die totale Abwesenheit von jedem Geräusch in einem Hüttchen im finsteren Tann. Kein leisester Ton.

Bin ich denn urplötzlich taub geworden? Ein Hörsturz? Aber dann pfeift doch noch irgendwas im Ohr. Ich versuche, mich zu räuspern, etwas zu sagen, um mich selbst sprechen zu hören, aber ich bekomme nicht einen Laut heraus. Meine Kehle ist wie zugeschnürt.

Ich höre – wie durch eine unendliche Watteschicht hindurch – absolut nichts. Nicht einmal die Atemzüge von Dick an meiner Seite, wie es mir nun noch beunruhigender durch den Kopf geht.

Nur nicht die Nerven verlieren. Ich will mich wieder flach hinlegen, aber das bereitet mir auf einmal unendliche Mühe. Ich habe kaum noch Gefühl in Armen und Beinen. Eine Lähmung hat nun meinen gesamten Körper durchkrochen. Endlich liege ich.

Etwas sitzt mir wie Blei auf der Brust. Nun bemerke ich entsetzt, dass sie sich nicht mehr hebt und senkt. Ich habe aufgehört zu atmen.

Mit aller Willenskraft will ich Luft holen. Es geht nicht. Aber ich ersticke auch nicht.

Was ist mit Dick? Vielleicht liegt er ebenfalls starr vor Entsetzen neben mir – taub und stumm – und kann sich nicht mehr rühren.

Ob mein Herz noch schlägt? Es müsste mir jetzt eigentlich bis zum Hals klopfen, doch da ist nichts. Gerne würde ich nach meinem Puls tasten, aber das kann ich – gelähmt – vergessen. Ich kann nicht einmal mehr meine starr geöffneten Augen schließen.

Der Mond scheint immer noch hell vor dem Fenster. Ich erkenne Umrisse im Inneren unserer Hütte. Meine Sehfunktion ist noch erhalten. Für wie lange? Wie lange kann ich noch denken?

Ich beschließe nun weiterzudenken, solange es geht. Und unter allen Umständen wach zu bleiben, denn es befällt mich nun eine bleierne Müdigkeit und droht, meine letzte Kontrollinstanz zu brechen. Ich muss wach bleiben, mich konzentrieren.

Eine geheimnisvolle Macht ist im Spiel, die mich hier so hilflos in ihren Bann zwingt. Es kommt von da draußen. Es ist nicht intrinsisch. Käme es aus mir selbst heraus, wäre ich längst schon tot, weil ich seit einer gefühlten halben Stunde nicht mehr atme.

Es kommt vom Mondlicht. Nichts anderes konnte an mich heran. Können Mondstrahlungen Vitalfunktionen ausschalten, die Atmung und den Herzschlag aussetzen lassen? Warum ist die Wahrnehmung nur partiell betroffen? Warum bin ich taub, aber nicht blind?

Mein Denken kämpft unerschütterlich gegen meine Müdigkeit. Ich bin nicht taub; es gibt nur keine Geräusche mehr, die ich wahrnehmen könnte. Der geheimnisvolle Zauber absorbiert auch jeglichen Schall.

Was immer es ist, es will mir nicht ans Leben, zumindest nicht in dieser Nacht. Wenn ich mich nun einfach in mein Schicksal ergebe, werde ich morgen wohl aus tiefem Schlaf erwachen und mich an nichts erinnern.

So wie Dick, der sich gar nicht erst ergeben muss, sondern sowieso schon schlief wie ein Höhlenbär im Januar.

Genau das Vergessen soll mir aber nicht passieren. Dass mich der Schlaf übermannt. Dass ich morgen keine Ahnung von nichts mehr habe, werde ich einfach nicht zulassen. Ich bin Wissenschaftlerin. Ich bin neugierig. Ich bin ambitioniert. Ich bin Doc. Ich *muss* wissen, was hier gespielt wird.

Jetzt ringt mein unbeugsamer Wille gegen die mich lähmende Macht wie Jakob mit dem Engel.

Was ist das? Mein Herz pocht. Mein Atem setzt wieder ein. Ich kriege Luft. Ich atme so tief durch, dass das stählerne Band um meine Brust zerspringt.

Ich schnelle empor und schieße aus dem Bett. Mit einem Sprung bin ich am mondlichtbeschienenen Fenster und reiße schwungvoll die Gardine mitsamt der Stange ab.

Am Himmel stehen Mond und Sterne. Alles erscheint normal, aber alles liegt tot und starr. Kein Laut und kein Lüftchen regen sich. Nicht die geringste Bewegung in den Baumwipfeln.

Der lichte Wald da draußen im Silberschein des Mondes ist völlig leblos. Als starrte ich nicht aus dem Fenster, sondern auf ein Gemälde an der Wand.

Ein Nebelband liegt dicht über dem Gras der Wiese, unbeweglich, wie gemalt.

Doch was ist das? Der Nebel scheint sich jetzt zusammenzuziehen, weht über die Wiese hinweg in Richtung Waldrand.

Da! Weit hinten, wo der dichtere Waldsaum beginnt, da erblicke ich einen weißen Schimmer zwischen den Stämmen. Er verdichtet sich zu einer Gestalt, einer vagen Silhouette. Jetzt: Er bewegt sich, zwischen den Tannen.

„Das Einhorn", rufe ich auf, und mein eigener Schrei gellt mir in den Ohren.

Ich haste aufs Bett zu, wo Dick trotz meines Aufschreis reglos liegt. Ich zerre und rüttele ihn. Er liegt wie in tiefer Ohnmacht. Er atmet nicht. Aber das will nichts heißen. Das kenne ich mittlerweile aus eigener Erfahrung. Ich schreie und schüttele ihn – ohne Erfolg.

So stürze ich wieder zurück zum Fenster. Das weiße Wesen hat sich tiefer in den finsteren Tann hineinbewegt. Nur noch schemenhaft ist es wahrnehmbar – und jetzt: verschwunden.

Nun stöhnt Dick hinter mir auf: „Was ist denn jetzt schon wieder los? Was hast du da am Fenster verloren? Bekomme ich denn diese Nacht überhaupt keine Ruhe?"

„Was hast du gerade geträumt?", dringe ich in ihn. „Ach, irgendwas ... von einer weißen Mähre."

„Aha. Hatte sie ein Horn auf der Stirn?"

„Ach wo, das war nur ein ganz normaler alter Schimmel, den ich im Traum mit einer Mohrrübe fütterte. Ein harmloses, treues Tier."

Das ist so ganz Dicks Art, mal wieder alles ins Profane zu ziehen. Natürlich hat er von einem Einhorn geträumt. Was wollen wir denn mit einem mohrrübenmampfenden Schimmel?

Doch es hat wohl keinen Zweck, mit ihm darüber zu diskutieren. Es ist schon erstaunlich, dass er sich überhaupt an was erinnert. Sonst entsinnt er nie seine Träume.

Ich lege mich nun ebenfalls hin. Dick ist bereits mal wieder sanft entschlummert.

Von draußen klingen inzwischen wieder die gewohnten Geräusche, beginnend mit einem Andante Vivace von leisem Rascheln und Knistern. Das steigert sich allmählich in einem Stakkato von Knarzen, Kracken, Heulen, Stöhnen, Jaulen, Pfeifen, Stampfen – the full catastrophy.

Aber aufregen kann mich das alles nicht mehr.

Mitten im Allegro Furioso der Urwaldsinfonie schließe ich die Augen und schlafe wie ein Stein.

Als ich am Morgen durchs Sonnenlicht geweckt wieder hinausschaute, sah ich ein kleines Rudel von fünf White-Tailed Deer auf der Lichtung grasen. Die grazilen Rehe boten ein friedliches Bild.

Ihre Ruhe erschien uns ein Garant für die Abwesenheit von Schwarzbären zu sein, und so trauten wir uns mal wieder einen Besuch zu der sanitären Anlage im weit entlegenen Holzverschlag zu.

Schließlich waren wir sogar so mutig, den Pfad

durch dichteren Wald mit Unterholz einzuschlagen, der zu den heißen Quellen führte. Den hatten die Waldbisons nächtens ordentlich eingekotet. Auch sonst hatten sie viele Spuren hinterlassen: tiefe Tritte ihrer Paarhufe, abgebrochene Ästchen und Zweige.

Die heißen Mineralquellen ergossen sich nach kurzem Lauf durch eine Wiese mit vielen Wildblumen in eine tiefer gelegene Felsschüssel, in der sich das Wasser zu einem kleinen, natürlichen Swimming Pool sammelte. Relaxt nahmen wir dort ein Bad.

Beim opulenten Frühstück in Immys Haus auf dem Hügel lobten wir dann zwischen Rührei und Speck die malerische Lage ihres abgeschiedenen Anwesens im Allgemeinen und unseren Private Pool der heißen Quellen im Besonderen.

Da wir ja sowieso ihre einzigen Gäste waren, hatte Immy sich selbst noch einen großen Becher Kaffee eingeschüttet und sich zu uns an den Tisch gesetzt.

Ins Postamt musste sie heute morgen nicht, wie sie uns erklärte, denn in ganz Kanada war ein großer nationaler Poststreik angesetzt.

„Was die heißen Quellen angeht, so wäre es mir lieber, es würde sie gar nicht hier geben", meinte sie nun – nachdenklich und grüblerisch geworden.

Und dann erzählte sie uns von ihrer Sorge um ihr idyllisches Heim.

Im Stadtrat von Whitehorse diskutierte man sich die Köpfe heiß, weil sich ein Investor gefunden hatte, der Interesse zeigte, an eben diesen heißen Quellen ein großes Bade- und Spa-Hotel zu eröffnen. Die Quellen selbst lagen auf dem Land der Kommune, die inzwischen sehr bereitwillig war, es abzutreten, denn man versprach sich eine wesentliche Förderung des Tourismus durch dieses Bad- und Wellnessprojekt. Doch der Investor, eine internationale Hotelkette der gehobenen Kategorie, machte zur Bedingung, auch Immys Land hinzukaufen zu können.

Man wollte sie großzügig abfinden, und von der angebotenen Summe hätte sie sich eine ganze Mansion in bester Stadtlage von Whitehorse leisten können. Das hieße für sie bedeutend mehr Komfort und eine bequeme Erreichbarkeit ihres Arbeitsplatzes auch in den Wintermonaten bei extremen Witterungsbedingungen, so die Stadträte.

Doch Immys ganzes Herz hing an ihrem großen Waldgrundstück mit ihrem kleinen Holzhaus in der Abgeschiedenheit hier draußen.

Vor 30 Jahren, so erzählte sie uns nun, war sie mit ihrem Mann vom Süden Britisch-Kolumbiens ins raue Yukon Territory gezogen, um sich eine neue Existenz zu gründen.

Ihre Pfirsichfarm im schönen Okanagan Valley hatte nicht mehr genügend Ertrag gebracht, um gegen die immer größere Konkurrenz vor Ort zu bestehen. Das war ein Agrarbetrieb, der Steinobstfarmen in Kanada, Melonenfelder in Oregon und Zitrushaine in Kalifornien aufkaufte. Ein Fruchtmulti, der durch bessere Investitionsmöglichkeiten in technisches Gerät wie Erntemaschinen und optimierte Vertriebsmöglichkeiten eine Preiskalkulation der erwirtschafteten Produkte bieten konnte, gegen die kleine Einzelbetriebe nicht mehr konkurrenzfähig waren.

Für Immy und ihren Mann kam es der Vertreibung

aus dem Paradies gleich, als sie ihre Länderei im traumhaft schönen Tal des Okanagan Lake mit seinem mediterranen Klima aufgeben und hier im harschen Norden eine neue Existenz gründen mussten.

Nun kauften sie vom bescheidenen Erlös aus ihrer einstigen Farm neues Land und Baumaterial und bauten im Wesentlichen alles mit eigenen Händen selbst auf. War wieder ein langer, rauer Winter überstanden, beeilte man sich in der kurzen Sommerzeit, den Besitz weiter auszubauen.

Sie nutzten den aufkeimenden Alaska-Tourismus und vermieteten einfache Holzhütten im Wald, die Immy liebevoll und gemütlich eingerichtet hatte, so dass Sommergäste sich dort wohl fühlten, wie Dick und ich es nun taten – im letzten verbliebenen der einst soliden Blockhäuser.

Immy und ihr Mann liebten ihre neue Heimat schließlich mehr als ihre frühere ererbte Obstfarm in gemäßigter Klimazone. Wahrscheinlich gerade wegen der Anstrengungen und gemeinsam gemeisterten Schwierigkeiten waren sie besonders stolz auf diesen Besitz.

„Keine Macht der Welt treibt mich hier wieder weg", erklärte uns Immy.

Als ihr Mann vor einigen Jahren relativ jung verstarb, hatte sie alles daran gesetzt, sich auf diesem ihr liebgewordenen Flecken Erde zu behaupten. Aber alleine konnte sie es nicht schaffen und bewirtschaftete nur noch alles mehr schlecht als recht.

Da sie Haus und Hütten nach den üblichen Winterschäden nicht mehr so gut instand setzen konnte wie früher gemeinsam mit ihrem Mann, bekam sie immer weniger Sommergäste.

Ein Blockhaus nach dem anderen musste sie aufgeben, bis schließlich nur noch eins übrigblieb, das sie – neben dem eigenen Wohnhaus – unterhalten konnte. Aber auch dieses war nur gelegentlich vermietbar, wenn es keine anderen Quartiere in Whitehorse mehr gab. Denn inzwischen machte das ganze Anwesen mit den verfallenden Hütten im Wald und dem großen, verwilderten Obstgarten um das verwunschene Wohnhaus auf der Hügelkuppe doch einen etwas verwahrlosten Eindruck.

Immy nahm erzwungenermaßen die Position einer Postmeisterin an, um noch ihr Auskommen zu haben. Inzwischen hatte sie sich an diesen zunächst von ihr ungeliebten Job gewöhnt. Es war ihr klar geworden, dass man sie nur durch diesen steten Kontakt zur Ortsbevölkerung nicht völlig als alte, einsame Kräuterhexe ansah, sondern auch noch als ein Mitglied der Gemeinschaft respektierte.

So wusste sie immerhin einige wenige Ortsbewohner auf ihrer Seite, die Verständnis hatten, dass sie sich für kein Geld der Welt von diesem Platz vertreiben ließ, der für sie mit so vielen Erinnerungen an ihre glücklichen Ehejahre verknüpft war.

Ihre Freunde und Fürsprecher waren aber in der Tat in der Minderheit.

Introvertierte Naturliebhaber und individualistische Einsamkeitsbeseelte bildeten nur eine kleine und schwache Lobby, die dem allgemeinen munteren Fortschrittsstreben der Bürger von Whitehorse kaum entgegentreten konnte.

Die Ratsherren sannen inzwischen bereits über die

rechtlichen Möglichkeiten einer Zwangsenteignung nach, um das Allgemeingut der heißen Quellen des Ortes einer adäquaten Nutzung mit wirtschaftlichem Profit für die Gemeinde zuzuführen. „Trotzdem kann mich nichts und niemand von hier vertreiben", beharrte Immy auf ihrem Recht.

„Und außerdem weiß ich das Einhorn auf meiner Seite", begann sie nun wieder mit dem Fabelwesen. „Solange das letzte Einhorn Kanadas hier bei Vollmond auf meiner Lichtung grast, können die mein Grundstück nicht anrühren und den Wald nicht roden, um hier ihre Hotelanlage zu bauen."

Nun war uns bekannt, dass die Mehrheit der Einwohner Kanadas diesem Wundertier sehr zugewandt war, das in ihrem Wappen dem Leu gegenüberstand.

Die Liebe zu Einhörnern ließ die kanadischen Bürger offenbar vergessen, dass sie es mit reinen Fabelwesen zu tun hatten. Vielleicht war der Wunsch, dass ein solches Tier in den unendlichen Weiten ihrer Wälder irgendwo noch existierte, stärker als jede Einsicht in die nüchterne Realität.

Es trieb bisweilen herrliche Blüten des Aberglaubens: das weiße Einhorn, das mitternächtlich die vollmondbeschienene, einsame Waldlichtung betritt, dort blaue Blumen äst und dessen Anblick, dem, der so kundig ist, es zu sehen, lebenslanges Glück beschert, wenn er das Fabeltier nicht verschreckt, verstört oder seine Entdeckung später anderen mitteilt. So waren die Gesetze der ungeschriebenen Einhornregeln: 1) das Wesen nicht aufschrecken, 2) ihm nicht zu nahe treten, 3) mit anderen nicht über die Erscheinung reden. Ich hatte früher mal davon gelesen und befolgte diese Regeln – seit meinem Traum der heutigen Nacht.

An Immy, die so felsenfest zu ihrem Einhornglauben stand, fiel mir auf, dass sie ihre Beobachtung jedem mitteilte, der es hören wollte oder auch nicht: uns, den Ratsherren – und wahrscheinlich Gott und aller Welt, sofern sie sich in diesem abgeschiedenen Winkel blicken ließen. Da war ich selbst doch weitaus verschwiegener.

Als Dick nun unserer Zimmerwirtin seinen ungläubigen Zweifel an der realen Existenz des Wundertiers kundtat, erlebten wir Immy ganz in ihrem Element.

Eilig holte sie aus einer Schublade ein paar Polaroidaufnahmen hervor, die sie uns über den Tisch reichte.

Reichlich unterbelichtet und unscharf sah man ein helles Wesen auf einer durch den Vollmond und das Blitzlicht des Fotoapparates nur spärlich beleuchteten Waldlichtung. „Ist das der Yeti?", feixte Dick.

Doch ich betrachtete es genau und glaubte in der Tat einen rossähnlichen Körper zu erkennen. Auf dem letzten Foto der Serie war mit viel Fantasie ein Pferdekopf mit einer Art langem Horn auf der Stirn zu erahnen. Rot leuchteten die Augen des Wesens im Blitzlicht der Kamera, was ihm ein gespenstisches Aussehen gab.

„Sie erzählt nicht nur über das Tier, sondern sie hat auch noch gewagt, sich mit einer Polaroidkamera anzuschleichen und es durch Blitzlichtaufnahmen zu stören", kam es mir in den Sinn und machte mir bewusst, dass Immy gegen die Regeln 1) bis 3) des Einhorngesetzes verstoßen und damit die ganze Palette durch hatte. Ich behielt diese Erkenntnis aber lieber zuerst mal für mich.

Immy indes verriet nun noch viel mehr.

Das Wesen erschien einmal monatlich in Vollmondnächten auf der ihr eigenen Lichtung – und angeblich seit dem Tod ihres Gatten.

„Niemand kann mich zwingen, diesen Flecken Land und dieses Einhorn zu verlassen", sagte sie nun fest und bestimmt. Außerdem habe sie für morgen Abend die Ratsmitglieder eingeladen, die weder ihr noch ihrer Fotodokumentation Glauben schenkten. Sollten sie sich doch mit eigenen Augen von der geheimnisvollen Erscheinung überzeugen.

„Was hältst du von der Geschichte?", fragte ich Dick, nachdem wir uns von Immy verabschiedet hatten und auf dem Weg zurück zu unserem Hüttchen gingen.

„Sie ist während der letzten Jahre nach dem Dahinscheiden ihres Gatten so allein in der Einsamkeit wohl etwas wunderlich geworden", resümierte mein Hauspsychologe. „Eine milde Form von inflammatorisch halluzinogener Substitutionsneurose", folgte die kundige Fachdiagnose auf den Fuß.

Ich hätte es auf Basis meines eigenen Erlebens da eher als „visionär-exokrine Pseudohalluzination" bezeichnet, hielt aber lieber den Mund, denn Psychologie war nicht mein Fachgebiet.

Ich fand die ganze Sache mit dem Einhorn unglaublich spannend, und ich wollte unbedingt bleiben, um zu sehen, was daraus wurde. Doch Dick gegenüber musste ich mich rational verhalten. Wenn er merkte, dass ich allen Ernstes Fabelwesen hinterherjage, würde er auf der Stelle abreisen.

„Immy wird sich wahrscheinlich mit ihrer Fata Morgana unsterblich vor den Ratsmitgliedern blamieren und damit wichtige Punkte im Kampf um ihr Anwesen verlieren", fing ich an. „Die werden sie glatt noch für verrückt erklären und einen Entmündigungsprozess einleiten, scheinbar zu ihrem Wohl und Nutzen. In Wahrheit aber, um sich ihren Besitz unter den Nagel zu reißen. Wir sollten noch einen Tag länger dableiben als geplant und ihr beistehen."

Merkwürdigerweise rannte ich bei Dick damit offene Türen ein, denn er nickte, wenn auch noch ein wenig nachdenklich.

Vielleicht hatte ich seinen wissenschaftlichen Ehrgeiz unterschätzt und ihn interessierte in der Tat die psychologische Seite des Geschehens.

„Willst du herauskriegen, ob es sich bei Immy vielleicht um eine temporäre, radikal-ischämische Bewusstseinsstörung handelt?", fragte ich ganz keck.

„Blödsinn. Ich finde den Aufenthalt in Trapper Joe's Cabin ganz gemütlich, wenn wir uns in Whitehorse heute noch mehr Steaks, Grillwürstchen und Bier besorgen. Und wir geben unserer Zimmerwirtin noch ein bisschen mehr zu verdienen, wenn wir unseren Aufenthalt verlängern. Sie macht ja übrigens ein ganz prima Frühstück."

Ach so, das American Breakfast mit Rühreiern, Schinken und Speck hatte es ihm angetan.

So verlängerten wir bei der erfreuten Immy noch um eine weitere Übernachtung und erklärten, dass auch wir das Einhorn nicht verpassen wollten.

Anschließend starteten wir auf eine schöne Exkursion in die reizvolle Umgebung von Whitehorse und besichtigten den historischen Raddampfer *Klondike*.

Im Grocery Store des Orts nahmen wir neuen Proviant auf.

Wir ließen uns drei gute Flaschen Wein aus dem Okanagan Valley in einen kleinen Präsentkorb packen und mit einer roten Schleife verzieren.

Den trugen wir dann zur hilfsbereiten Donna in die Rezeption des *Best Western*. Sie beharrte weiterhin darauf, dass ihre Hilfe ganz selbstverständlich gewesen sei. Die Annahme des Geschenks verband sie mit einer Einladung zum Kaffeetrinken, morgen bei ihr daheim, an ihrem dienstfreien Tag.

Sie trat mit uns extra vor die Hoteltür, um uns eine hübsche Mansion in Hanglage am Westende des Dorfs zu zeigen, bei der es sich um ihr Anwesen handelte. „Schaut dort einfach vorbei, wann immer ihr im Ort seid. Ich arbeite draußen im Garten."

Bei unserer Rückfahrt am späten Nachmittag passierten wir auf dem Sträßchen zu den Hot Springs noch das Areal des kleinen Wildlife Reserve, das uns gestern Abend aufgefallen war. Es befand sich in drei Kilometern Entfernung von Immys Grundstück und war damit ihr nächster Nachbar.

Beim Reserve handelte es sich weniger um einen Naturpark als vielmehr eine Aufzuchtstation für in Not geratene Wildtiere. Ein älterer Ranger namens Ben Parker tat hier Dienst und war gerne bereit, uns herumzuführen.

Er zeigte uns einen verletzten Bald Eagle, dessen

rechter Flügel geschient war, ein verwaistes Elchkalb, das mit der Flasche großgezogen wurde, sowie ein Gehege mit einem jungen Schwarzbären, einst vom Auto angefahren und nun unter kundiger Pflege wieder gesundet. Der muntere Bursche fraß Ben inzwischen die Haare vom Kopf und musste dringend ausgewildert werden.

Das war nicht so unproblematisch, da er sich inzwischen an Menschen gewöhnt hatte.

„Wir müssen ihn per Helikopter in einer Gegend aussetzen, wo er wahrscheinlich über Jahre hinweg keinen Menschen mehr zu Gesicht bekommt", meinte Ben, und wir nickten fachkundig, denn mit diesem Problem kannten wir uns aus. In den Weiten Kanadas gab es noch solche Gebiete.

„Zum Glück habe ich hier im Reservat auch noch ein paar Kandidaten, die ich nicht auswildern muss und die mir erhalten bleiben", erklärte der Ranger und strich einer Labradorhündin über den Kopf, die uns beim Rundgang auf Schritt und Tritt begleitete.

Dann wies er auf eine Koppel in einiger Entfernung, auf der friedlich ein großer, knochiger Schimmel graste.

„Der alte Schimmelhengst Toby bekommt hier sein Gnadenbrot", fuhr Ben fort, und so wurden wir darauf aufmerksam, dass Ben mit seinem großen Herz für Tiere nicht nur wilde Kreaturen in Pflege nahm, sondern ebenfalls einige zahme Geschöpfe wie den betagten Labrador und die alte, weiße Mähre mit durchfütterte.

Gutmütig nahm sich Ben auch dieser Schützlinge an, die sonst keiner haben wollte, obwohl es zusätzliche

Arbeit für ihn bedeutete. War er doch selbst nicht mehr der Jüngste.

„Vielleicht weiß er auch etwas Rat für die Sorgen seiner Nachbarin", dachte ich und sprach ihn auf Immy und ihre Probleme an.

Seine Miene verdunkelte sich. „Es ist ein Unding, dass man sie von ihrem Land vertreiben will", knurrte er und fügte hinzu: „Wir brauchen hier kein Spa und kein Wellnesshotel. Wir brauchen hier Menschen wie Immy, die in und mit der Natur leben – und noch an Einhörner glauben."

Ben wies auf sein kleines Haus, in dem das Reserve Office gelegen war und in dem er wohl auch seine Dienstwohnung hatte. Es lag neben den Wirtschaftsgebäuden an der Auffahrt. Vor dem Office gab es eine kleine Holzveranda mit ein paar einfachen Stühlen. Ben wies mit dem Kopf dorthin. „Wenn ihr noch Zeit für ein Bier habt, erzähle ich euch eine Geschichte."

Dick hatte immer Zeit für ein Bier, und ich hatte immer Zeit für eine Geschichte, und so ließen wir uns unter dem schattigen Vordach nieder. Ben schlurfte zum Kühlschrank in seinem Office, dem er drei Dosen Molston entnahm.

Wir tranken das gut gekühlte kanadische Dosenbier und lauschten seiner Story.

„Das Einhorn erschien kurz nach dem Tod von Immys Gatten stets bei Vollmond auf ihrer Lichtung. Immy war traurig und fühlte sich allein, aber die wunderbare Erscheinung gab ihr neuen Mut. Auf dem Anwesen gelang ihr alles, was sie anfasste, und es schien kurze Zeit, als käme sie nun wieder alleine zurecht und würde alles in den Griff kriegen.

Aber mit einem Einhorn kann man nicht reden, und sie wollte sich so unbedingt jemandem mitteilen, vielleicht auch nur, weil sie zweifelte und von jemand anderem hören wollte, ob sie noch recht bei Verstand war.

Ich half ihr gelegentlich, wenn es etwas auszubessern gab. Als ich eines Tages bei ihr war, um ihr den Gartenzaun zu flicken und wir anschließend bei einer Tasse Kaffee auf der Veranda saßen, vertraute sie mir ihr Erlebnis an und erzählte von dem Wundertier.

Beim nächsten Mondwechsel blieb das Einhorn weg und tauchte auch beim übernächsten Vollmond nicht mehr auf.

Immy war verzweifelt. Sie hatte ein Tabu und damit den Zauber der Erscheinung gebrochen. Ich konnte sie nicht trösten.

Sie fühlte sich nur noch schlecht, und die Arbeit wuchs ihr über den Kopf. Das Glück verließ sie, und alles, was sie anfasste, ging schief. Sie schien mir wie vom Pech verfolgt. Nach dem nächsten Winter waren unter besonders hohen Schneelasten die Dächer dreier Hütten durchbrochen, die sie vorweg hätte abstützen müssen. So blieb ihr ab dann nur noch eine Hütte intakt zur Vermietung an Sommergäste.

Sie konnte es nicht mehr richten, und auch ich war zu alt, um ihr bei so schweren Reparaturen noch eine große Hilfe zu sein. Dennoch ging ich ihr zur Hand, so gut ich konnte.

Aber sie gab auf, verlor allen Mut, wurde gar depressiv. Sie tat mir unendlich leid."

Ben hielt inne in seiner traurigen Geschichte und

blickte dann nachdenklich hinüber zur Koppel, wo sein alter Schimmelhengst Toby friedlich graste.

„Und dann hatte ich eine Idee", fuhr er fort.

Ich war seinem Blick auf die weiße Mähre gefolgt und konnte mir sofort denken, was ihm eingefallen war. Die Idee hätte schließlich auch von mir sein können.

Fortan mutierte der alte, weiße Toby in jeder Vollmondnacht zum wundersamen Einhorn, stand auf der Lichtung und fraß geduldig blaue Glockenblumen, obwohl ihm das auf sein Haupt montierte langgedrechselte Horn einer Pronghorn-Antilope doch ziemlich lästig fallen musste.

Ben besaß diese Trophäe aus seiner Jugendzeit als Ranger in den Canyonlands von Utah, wo es diese Antilopen auf den Prärien der Hochebene gab.

Nur weil er wirklich lammfromm war und seinem Besitzer vertraute, duldete Toby die Prozedur, das Horn, so gut es ging, mit Klebeband an seinen Ohren und an seiner Stirnmähne zu befestigen.

„Das Einhorn hat mir verziehen", hatte Immy ganz glücklich gesagt. „Es wird dir ab jetzt immer verzeihen", hatte Ben lächelnd geantwortet.

Und in der Tat. Es verzieh ihr sogar, dass sie Polaroidaufnahmen machte, als sie Beweise brauchte, dass auf ihrer Lichtung wirklich das letzte Einhorn Kanadas graste.

„Morgen ist wieder Vollmond, und sie hat die gesamten Ratsherren eingeladen, sich das Spektakel anzusehen", stöhnte Ben nun und klagte uns sein Leid. „Sie wird sich nur lächerlich machen. Die kennen Toby doch", fuhr er fort.

„So ein Antilopenhorn auf der Stirn verfremdet ungemein", versuchte ich ihn zu beschwichtigen, aber Dick grinste nur breit. Er glaubte auch, der Reinfall sei vorprogrammiert. Und Ben schaute noch betretener drein.

„Dann muss man eben ein bisschen nachhelfen, um die Story glaubhafter zu machen. Toby braucht ein Alibi", überlegte ich laut.

„Ganz recht, und das brauche ich ebenfalls", ging Ben darauf ein. „Wenn ich mich bei der morgigen Versammlung immer im Blickfeld aller Beobachter aufhalte, kann man mir keine geheimen Machenschaften unterstellen, die Einhornerscheinung zu manipulieren. Ihr könntet morgen Abend an meine Stelle treten, um Toby zu führen. Als durchreisende Touristen würde euch schließlich keiner verdächtigen."

Das fand ich allerdings auch. „Ich glaube, Sie müssen uns den Schimmel heute Abend mal für eine Generalprobe ausleihen", sagte ich zu Ben.

Dick war das Grinsen vergangen, und er schaute jetzt ähnlich gequält drein wie Ben noch vor wenigen Minuten.

Doch als wir uns von Ben verabschiedeten, führte ich Toby frohgemut am Halfter.

An unserem Auto angelangt, kam dann die Stunde der Wahrheit. Ich drückte Dick das Halfter in die Hand und verlangte rasch den Wagenschlüssel.

„Oh nein", sagte Dick. „Die Suppe hast du dir eingebrockt und wirst sie nun auch auslöffeln. Ich fahre und du reitest oder führst ihn am Halfter und gehst zu Fuß – wie auch immer."

„Wer von uns ist denn auf dem Land aufgewachsen?", ereiferte ich mich. „Und hast du meine Allergie gegen Pferdehaare vergessen? Ich werde einen Erstickungsanfall bekommen und in die Tiefe stürzen."

Toby war immerhin von beachtlicher Höhe. Der schaute uns jetzt nur verständnislos von oben an und schnaubte ein wenig verächtlich. Ihm doch egal, ob er geführt oder geritten wurde – und von wem.

Letztendlich ward Dick dann doch der Schimmelreiter. Galant half ich ihm mit einer Räuberleiter auf Tobys ungesattelten Rücken. Der Gaul stand glücklicherweise in stoischer Ruhe wie ein Standbild. So wäre er dann auch stehengeblieben, nachdem Dick glücklich aufgesessen hatte. Doch der war sich nun wieder seiner Jugendjahre gewärtig, als er als kleiner Bub den schweren Rappen des Müllkutschers durchs Dorf reiten durfte.

„Hey hüa, Toby", rief er der Mähre aufmunternd zu, trat seinem Schimmel in die Seiten, und ich gab ihm einen zusätzlichen Klaps aufs Hinterteil. Und siehe da, das gutmütige Tier setzte sich in behaglichen Trab. „Das sieht jetzt eher nach Don Quichotte als nach Schimmelreiter aus", dachte ich vergnügt, hätte mir aber eher die Zunge abgebissen, als es ihm hinterherzurufen.

Dick winkte mir nun mit einer überlegenen Geste zu, dass er alles bestens im Griff habe und beschleunigte das Tempo. Okay, etwas besser als der „Ritter von der traurigen Gestalt" sah er jetzt schon aus.

Vorsichtshalber folgte ich die zwei Kilometer bis zu unserer Behausung dem Pferd im Schritttempo. Besser ich blieb in der Nähe, um notfalls erste Hilfe zu leisten.

Doch wir kamen gut am Hüttchen an. Dick sprang sogar recht schwungvoll vom Gaul herab und leinte ihn am nächsten Baum an.

Ich begab mich, ohne von Immy bemerkt zu werden, in ihren etwas verwilderten Gemüsegarten und grub nach einigen Mohrrüben, um unseren vierbeinigen Gast bei Laune zu halten.

Bei Dunkelheit probten wir dann die Nummer, jetzt bei der Generalprobe noch ohne Antilopenhorn. Das musste morgen vor der eigentlichen Vorstellung von Ben montiert werden. Wir führten Toby auf die Waldlichtung, über der in dieser Nacht immerhin schon der fast fertige Vollmond stand. Toby wollte sich nun bei den Glockenblumen aufhalten.

„Er soll ruhig ein paar fressen, aber wir müssen unbedingt vermeiden, dass er zu lange auf der Lichtung stehen bleibt. Sonst kommen die noch auf die Idee, das Tier zu überprüfen", erläuterte ich meinen Plan. Ich würde Toby morgen bis an den Rand der Lichtung führen und ihm einen Klaps geben, damit er sie allein betrete. Dick musste ihn von der anderen Seite des Waldrands unbemerkt von den übrigen Zuschauern zu sich locken, indem er ihm mit einigen Mohrrüben winkte.

Dann sollte er das Ross rasch auf dem Trampelpfad wegführen, der zu den heißen Quellen ging, weil das hinter der Lichtung der einzig mögliche Fluchtweg durchs angrenzende Dickicht darstellte. Dort erreichte er das Ende der kleinen Stichstraße und würde durch das Gras am Fahrbahnrand möglichst lautlos in Richtung Whitehorse reiten.

Die Probe klappte, und wir brachten Toby rasch

noch zu Ben zurück, bevor er von Immy entdeckt werden konnte.

Als wir zurück zu unserer Hütte kamen, war Grillabend angesagt, und wir luden Immy heute Abend dazu ein, damit sie oben in ihrem Häuschen nicht so alleine saß und sich wegen des morgigen Abends sorgte.

Dick und ich machten uns dann vor dem Schlafen noch so ein paar Gedanken. „Die werden zunächst vielleicht verblüfft sein, aber du glaubst doch selbst nicht, dass sie auf diesen Trick mit dem Einhorn dauerhaft hereinfallen", meinte Dick.

„Ein paar von denen sind sicher abergläubisch und lassen sich blenden. Doch die Vernunftsmenschen werden in der Überzahl sein und bald darauf alles daran setzen, dass die Einhorngläubigen wieder einknicken", überlegte er.

„Das stimmt, und deshalb müssen wir noch an Tobys Alibi stricken. Wir sind doch morgen bei Donna zum Kaffeetrinken eingeladen, und ich habe da eine Idee", antwortete ich. Zu so später Stunde fühlte ich mich allerdings so müde, dass ich mir nichts mehr dazu entlocken ließ.

Während Dick am folgenden Vor- und Nachmittag in und um die heißen Quellen faulenzte, war ich mit dem Auto bei Donna vorbeigefahren und nahm den verabredeten Kaffeeplausch bei ihr wahr. Dabei hatte ich gute Gelegenheit, Vertrauliches mit ihr zu bereden. Ich hatte ihr erklärt, warum Toby für den heutigen Abend ein Alibi brauchte. Immy war eine gute Bekannte von Donna und ihrem Mann Eric. Sie wussten um deren Probleme und waren stets bereit, ihr eine Gefälligkeit zu erweisen. So konnte ich mich in gutem Einvernehmen von Donna verabschieden. Damit hatte ich zunächst mal alle Vorbereitungen getroffen.

Am Abend war dann das große Showereignis und für Dick und mich wieder Action angesagt. Wir hatten im Vorfeld den braven Gaul Toby abgeholt und im dunklen Tann hinter einem der zerfallenen Hüttchen geparkt beziehungsweise angeleint. Hier würde Ben ihn kurz vor Beginn der Vorführung in ein Einhorn verwandeln.

Bald darauf hörten wir auf dem kleinen Highway schon die ersten Wagen vorfahren, einige Jeeps und Dodges der Ratsherren, denn in Whitehorse fährt nicht einmal der Bürgermeister eine Limousine. Immy hatte sie gebeten, ihre Wagen unten am Rand des Highways abzustellen, und sie kamen nun zu Fuß den schmalen Auffahrtsweg hinauf. Dabei benutzten sie bereits ihre Stablampen, denn die Dämmerung war weit fortgeschritten, und in Immys dunklem Tann war es ja nicht einmal am Tage so richtig hell.

Ebenfalls auf Immys Geheiß redeten die Männer nicht viel, als sie gegen 11 p.m. am Rande der Lichtung Stellung bezogen. Dick und ich schauten uns diese Versammlung von circa einem Dutzend Leuten aus einiger Entfernung an, ohne uns selbst blicken zu lassen. Gegen halb zwölf sah ich im Schein ihrer Lampen, dass sich Ben Parker noch zu ihnen gesellte. Dann machten sie ihre Lampen aus und warteten schweigend hinter Büschen und Bäumen verborgen.

Der Vollmond brach gerade hinter den Wolken hervor. Einerseits war mir sein Licht willkommen, um meinen Weg zu finden, doch gleichzeitig musste ich nun besonders darauf achten, selbst nicht gesehen zu werden. Vorsichtig nutzte ich Gesträuch und Büsche als Deckung, um mich durch den Wald zu Toby zu schleichen. Der Schimmel begrüßte mich mit leisem Schnauben.

Als ich um die Ecke der verfallenen Hütte bog, glaubte ich fast selbst, einem Einhorn gegenüberzustehen. Ben hatte den Gaul wirklich ordentlich herausgeputzt, und das Horn saß gut auf seinem Platz. Ich nahm dem lammfrommen Tier nun komplett Zaumzeug und Leine ab, denn ein gezäumtes Einhorn machte sich nicht so gut. Geduldig blieb Toby stehen, obwohl ihn das Horn auf seiner Stirn doch arg stören musste. Ich strich ihm über die Nüstern und klopfte leicht seinen Hals, bevor ich nach seiner langen Seitenmähne griff und ihn so leise wie möglich an den Rand der Lichtung führte.

Zu unserer Linken stand das Publikum verborgen und reglos. Gegenüber wartete Dick hinter einem Strauch am Rand der Lichtung mit einem zweiten Zaumzeug, einem Sattel und einem Büschel Mohrrüben.

Der Schimmel kannte die Prozedur, die er sonst regelmäßig mit seinem Herrn vorführte und uns kannte er offenbar auch schon gut genug. Man hatte fast den Eindruck, als wüsste das Tier Bescheid, um was es hier ging und was von ihm erwartet wurde. Das Ross spielte mit.

Als ich ihn mit einem leichten Klaps auf das Hinterteil ermunterte, trabte er selbstbewusst auf die

Lichtung und reckte sein geeinhörntes Haupt empor. Sogar der Mond spielte mit, der gerade jetzt wieder hinter einer Wolke hell hervortrat und die Lichtung beschien. Geradezu anmutig neigte der Schimmel den Kopf zu den blauen Blumen und begann sich an einem der Büschel zu laben.

Von der Zuschauerseite drang nicht der leiseste Laut herüber. Immy und Ben hatten dort offenbar alles im Griff.

Nur für mich auf der gegenüberliegenden Seite der Bühne – und nicht fürs Publikum sichtbar – trat Dick neben dem Strauch hervor und winkte dem Ross mit einer großen Mohrrübe.

Toby wusste von unserer gestrigen Generalprobe, dass er sich an dieser Stelle seine Belohnung abholen sollte.

Aufmerksam hob er sein Haupt, sah zu Dick herüber und trabte als stolzes Einhorn auf die Stelle zu, hell beschienen vom Mondlicht. Ich sah, wie Dick ihn in sicherer Deckung in Empfang nahm.

Er würde ihm nun das lästige Horn abnehmen, ihm Zaumzeug an- und Sattel auflegen und ihn geschwind den Pfad zu den nahegelegenen, heißen Quellen hinabführen, denn eine andere Möglichkeit unbemerkt zur Straße zu kommen, gab es durch das dichte Dickicht nicht.

Dort würde er aufsitzen und als Schimmelreiter im begrasten Straßengraben möglichst lautlos und rasch eine gute Viertelstunde Richtung des Orts traben, dann kehrtmachen und mitten auf der Straße mit lautem Hufgeklapper zurückreiten.

Ich schlich nun in einem Bogen auf die Zuschauerseite

der Lichtung zu, wo zunächst noch gedämpftes Murmeln zu hören war, das dann aber in der Lautstärke anschwoll. Stablampen gingen an. Ich verstand schon einzelne Bemerkungen, insbesondere als ein Schreihals ausrief: „Hey, Ben, wie geht es eigentlich deinem Toby?" Die Bemerkung wurde von einem gehässigen Lachen des Sprechers gefolgt, in das dann einige einstimmten.

Ich mischte mich nun unters Volk und begrüßte Immy. Im Schein der Lampen sah ich, dass einige der Ratsleute offenbar noch voller Verwunderung und fast noch wie erstarrt standen. Den meisten hatte das Spektakel offenbar imponiert.

Aber einige Krakeeler gab es ja natürlich immer, wie jetzt der Bursche im karierten Hemd, der Ben die bösartige Frage gestellt hatte.

Langsam drehte sich der alte Ranger zu dem Jüngeren herüber und antwortete ruhig und lässig, aber in festem Ton, so dass alle es mitbekamen: „Danke der Nachfrage, Ritchie, meinem Schimmel geht es prächtig. Ich habe ihn heute für den ganzen Nachmittag und Abend an einen deutschen Touristen verliehen, der ihn ausreitet. Für Toby ist es ganz prima, wenn er mal wieder etwas Auslauf hat."

Jetzt blickte Ben mich an und sagte für alle hörbar: „Hey, Lady, wann wollte Ihr Mann mit dem Gaul eigentlich wieder zurück sein?"

„Keine Ahnung. Ich mache mir auch Sorgen, weil es schon so spät geworden ist. Er wollte immerhin bis Whitehorse reiten, um Donna und Eric zu besuchen. Hoffentlich hat er sich nicht verirrt."

Bei dieser Bemerkung spürte ich förmlich, dass

meine Zuhörer aufhorchten.

Donna, die Concierge aus dem *Best Western*, und ihr Mann Eric, der Apotheker des Orts, waren im ganzen Städtchen bekannte und angesehene Bürger.

„Sie haben das Einhorn verpasst", meinte jetzt einer der Männer zu mir. Ich bemerkte einen ehrlich bedauernden Unterton und sah in ein offenes und freundliches Gesicht. Offenbar gab es nicht nur Ritchies in diesem Gemeinderat.

„Ja, leider, das ist schade", gab ich scheinbar zerknirscht zu. „Immy hatte mich zu ihrer Versammlung eingeladen, aber ich bin eine ziemlich nüchterne Wissenschaftlerin und glaube nicht an Einhörner". Noch nie im Leben hatte ich so gelogen und das auch noch gegenüber einem offenen, sympathischen Menschen.

„Ich habe in meiner Hütte gelesen, als ich ein leises Geräusch im Wald hörte", setzte ich nun noch eins drauf. „Ich ging hinaus an den Rand der Lichtung und sah gerade noch ein großes, weißes Tier auf der anderen Seite zwischen den Bäumen verschwinden."

„Das war es, das war unser Last Unicorn", sagte mir der freundliche Kanadier nun andächtig und stolz.

Inzwischen waren schon einige der Ratsherren wieder in ihre Jeeps und Dodges geklettert und fuhren gen Whitehorse zurück, denn es ging ja schon auf ein Uhr nachts zu. Als erster hatte sich Ritchie, der ungläubige Thomas, davongemacht.

Die, die jetzt noch zurückblieben, um die Ereignisse dieser denkwürdigen Nacht weiter zu besprechen, waren die Beeindruckten.

Und sie hörten, nachdem die Motorgeräusche der Abfahrenden gerade verklungen waren, auf der Straße von Whitehorse kommend lautes Hufgeklapper.

Ben, der unmittelbar neben mir stand, sah mich an. „Ihr Gatte, der Schimmelreiter, kehrt heim", lächelte er.

Und da kam er, den Einfahrtsweg hinaufgeritten. Auf dem Waldboden klangen Tobys Hufe nun nicht mehr so laut, sondern nur als dumpfes Stampfen. Dick duckte sich bisweilen tief unter hängenden Ästen durch. Ich leuchtete ihm auf dem letzten Stück mit der Stablampe den Weg aus.

Elegant schwang er sich vom Pferd und führte den Schimmel nun wieder Ben zu, der ihm entgegenging, seinem braven Toby den Hals tätschelte und ihn an einem Baum anleinte. „Vielen Dank für Toby", sagte Dick laut vernehmbar zum alten Ranger. „Wir haben einen langen Ritt hinter uns. Ich habe Donna und Eric besucht." Die Einheimischen horchten nun wieder auf. Es gab also ganz offensichtlich Zeugen, die man morgen befragen konnte.

„Wir haben ein Einhorn verpasst", begrüßte ich meinen Gatten. „Ich glaube nicht an Einhörner", antwortete Dick, und bei ihm war es die Wahrheit. „Sollten Sie aber!", riefen nun einige der Anwesenden wie aus einem Munde.

„Neben mir hielt eben noch so ein Idiot mit quietschenden Reifen", berichtete Dick weiter. „Der hätte mir fast den braven Toby noch nervös gemacht." – „Ritchie", grinste ich.

„Er sprang dann raus aus seinem Jeep und fragte mich, woher ich mit Ben Parkers Gaul denn eigentlich komme, ganz als ob ich ihm Rechenschaft schuldig wäre. Dann kamen noch ein paar Wagen und hielten ebenfalls. Vielleicht hielten sie mich ja für einen Pferdedieb. Na ja, da habe ich eben gesagt, dass ich Toby über den Nachmittag und Abend ausgeritten habe, weil der Gaul etwas Bewegung brauchte." Dick erzählte es so überzeugend, als glaubte er selbst daran.

Am nächsten Tag ruhten wir uns etwas länger aus. Nachts hatten wir mit Immy und Ben als bereits guten, alten Bekannten sowie ein paar neuen Freunden vom Gemeinderat noch bis 3 a.m. zusammengesessen – bei Bier und Grillwurst an unserem Picknicktisch.

Die über den gestrigen Verlauf überglückliche Immy war nach kurzer Nachtruhe bereits am frühen Morgen in den Ort gefahren, um sich umzuhören. Zur Arbeit brauchte sie nicht, der kanadische Poststreik hielt noch an. Dennoch musste sie unbedingt in Erfahrung bringen, was man sich dort so erzählte.

Als sie zurückkam, bereitete sie uns wieder eines ihrer reichlichen Frühstücke mit Rührei, Schinken und Speck und plauderte ganz aufgeregt mit uns am Tisch bei einem Becher Kaffee sitzend.

„Das Einhorn ist in aller Munde, und die Stimmung im Gemeinderat kippt nun gegen das Hotelprojekt", verkündete sie euphorisch. Ich war mir da noch nicht so sicher, ob es lange anhielt, behielt meine Bedenken aber für mich, weil ich ihr die Laune nicht verderben wollte.

„Großes Thema Nummer zwei war der Schimmelreiter", plauderte Immy weiter und wandte sich Dick zu, dem dieses Thema sichtlich behagte. „Donna sagte, alle Welt habe sich bestätigen lassen, dass sie den Schimmelreiter gestern Abend zu Gast hatten. ‚Aber sicher, wir haben mit ihm zusammen in unserem Garten beim Grill gesessen und zu Abend gegessen. Er hatte Toby dabei', haben Donna und Eric allen erzählt, die es wissen wollten."

„Als wenn es so was Besonderes wäre, dass man mal einen fremden Reiter zu Gast hat", fügte Immy dann noch etwas verwundert hinzu.

„Klar, das Einhorn war viel wichtiger", bemerkte ich rasch und erntete einen missbilligenden Blick meines hoffnungslos eitlen Gatten.

„Beim nächsten Vollmond sind wir wieder hier", versprach ich Immy zum Abschied. „Wir werden auf der Rückreise von unserer Tour noch einmal in Whitehorse Station machen."

Sie versprach uns, die einzige Hütte zu reservieren, denn sie rechnete wohl künftig wieder mit mehr Buchungen.

„Glaub aber ja nicht, dass ich euch dann wieder den Schimmelreiter mache", brummte Dick, als wir in unserem Wagen schon auf der Weiterfahrt waren. „Das Einhorn ist ja sooo viel wichtiger."

„Pah, zur Not bin *ich* dann mal der Schimmelreiter", erwiderte ich, und es war mir in der Tat ganz ernst.

Was geschah dann?

Pünktlich nach vier Wochen kamen wir zurück nach Whitehorse.

Immy konnte mehr als zufrieden sein. Eine Mehrheit im Rat hatte sich gegen den Bau des Wellnesshotels auf Immys Grund entschlossen, und man hatte dem Investor bereits abgesagt. „Das verdanke ich nur dem Einhorn", strahlte sie.

„Vielleicht hat auch die Anständigkeit gesiegt", dachte ich, „und den Gemeinderäten ist durch die nächtliche Episode nur vor Augen geführt worden, dass man im Begriff war, einer alteingesessenen Kanadierin – und damit einer der ihren – bitteres Unrecht zuzufügen.

Immy war aber dennoch nicht völlig glücklich. Aufgebracht zeigte sie uns den Grund. Auf der Lichtung mit den blauen Glockenblumen gab es jetzt ein paar rötliche Erdhaufen. Eine kleine Kolonie von Präriehunden hatte sich offenbar hier angesiedelt.

„Die sind doch ganz possierlich", meinte ich zu Immy und begann, nach den Tierchen Ausschau zu halten.

„In den Erdlöchern der verfluchten Prairy Dogs wird Toby sich noch den Huf vertreten", wetterte sie.

Hey, Immy, was war das denn? Als Herrin über alle noch existenten Einhörner warf ich ihr einen strafenden Blick zu.

Wie zur Entschuldigung schenkte sie mir etwas später in ihrem Haus das historische Polaroidfoto von dem weißen Untier mit den furchterregend roten Augen.

„Man darf keine Fotos von Einhörnern machen, und ich nehme es nur deshalb, weil es ein Bild von Toby ist", sagte ich. Nun war es an Immy, mich strafend anzusehen.

7. Edeltrödel

Ich durchstöbere leidenschaftlich gern die Antiquitätenläden und -galerien im amerikanischen Westen, sehr zum Leidwesen meines Ehegatten.

Dick ist nämlich besorgt, wie sich die in der Ferne erworbenen Schätze und Errungenschaften dann in unsere häusliche Sphäre in Solingen einfügen lassen.

Ganz zu schweigen von der mühsamen, interkontinentalen Verschiffung mit hohen Transportkosten, wenn mein Herz ab und an mal wieder an einem etwas sperrigeren Gegenstand hängenblieb.

Sind wir schließlich daheim, lasse ich meine Blicke über das Paar alter, abgenutzter Westernstiefel, den Hirschhornbilderrahmen mit dem Portrait Teddy Roosevelts und zwei mottenzerfressene Pendleton Blankets mit Indianermotiven schweifen.

Spätestens dann wird mir im Nachhinein bewusst, dass ich die Kuriositäten nicht wegen eines dekorativen Ambientes gekauft habe, sondern wegen der meist bizarren Geschichten, die mit ihrer Herkunft verknüpft waren.

Die US-amerikanischen Antiquitätenhändler sind nämlich immer schnell bei der Hand mit allerlei Histörchen, die meine Kauflust entfachen sollen und das in der Regel auch erreichen.

Die mit Abstand besten Anekdoten zu ihren Waren verkauft Elsie, die Inhaberin des kleinen Antikladens *As Times Passed by* im schönen Port Isabel an der Küste von Südtexas.

Ihr Lädchen befindet sich gleich gegenüber dem

historischen Leuchtturm und ist überhaupt nicht zu verfehlen.

Als ich einst bei Elsie einen alten Sammelband des Journals *Arizona Highways* aus dem Jahr 1950 interessiert durchblätterte, merkte ich rasch, dass etliche Seiten des Zeitschriftenbands widerspenstig aneinanderklebten.

Wenn man sie behutsam voneinander löste, fand man Flecken vor, als habe ein Kleinkind vor langer Zeit einen Überfluss unerwünschter Nahrung hineingespuckt.

„Sie wollen noch 20 Bucks dafür haben – bei all den Flecken?", fragte ich vorwurfsvoll.

Elsie nahm mir das Buch aus der Hand und durchblätterte es mit versonnenem Lächeln. „Ach, das ist der Band, in dem die alte Miss Lucie aus Rozenberg immer ihre Prärieblumen gepresst hat", sagte sie andächtig und wie zu sich selbst.

Ich hatte vorher mit Elsie geplaudert und beiläufig erwähnt, dass ich vor einigen Tagen durch Rozenberg fuhr und die Wiesen dort rot von blühenden Indian Paintbrushes standen.

„Die rötlichen Flecken hier stammen eindeutig von der Indian Paintbrush", fuhr Elsie fort, als habe sie meine Gedanken erraten.

In der Hoffnung, den Preis doch noch zu drücken, stellte ich mich gleichgültig und versuchte, eine Negativassoziation zum Städtchen Rozenberg zu lancieren.

Ich berichtete ihr von dem rücksichtslosen Lastwagenfahrer, der mich dort um ein Haar beim Linksabbiegen gerammt hatte.

„Rozenberg wäre ein netter Ort, wenn nicht all die grässlichen, monströsen Trucks von früh bis spät hindurchrattern würden", brachte ich geschickt einen Einwand aufs Tapet.

Nun zeigte sich aber erst Elsies hohe Fabulierkunst, die an Herausforderungen immer wieder wuchs.

„Sie haben ja so recht", pflichtete sie mir bei. „Stellen Sie sich vor: Die arme, alte Miss Lucie wurde selbst das Opfer eines solchen Ungetüms. Sie wollte gerade die Straßenseite wechseln, um ein Büschel Primroses zu pflücken, als der Truck auf sie zuschoss und sie rammte.

Der Aufprall war so heftig, dass ihre Botanisiertrommel, die sie seit ihren Kindertagen als Girlscout immer mit sich trug, über 300 Fuß weit weggeschleudert und Tage später erst im Straßengraben wiedergefunden wurde."

Dabei wies Elsie bedeutungsvoll auf einen verbeulten Weißblechbehälter in einem ihrer Regale.

Dessen Lack blätterte ab, doch man konnte darauf noch vage eine frühere Bemalung mit Blumen und Schmetterlingen erahnen.

Ich war beeindruckt und erstand spontan Buchband und Trommel zum „All inclusive"-Preis von 90 Dollar.

Kaufte man bei Elsie hochpreisiger ein, wurden ihre Geschichten entsprechend anspruchsvoller.

Als ich bei anderer Gelegenheit in ihrem Laden die Replik einer Remington-Bronze inspizierte, ließ sie vernehmen, dass dieses wunderbare, alte Stück dem berühmten Capt'n Crawl gehört habe.

„Es stand für Jahrzehnte auf dem Poop Deck der Le Bonheur in der Ecke eines Bücherregals", fuhr sie beflissen fort.

Die Bronzestatuette stellte den Mountaineer dar, einen berittenen Komantschenkrieger, der sein Pferd eine extrem abschüssige Bergklippe hinabzwingt.

Ich tat meine Meinung kund, dass ich mir diese Ross- und Reiterszene nur schwerlich im Offiziersraum einer Fregatte vorstellen konnte.

„Die meisten See- und Marineszenen finden Sie zweifellos in den Wohnzimmern von Ranchhäusern in Wyoming, Idaho und North Dakota", konterte Elsie.

Da war was dran, das kannte ich aus eigener Anschauung. Und so küstenfern wohnten in der Regel keine Seeleute. Wenn Landratten also maritimes Dekor bevorzugten, mochten Seebären vielleicht gerne Bodenständiges um sich haben.

Dafür fiel mir immerhin was anderes ein: „Die Positionierung einer Bronze auf einem Bücherregal ist doch auf hoher See gefährlich."

Ich wusste, dass die Bücherwände in Schiffskabinen durch zusätzliche Querleisten gesichert waren, aber das war keinesfalls eine Gewähr für gefahrlose Aufbewahrung von Baseballpokalen oder Bronzeskulpturen an Bord.

„Sie wissen gar nicht, wie recht sie haben", beeilte sich Elsie zu versichern. „Denken Sie nur: Diese Skulptur fiel tatsächlich am 19. April 1957 bei stürmischem Seegang hinab und erschlug unseligerweise den Schiffsmaat Erik Hansen."

„Was hatte der Maat in der Offiziersmesse zu

suchen?", fragte ich streng, denn in nautischen Dingen machte mir so schnell keiner was vor.

Doch Elsie hatte selbstredend eine Antwort parat: „Es war Hansens 35. Dienstjubiläum, und Capt'n Crawl wollte ihn gerade zum Obermaat befördern. Der Capt'n verkaufte mir daraufhin bei seinem nächsten Landgang die Bronze, weil er sehr abergläubisch war und befürchtete, sie würde ihm weiteres Unglück bringen."

Nun schwieg ich beeindruckt, und Elsie spann ihren Faden weiter: „Die Skulptur loszuwerden hat ihm aber nichts genützt. Als er nämlich am folgenden Tag von Brownsville Harbour aus mit seiner Mannschaft in See stach, kamen sie nie in Corpus Christi an, und die Le Bonheur gilt als vor South Padre Island verschollen."

Das genügte. Ich nahm die Figur für 800 Dollar mit.

Jahre später fand ich im historischen Schifffahrtsmuseum von Galveston, einer größeren Hafenstadt in Südtexas, zufällig das alte Logbuch der *Le Bonheur*, aus dem hervorging, dass die Fregatte bereits im Mai 1954 im hiesigen Hafen abgetakelt worden war.

Sie hatte bis dahin viele Kapitäne kommen und gehen sehen, doch ein Capt'n Crawl war zweifellos nie darunter gewesen.

Immerhin hatte mir die Skulptur bis dato noch kein Unglück gebracht, aber ich beschloss nun etwas grimmig, den Geschichten von Elsie und ihren Mitstreitern nur noch bedingt Glauben zu schenken.

Als erster bekam das ein Mitglied der Trödlergilde zu spüren, dem die Antiquitätengalerie *End of the Trail* gehörte, die ich einige Wochen später in Prescott, Arizona, aufsuchte.

Ich zog dort unter einem Regal in der hintersten Ecke ein angestoßenes und verstaubtes Flechtwerk hervor.

Es hatte eine Schatullenform mit lose aufgelegtem Deckel und war aus festen, durchs Alter spröde gewordenen Naturfasern gewoben.

Ohne das geringste Kaufinteresse an diesem Objekt fühlte ich mich immun gegen jede noch so gute Verkaufsstrategie und gab dem Ladeninhaber darob eine Steilvorlage für eine kurzweilige Anekdote.

„Der kleine Korb scheint aus Zederwurzeln geflochten zu sein. Ich schätze, dass er aus einer Nassgrabung in Uclulet auf Vancouver Island stammt und circa 100 Jahre alt ist", spekulierte ich unverdrossen.

Der Antiquitätenhändler setzte ein eigentlich recht sympathisches und offenes Lächeln auf. „Da liegen Sie völlig daneben, Madam", hob er an. „Es handelt sich um ein präkolumbianisches Basket aus Peru, und das Material ist Pinienbast."

Ich klappte vorsichtig und zutiefst misstrauisch den brüchigen Deckel der Schatulle auf. Drinnen lag ein Konvolut von alten, primitiven Spindeln: leicht konvex geformte Holzstäbchen, auf die grob versponnene, verfilzte, graue Fäden gewickelt waren.

Kleine, zerzauste Tierfelle lagen – als Band gürtelartig vernäht und sorgfältig zusammengefaltet – in diesem Arbeitskorb. Das Ensemble wurde abgerundet durch ein Plastiktütchen mit gelbem, puderigen Inhalt.

„Bewahrte man vor 500 Jahren gemörserte Farbpigmente in Plastiksäckchen auf?", leitete ich routiniert die Inquisition ein.

„Das Pigment ist ja gerade der Beweis für die Authentizität des kleinen Korbs", erklärte mir der Ladenbesitzer geduldig. „Natürlich wurde das Pulver ursprünglich in einem fein gearbeiteten, ausgehöhlten Keramikfigürchen aufbewahrt, aber insbesondere auf dieses Ziergefäß hatten es die Grabräuber abgesehen."

„Grabräuber?", echote ich mit Skepsis in der Stimme.

„Der Nähkorb war die Grabbeigabe einer peruanischen Weberin", fuhr er unbeirrt vor.

Ich wusste, dass Diebesbanden nicht nur in Peru, sondern überall auf der Welt uralte Gräber schänden, auf der Suche nach Schmuckstücken oder Ziergefäßen, die sich beim Hehler leicht in klingende Münze verwandeln lassen.

Auch konnte ich mir vorstellen, dass vermoderte Textilien, gewobene Korbreste, Pigmente und alte Spindeln keinen sonderlichen Wiederverkaufswert hatten und in der Regel zurückgelassen oder sogar vernichtet wurden, um Spuren zu beseitigen.

Das geschah ganz zum Leidwesen von Archäologen und Ethnologen, die gerade anhand solcher vom Sammler unbeachteten Gebrauchsgegenstände entwicklungsgeschichtlich bedeutsame Rückschlüsse ziehen konnten.

In Zeitungsannoncen und Fernsehspots wurde bereits an Diebe und Hehler appelliert, das unverkäufliche

Material nicht zu vernichten, sondern anonym an einen Archäologen oder seriösen Antiquitätenhändler zu versenden, der es entsprechend untersuchen oder zur Untersuchung weiterleiten konnte.

Einige skrupulöse Grabräuber leisteten den Aufrufen offenbar Folge, um den Schaden für die Wissenschaft, den sie durch ihre Plünderungen bereits hervorgerufen hatten, im Nachhinein noch etwas einzudämmen, wie der Antiquitätenhändler mir nun berichtete.

„Auf diese Weise ist auch dieses peruanische Basket an mich geraten", schloss er seine Ausführungen.

Ich inspizierte das sehr gut erhaltene Flechtwerk des kleinen Korbes. Kaum vorstellbar, dass es über 500 Jahre alt sein sollte.

„Warum haben Sie es dann noch nicht an ein ethnologisches Museum weitergereicht?", bohrte ich nach.

„Es war mir bisher zu riskant, der Mittäterschaft mit den Ganoven bezichtigt zu werden. Also versteckte ich den Korb hier in meinem Lager."

„Ich könnte es dem renommierten Rautenstrauch-Joest-Museum in Köln zur Begutachtung aushändigen und auf Wunsch Ihren Namen raushalten", schlug ich vage vor.

Er ging tatsächlich darauf ein. „Das würden Sie wirklich machen?", fragte er scheinbar hoffnungsfroh.

Er übergab mir schließlich feierlich das Basket gegen Entrichtung einer Schutzgebühr von 50 Dollar, die ich ihm zur Deckung seiner persönlichen Unkosten aushändigen musste. Außerdem wünschte er den Empfang von mir bestätigt, auf dem Durchschlag seines Quittungsblocks. Hier schien doch alles seine Richtigkeit zu haben.

„Das ist wirklich die tollste Geschichte, die mir je einer aufgetischt hat", dachte ich belustigt, „ein Nähkorb aus präkolumbianischer Zeit – allein diese Story ist mir die 50 Bucks wert."

Und wieder hatte ich ein Fundstück mit einer bizarren Anekdote zu Hause. Sobald ich das Flechtteil nach der Rückkehr aus meinem Koffer nahm, glaubte ich kein Wort mehr von der mir anvertrauten Grabraubgeschichte.

So wanderte es in den Vitrinenschrank meines Arbeitszimmers, der für gerade solche Funde vorgesehen war, und stand nun genau zwischen der Botanisiertrommel und der Remington-Bronze, traulich vereint mit meinen anderen Objekten zweifelhafter Authentizität.

Bis ich einige Wochen später in einer meiner Fachzeitschriften über Korbflechtkunst die Abbildung einer praktisch identischen Basket-Schatulle fand, die in einem Begleitartikel als präkolumbianisch und aus Peru stammend klassifiziert war.

Sollte an der Geschichte nun doch was dran sein? Neugierig geworden griff ich zum Telefonhörer und ließ mich mit dem Rautenstrauch-Joest-Museum verbinden.

„Im antiken Peru war es ein Bestattungsritual, dass einer Weberin ihr Arbeitsmaterial mit ins Grab gelegt wurde", bestätigte mir der zuständige Fachexperte.

Wir machten einen Termin aus, und ich brachte

mein Basket, das ich nun vorsichtig und wie ein rohes Ei behandelte, zu ihm nach Köln.

Es erwies sich als echt, und ich überließ es dem Museum als Dauerleihgabe von „PJ aus Phoenix", denn so pseudonomisierte ich meinen Antiquitätenhändler aus Prescott.

Seitdem ist es mit einem entsprechenden Vermerk auf einer kleinen, daneben platzierten Messingtafel Teil der Stammausstellung des Museums.

Ein Exemplar des Museumskatalogs sandte ich mit Markierung der entsprechenden Abbildung stolz nach Prescott zum *End of the Trail*.

Auch „PJ" muss sich sehr über unseren Erfolg gefreut haben. Zwei Wochen später erhielt ich von ihm aus dem fernen Arizona ein Päckchen mit einem netten Dankesbrief und einem Geschenk: einer wirklich schönen, alten Ausgabe von James Fenimore Coopers *Der letzte Mohikaner*, in Leder eingebunden und mit feinem Goldschnitt.

„Stören Sie sich nicht an einigen Stockflecken im Inneren des Buches", schrieb mir PJ. „Es gehörte einer reizenden, alten Lady aus Sedona, die Wildblumen darin gepresst hat."

Was geschah dann?

Es gibt den Antiquitätenshop *End of the Trail* in Prescott tatsächlich, und PJ ist bis zum heutigen Tag einer der wenigen Händler meines Vertrauens – allerdings nur, wenn es um wirklich wichtige hochpreisige Objekte wie Remington-Bronzen oder Navaho Rugs geht, und nicht etwa um stockfleckige Bücher.

Natürlich gibt es auch nach wie vor Elsies Antikladen *As Times Passed by* im schönen Port Isabel. Aber da kauf ich nix mehr.

8. Der Fliegende Deutschländer

Irgendwo in den Superstition Mountains liegt die legendäre Lost Dutchman's Gold Mine, nach der so viele Glücksritter schon gesucht, sie aber nie gefunden haben. Die ausgemachten Pechvögel unter den Glücksrittern fielen dabei ihrem eigentlichen Besitzer in die Hände, dem ebenfalls legendären Jacob Waltz. Der war ein Deutscher – und keineswegs ein Holländer, wie es der Name seiner Mine vermuten lässt.

Seit ich mich mit seiner Geschichte näher beschäftigte, fielen mir offenkundige Parallelen zur Sage des „Fliegenden Holländers" auf, auch wenn der eine auf hoher See sein Unwesen trieb und der andere mitten in der Wüste.

Insofern erscheint mir für Jacob Waltz die Bezeichnung „Fliegender Deutschländer" recht zutreffend.

Der Deutschländer fand den Erzählungen nach so gegen 1860 (genau weiß es keiner) eine ergiebige Goldader in den Superstition Mountains und beutete sie dort einsam und in großer Verschwiegenheit aus. Doch was nützte ihm das Gold in seinem Einsiedlercamp?

Man konnte es nicht essen, noch irgendwelche Freuden damit erkaufen, solange man auf einem Haufen Nuggets in der Wildnis saß.

Nun werden Sie sagen, wo eine Bonanza entdeckt wurde, machte die Neuigkeit schnell die Runde. Goldtauscher kreuzten in ihrer Nähe auf, die Geld gegen Nuggets eintauschten und ein Saloon wurde ratzfatz aus dem Boden gestampft, eine ganze Siedlung gar, die im Goldrausch zur großen Stadt wuchs.

Aber einen Gold Rush gab es zuerst einmal nicht. Vielleicht, weil der Deutschländer so verschwiegen war und so heimlich tat – damals in den Superstition Mountains.

In diesen geheimnisvollen Bergen vermuteten die Apachen den Zugang zur Unterwelt. Irgendwo da oben in einer Senke zwischen zwei Bergrücken sollte es sein: ein großes, schwarzes Loch.

Doch zurück zu Jacob Waltz: Der machte sich von Zeit zu Zeit aus seiner Einsiedelei mit gut gefülltem Beutel auf nach Phoenix und ließ es sich in der Stadt so lange gut gehen, bis er den mitgeführten Goldvorrat verprasst hatte.

Wenn ihm das Geld nach einigen Monaten dann restlos ausgegangen war, stand wiederum eine Reise zu seiner verborgenen Mine in den Superstition Mountains an.

Allerhand Schurken und Tagediebe, die sein Treiben in Phoenix schon länger neidvoll verfolgt hatten, beobachteten nun seine Reisevorbereitungen mit Spannung.

Viele hefteten sich an seine Fersen, wenn er losritt, und versuchten, ihm möglichst unauffällig zu folgen, um die Lage seiner Mine auszukundschaften und ihm sein Gold abzujagen.

Doch der Deutschländer war clever. Obwohl er ein mit Vorräten beladenes Maultier mit sich führte und nicht allzu schnell vorankam, gelang es ihm immer wieder, seinen Verfolgern ein Schnippchen zu schlagen, indem er plötzlich wie vom Erdboden verschwand und nicht mehr auffindbar war. So schüttelte er das Gros seiner Konkurrenten einfach wie lästige Fliegen ab.

Ab und an gab es dann immer einen besonders Schlauen, dem es glückte, ihm viel weiter zu folgen, als es den anderen Bösewichten gelungen war. Die Gier nach Gold machte aber auch den Klügsten zum Einzelkämpfer, der die Verfolgung mutterseelenallein unternahm, um hinterher mit niemandem teilen zu müssen.

Und gerade von diesen besonders Schlauen fehlte am Ende jede Spur. Sie wurden nie wieder in Phoenix gesichtet und galten als in den Superstition Mountains verschollen.

Der Deutschländer indes kehrte nach einigen Monaten offenkundiger Abbauarbeit in seiner gut versteckten Mine nach Phoenix zurück. Wieder hatte er die Taschen voller Nuggets und frönte nun für Wochen oder gar für ein paar Monate dem guten Leben, wobei er die Begehrlichkeit weiterer Wegelagerer auf sich zog.

Die verfolgten ihn beim Rückritt zu seinem Camp, und immer teilten sie das Geschick ihrer Vorgänger, dass sie bestenfalls von ihm abgeschüttelt oder alternativ an einem unauffindbaren Ort in den Bergen eine Kugel bekamen.

In die Jahre gekommen, begann der Deutschländer sich ein Vermögen anzuhäufen, indem er das Gold nicht mehr im Luxusleben verprasste, sondern es letztendlich den Banken anvertraute, bis ein solides Auskommen für den Rest seiner Tage gesichert war.

In seinen Altersjahren ging es ihm wirtschaftlich gut. Und nach einigen Drinks prahlte er in den Saloons und

Wirtshäusern, dass seine Goldader, angeblich eine der größten Mother Lodes, die je gefunden wurde, noch lange nicht ausgeschöpft sei.

Doch nie war er so betrunken, dass er ihre Lage verriet. Zudem widerstand er allen Versuchen, ihm die Mine für viel Geld abzukaufen, obwohl er sie doch selbst ganz offensichtlich nicht mehr bewirtschaften konnte.

Alle Bemühungen – und es gab nicht wenige –, ihm in seinen letzten Lebensjahren das Geheimnis ihrer Lage zu entlocken, schlugen fehl. So nahm er schließlich sein Wissen mit ins Grab.

Seither versuchten viele, die Mine zu entdecken. Immerhin liefen sie nun nicht mehr Gefahr, sich vom Deutschländer eine Kugel einzufangen. Sie versuchten es aufs Geratewohl oder auf der Basis eines ominösen Plans, den sie beim Pokerspiel gewonnen hatten.

Klar konnte man sich damals beim Kartenspiel auch Schatzkarten erlangen.

Schließlich gab es immer schon etwas rationeller vorgehende Glücksritter, die sich ihren Unterhalt mit gefälschten Lageskizzen von Goldadern verdienten. Die setzten sie im Poker als Pfand und spielten damit ohne finanzielles Risiko.

Letztendlich waren alle Anstrengungen, die Lost Dutchman's Gold Mine zu finden, vergeblich. Mit der Zeit behaupteten Skeptiker sogar, es hätte weder den Dutchman noch die Mine je gegeben, und ordneten alle Historien und Ränke darum der Sagen- und Mythenwelt zu.

Sagen und Mythen des Wilden Westens … Das

ist der Punkt, wo Dick aufhorcht und besonders aufmerksam wird. Dabei interessiert ihn immer, ob nicht doch ein wahrer Kern dahintersteckt, in all den Geschichten und Histörchen, seien die nun über Billy the Kid, Wyatt Earp & Doc Holliday, die Dalton Brüder oder Roy Bean, den Hanging Judge, erzählt.

Eines sonnigen Tages, als Dick und ich mal wieder durch den Süden Arizonas ritten – wollte sagen, mit einem gemieteten Oldsmobile einen der dortigen Highways befuhren –, näherten wir uns zielstrebig den Superstition Mountains. Als weithin sichtbare Erhebung in einer ansonsten endlos erscheinenden Wüstenebene waren sie gar nicht zu verfehlen. Dort wollten wir im Lost Dutchman's State Park eine ausgiebige Tageswanderung unternehmen, die Gegend abends wieder verlassen und in Tortilla Flat, einem winzigen Westernort auf dem alten Apache Trail, übernachten.

Die Legende der Goldmine kannten wir beide. Ich hielt sie für einen gülden glänzenden Mythos, und Dick kümmerte sich bereits um den historischen Fakt.

„Ob es das Gold gab, sei dahingestellt, aber Jacob Waltz hat dort oben in der Wildnis gelebt, und es muss sicher noch eine Spur von ihm geben", so überlegte er und steuerte unseren Wagen immer auf die markant gezackte Silhouette der Berge zu.

Ich erinnerte mich, wie er vor drei Tagen am Mogollon Rim, im Norden Arizonas, voller Eifer um eine abgelegene und im Übrigen verschlossene Waldhütte herumgesurrt war, in der der Schriftsteller

Zane Grey einst gehaust hatte.

So erhoffte er sich, auch heute irgend etwas zu finden, was vom Einsiedlercamp des Jacob Waltz oder seiner Mine noch übrig war.

Mir ging es hingegen um etwas ganz anderes.

Mit meinem naturwissenschaftlichen Sinn und Entdeckergeist wollte ich auf unserer heutigen Wanderung in die Superstition Mountains die seltene Hoffmann Cholla auffinden. Sie war eine vom Aussterben bedrohte Kakteenart, die ein geübter Botaniker mit viel Ausdauer und Glück noch in einigen unwegsamen Wüstengegenden des Südwestens entdecken konnte.

Sie sah der in der Kaktuswüste allgegenwärtigen Teddy Bear Cholla zum Verwechseln ähnlich. Dieser meterhoch wachsende Gliederkaktus hatte gelbe Stacheln mit weißen Spitzen, die so dicht standen, dass sie die Pflanze fast wie ein Pelz bedeckten. Das verlieh ihr – völlig zu Unrecht – ein kuscheliges Aussehen und gab ihr den irreführend kosigen Namen.

Die Hoffmann Cholla hingegen war nach ihrem Entdecker, Leonard Hoffmann, einem Botaniker des 18. Jahrhunderts, benannt. Diese genetische Variante der Teddy Bear Cholla zeichnete sich durch auffällig pink gefärbte Stacheln aus, die ebenfalls mit weißen Spitzen abgesetzt waren.

Dick hielt die Hoffmann Cholla für einen Mythos und ich für einen botanischen Fakt.

Mein Gatte teilte in keiner Weise meine Leidenschaft, seltene Kakteensorten aufzuspüren und zu fotografieren, und wurde rasch ungeduldig, wenn ich darüber fachsimpelte oder dozierte. Dafür begeisterte er sich für alle historische Helden des Wilden Westens, gleich ob diese Butch Cassidy, Buffalo Bill oder eben Jacob Waltz hießen.

Inwieweit er sich eine Entdeckung der versteckten Goldader erhoffte, war nicht offensichtlich, weil er sich diesbezüglich nicht eindeutig mitteilte, aber wie ich ihn kannte, ging es ihm weniger um das Edelmetall sondern vielmehr darum, dem Wahrheitsgehalt der Legende nachzuspüren.

Als gemeinsamer Nenner für einen anstrengenden Aufstieg in die Berge diente uns unsere allgemeine Naturliebe, die wir immerhin teilten, und die Aussicht auf die ästhetisch erfreuliche Kaktusblüte. Die war jetzt im März in dieser Landschaftszone zu erwarten – und zwar von den meisten Kakteenarten, also nicht nur von der legendären Hoffmann Cholla.

Gerade die Hänge der Superstition Mountains waren für ihre Wüstenblüte berühmt. Dann blühten nicht nur die Kakteen prächtig in weiß, gelb, pinkfarben oder rot, sondern es sprossen auch ganze Matten von Wildblumen in einem äußerst kurzen Lenz aus allen Poren des rissigen Wüstenbodens. Innerhalb weniger Wochen fiel anschließend die Landschaft wieder in die ausgedorrte Ödnis zurück, die für die trockene Sonorawüste im weiteren Jahresverlauf charakteristisch ist.

Die ästhetischen Aspekte der Blühsaison stellten also unser gemeinsames Alibi dar, diese Tour zu unternehmen. Eifrig hatten wir die neueste Ausgabe des Magazins *Arizona Highways* studiert, dessen Titelbild und Leitartikel wie in jedem Jahr die „blooming desert" aufwendig dokumentierten.

„Machen Sie in diesen Wochen einen Ausflug in die Superstition Mountains", ermunterte der Herausgeber, der sich selbst „The Poor Old Editor" nannte, seine Leser im Editorial. Als „armen, alten Verleger" empfand er sich, weil er für seinen Geschmack mit viel zu viel Büroarbeit und Administration belastet war, die er im Verlag des Journals in der Lewis Avenue in Phoenix zu verrichten hatte.

„Erleben Sie die blühende Prärie mit all ihren Poppies und Primroses am Fuße der Bergkette. Klettern sie in die Bergflanken und fotografieren Sie die prächtigen Kaktusblüten", regte er seine Leser zu waghalsigen und mühevollen Wanderungen an, auf dass ihnen ein größeres Naturerleben beschieden sei, als ihm, dem armen, alten Verleger, in seinem langweiligen Office.

„Mit etwas Glück bekommen Sie sogar ein Exemplar der seltenen Hoffmann Cholla vor die Kamera, und mit noch mehr Glück entdecken Sie die legendäre Lost Dutchman's Mine", jubelte er in seinem Leitartikel.

„Na, also!" riefen Dick und ich gemeinsam aus, als wir beim Lesen zu diesem Satz vordrangen und darin die unterschiedlichen Objekte unserer Begierde so explizit aufgezählt fanden.

Ich dachte darüber nach, warum es im Artikel keine Abbildung der Hoffmann Cholla mit ihren purpurroten Stacheln gab. Wahrscheinlich war der Kaktus so selten, dass der „Poor Old Editor" nicht einmal ein Archivfoto davon besaß.

Ich könnte da sicherlich Abhilfe schaffen, indem ich dem Journal meine eigene Aufnahme eines prächtig blühenden Exemplars zusenden und für eine Veröffentlichung zur Verfügung stellen würde. Das war ich dem Magazin als treue Leserin schuldig – und besonders meiner eigenen Eitelkeit, mein Bild dort publiziert zu sehen. Aber zunächst einmal musste ich das rare Gewächs ausfindig machen.

Inzwischen hatten wir nun den Fuß der Berge erreicht. Hier stieg der Highway steiler und kurviger an, und es mischten sich rechts und links der Straße die ersten Umrisse von Saguaros in die Landschaft. Creosote-Gebüsch, Palo Verde und die meterlangen Stachelfinger der Ocotillos vervollständigten die Wüstenvegetation.

Kundig schlugen wir den Weg zum Trailhead ein, der in einer Skizze des Artikels abgebildet und im Übrigen auch bestens ausgeschildert war. Eine Schatzkarte brauchte man dafür jedenfalls nicht.

Wir passierten eine große Scheune mit furchtbar viel Gerümpel davor. Unmengen alter Bergbauloren standen auf im Nichts endenden Schienensträngen. Rostige Wassertanks ragten auf dreibeinigen hölzernen Mastaufbauten hoch empor.

Dazwischen Zinkbadewannen, Viehtränken, Fässer, Kübel, Körbe und jede Menge an Grubenwerkzeug. Hinter dieser Antiquitätenscheune stand ein weitläufiger, offenbar historischer Adobebau mit der Aufschrift „Superstition Mountains Museum".

Dick fuhr langsamer und beäugte das Gebäude. „Da kann man sicher einiges über den ominösen

Jacob Waltz erfahren", überlegte er.

Och nö, keine staubigen Museen. Ich wollte hinaus in die Botanik. „Wir könnten auf dem Rückweg mal reinschauen", ließ ich mich diplomatisch vernehmen, und er gab wieder Gas.

Der kleine Highway führte nun noch einige Meilen stetig bergauf in die Flanke eines Gebirgszugs hinein, dessen markantes Sägezahnprofil sich gegen den blauen Himmel nun direkt vor uns erhob.

Der Bestand an Kakteen wurde dichter. Ich erkannte bereits drei verschiedene Chollasorten, dazu die fassförmigen Barrelkakteen, Agaven, Yuccas, sogar den ein oder anderen Joshua Tree, eine baumähnlich wachsende Yucca-Art.

Kurz darauf war die Landschaft mit immer prächtigeren Saguaros durchsetzt, die ihre Arme kandelaberartig ausstreckten. Ein Saguaro wächst 70 Jahre säulenartig in die Höhe, erst dann bekommt er erste Seitenarme. So konnte man sich vorstellen, dass diese malerischen Riesen am Wegrand schon bis zu 200 Jahre auf dem Buckel hatten.

Ein Roadrunner lief eiligst vor unserem Wagen her, und kleine, hellbraune Vögel schwirrten in Bodennähe.

Ich bat Dick, etwas langsamer zu fahren, weil ich in der üppigen Kaktusvegetation nun allmählich nach der Hoffmann Cholla Ausschau halten wollte. „Die gibt es, wenn überhaupt, dann nur in höheren Lagen", ließ sich Dick munter vernehmen. Diese Bemerkung zeugte weniger von seinen botanischen Kenntnissen als vielmehr von seinen Plänen, bei der heutigen Exkursion noch hoch hinauszuwollen.

Das war so gar nicht in meinem Sinne. Nach meinem Wissen um die hiesige Flora war die größte Chance, die seltene Chollaart anzutreffen, in den Hainen ihrer häufig vorkommenden nächsten Verwandten, der Cholla namens Teddy Bear, da sie selbst nur eine leicht genetisch mutierte Abart davon darstellte.

Weiter oben würde der Kakteenbewuchs allmählich wieder abnehmen. Schon starrten uns geradeaus in 2000 Fuß höherer Lage bereits die nackten Steilwände und Felsschluchten des Gebirges entgegen.

Unzählige ausgetrocknete Bachläufe fielen von dort oben strahlenförmig in die Prärie hinab und schlängelten sich mit rötlichen Schotteradern rechts und links des Highways.

Wenn das Sträßchen einen solchen Wash überquerte, fuhr man ratternd über quer liegende Metallgitterschienen. Als unsere Straße schließlich in eine gewundene Staubpiste überging, war die Überquerung dieser Dry Washes eine straßenbauliche Herausforderung, die dem jeweiligen Benutzer zusetzte und zudem dem Wagenlenker eine gewisse Lenkradakrobatik abverlangte.

Unser Oldsmobile schraubte sich inzwischen mühsam immer höher hinauf. Die Lage potenziell blühender Präriewiesen hatten wir längst unter uns gelassen, auch wenn wir davon optisch nicht allzu viel mitbekommen hatten.

Schließlich erreichten wir den Trailhead an einem winzigen Parkplatz zwischen den Felsen mit einem halben Dutzend Stellplätzen. Der war groß genug für uns, denn außer unserem Oldsmobile befand sich kein Vehikel hier oben. Wir stiegen aus, und ich lief gleich ein Stück in die nur noch kärgliche Botanik.

„Allzuweit scheint es mit der Wüstenblüte in diesem Jahr nicht her zu sein", meinte ich und sah mich zweifelnd um. Aber das kümmerte Dick nicht allzusehr, weil es ihm im Grunde bei unserem Ausflug um etwas ganz anderes ging.

Aufmunternd wies er dann auch schon auf den steilen, mühsamen Trail, der sich von hier in Serpentinen auf bedrohlich aussehende Felsnasen hinschraubte. Dünne Steinspeere, sogenannte Needles, standen unterhalb der Steilwände mit ihrem spitzigen Profil im Hang.

Ich konnte mit dem Fernglas ausmachen, dass der Fußpfad hinter den pittoresken Monolithen her bis zu einem hohen Felsvorstoß führte. Das war offenbar „The End of the Trail", wie man einer groben Skizze auf einem Schild am Beginn des Wegs entnahm. Darauf las ich nun auch, dass man bei diesem Wanderweg auf 1,5 Meilen Länge eine halbe Meile an Höhe gewann, 33%ige Steigung also im Schnitt. Koordinaten dieser Art sind dazu angetan, mir schon beim Lesen die Schweißperlen auf die Stirn zu treiben. „Wegeinschätzung: physisch anstrengend", stand da weiter zu lesen. Jetzt schwitzte ich schon aus allen Poren.

„Von dort oben hat man ein herrliches Panorama und kann an einem so klaren Tag wie heute bis nach Phoenix schauen", ermunterte mich Dick.

„Phoenix liegt in 50 Meilen Entfernung, und ich habe es heute Morgen definitiv besser aus nächster Nähe bewundern können, als wir von unserem Motel starteten und mitten durch Downtown kutschierten", nörgelte ich und suchte weiterhin den schweißtreibenden Wegverlauf mit dem Fernglas ab.

„Die bizarren, nadelartigen Felsformationen dort oben aus der Nähe zu betrachten, das würde mich schon reizen, aber 0,5 Meilen Höhenunterschied sind mir ein zu hoher Preis", dachte ich im Stillen.

„Dort oben liegen irgendwo die Hoffmann Cholla und die Lost Dutchman's Gold Mine, wahrscheinlich beides nah beieinander", lockte Dick.

„Da es ein offizieller Hiking Trail für junge, ambitionierte Leistungssportler ist, hätte das schon längst jemand vor uns entdeckt", konterte ich und fügte hinzu: „Dort oben wächst kein Halm mehr. Das sehe ich durchs Fernglas. Für jegliche Cholla ist das einwandfrei zu hoch, und ebenfalls für die Lost Dutchman's Mine. Immerhin musste diese ja mit einem Pferd erreichbar sein."

„Ein gutes Pferd schafft das", blieb Dick unbeirrt, „und Jacob Waltz hatte bestimmt einen guten Gaul. Und der Mineneingang ist sicher so gründlich versteckt, dass man ihn nicht ausmachen kann, selbst wenn man nah daran vorbeigeht."

Zur Cholla fiel ihm offenbar kein Gegenargument ein.

Ich hatte so gar keine Lust auf die Kraxeltour. Mir war aber klar, dass ich ihn seinerseits nicht davon abbringen konnte. So mussten sich unsere Wege hier eben trennen, und ich beschränkte mich auf einen Vorschlag zur Güte: „Mach du nur deine Kletterei alleine. Ich gehe inzwischen dem Sträßchen entlang zurück und schaue mich in der Kaktuswüste nach der Hoffmann Cholla um."

Natürlich versuchte er, mich noch umzustimmen, doch stur wie ein Esel verweigerte ich den Aufstieg.

Als wir uns endlich einigten, gab es dann noch mal Streit um die einzige Kamera, die wir mit uns führten. Dick wollte unbedingt die Felsformationen und die Aussicht auf Phoenix fotografieren, wahrscheinlich auch den Stolleneingang, den er zu finden hoffte.

Ich brauchte dieses Gerät aber zum Filmen meiner Wüstenblüte, der Vogelwelt und hoffentlich auch der Hoffmann Cholla.

Wir kamen nach einigem Hin und Her überein, dass er das Fernglas bekam und ich die Kamera behielt.

„Du kannst mich dann heute Nachmittag bei deiner Abfahrt wieder auflesen", instruierte ich ihn noch. „Falls ich nicht in der Nähe der Straße bin, findest du mich unten im Museum. Oder ruf mich einfach per Handy an."

Ich überließ ihm mit Grandezza den Hauptteil unserer Wasservorräte und sah vergnügt zu, wie er eine ganze Gallone zusammen mit drei Äpfeln und einer Dose Salzerdnüsse in seinem Rucksack verstauen musste.

Er hatte bei weitem die schwierigere Wegstrecke zu bewältigen. Für mich ging es nur auf moderatem Weg bergab, zwar meilenweit, doch von den Temperaturen her war die Sonorawüste Ende März noch erträglich.

So nahm ich nur eine Trinkflasche mit praktischer Trageschlaufe ums Handgelenk und ließ daneben die kleine Kamera in ihrem Lederetui baumeln. Damit trennten sich unsere Wege, und ich sah Dick eine ganze Weile nach, wie er sich langsam aber entschlossenen Schritts auf dem felsigen Pfad die

Bergflanke hinaufschraubte.

Was glaubte er nur, dort oben zu finden? In den Superstition Mountains gibt es kaum Gold und garantiert nicht die von Jacob Waltz herbeispintisierte Mother Lode. Da war ich mir ganz sicher. Ich ließ meinen geologisch geschulten Blick über die kargen Felswände schweifen.

Diese dunklen, unheimlich schroffen Hänge mit bedrohlich aussehenden Felszacken und Steinnadeln, anthrazitfarben und granitbeschaffen, trugen nicht genügend Quarz für reiche Goldvorkommen.

Na ja, Dick würde es auch genügen, noch ein paar leere Patronenhülsen vom Deutschländer zu finden. Oder einen verbeulten Topf, in dem sich der Sonderling seine Kidneybohnen aufgewärmt hatte. Ich dachte noch an weitere Möglichkeiten, profane bis unsägliche Fundstücke eines einsamen Camps zutage zu fördern, und kicherte in mich hinein.

Leichten Fußes gehe ich nun bergab und habe Zeit und Muße, rechts und links der Piste den Mikrokosmos zu erkunden, was man bei einer Anfahrt im Auto so gar nicht machen kann.

Azurfarbene Blümchen wachsen aus der rissigen, rötlichen Erde. Tief beuge ich mich zu ihren winzigen Blütensternen hinab und ziehe sie dann auch noch mit dem Teleobjektiv der Kamera heran, so dass man auf dem Foto nicht erkennen wird, wie klein und unscheinbar sie sind.

Die am Rand stehenden Kakteen wachsen hier in großer Artenvielfalt. Ich erkenne Pencil-, Chain- und Teddy Bear Chollas, Barrel-, Hedgehog- und

Fishhook-Kakteen, dazu verschiedene Agaven- und Yucca-Sorten, letztere zum Teil mit pittoresken, alten Fruchtständen, die bis zu zehn Fuß hoch lanzenförmig in den Himmel ragen. An mir ist ein wahrer Humboldt verlorengegangen.

An einem Ocotillo entdecke ich spärliche rosa Blütenknospen auf seinen äußersten Halmspitzen. Davon wird wieder eine Großaufnahme gemacht.

Von diesem Anfangserfolg beflügelt mache ich nun etliche kleinere Exkursionen von dem schmalen Highway hinweg in die Kakteenwüste hinein und umkreise jeden Barrelkaktus wie eine Hummel, in der Hoffnung, doch noch eine schöne Blüte daran zu entdecken.

Schließlich ist das Glück mir hold, und ich finde an einer weitausladenden Opuntie zwischen staubig roten Feigenbeeren vom Vorjahr endlich mal eine neue gelbe Blume, die ich begeistert von allen Seiten aufnehme.

Dabei gerate ich in geduckter Position mit dem Hinterteil an eine Cholla, deren spitze Stacheln ich augenblicklich und äußerst unangenehm selbst durch den soliden Jeansstoff meiner Hose hindurch spüre.

Chollas sind in dieser Hinsicht besonders hinterhältig. Sie tragen am Ende jedes Stachels auch noch einen winzigen, aber sehr effektiven Widerhaken. Diese bleiben in Stichwunden stecken und hinterlassen gerne eitrige Pusteln als langanhaltende Hautirritationen – wenn man die Haken nicht unmittelbar nach Kontakt mit Pinzette und Lupe entfernt. Sollte mir in meiner spezifischen Situation etwas schwerfallen. Da bin ich ja schon richtig froh, dass ich Pinzette und Lupe eh' nicht dabeihabe.

Und natürlich finde ich nicht die geringste Spur des sagenumwobenen Hoffmann Kaktus, so viele Cholla Groves ich auch durchsuche und dabei immer wieder in Kontakt mit ihren garstigen Widerhaken gerate.

Missmutig fotografiere ich unscheinbar gelblich blühende Creosotes und Rabbitbrushs. Was für ein Reinfall!

Dazu noch Schmerzen durch Stacheln im Hintern. Der Frust lässt in mir die Überzeugung reifen, dass ich Kaktusblüten besser zuhause zwischen den Zierpflanzen meiner heimischen Fensterbank ablichte.

Ich gehe ein Stück weiter querfeldein und überquere dabei etliche Dry Washes, Stellen, wo saisonale Gebirgsbäche ausgetrocknet sind und wo man allerhand rundgewaschenes Granitgeröll überqueren muss.

Hier ist schon lange kein Wasser mehr geflossen, denn auch die Ränder um die Washes sind bar jedes grünen Halms. Von Blüten ganz zu schweigen. Es muss dieses Jahr ein ganz außerordentlich trockener Winter gewesen sein.

Dem schurkischen Herausgeber von *Arizona Highways* werde ich wegen seiner schamlosen Benutzung von Archivfotos der Blühsaison in den Superstition Mountains einen geharnischten Leserbrief schreiben, nehme ich mir vor. Dann könnte der sich mal mit Fug und Recht „Poor Old Editor" nennen.

Den Text für meine Beschwerde sinne ich mir nun im Kopf schon aus und mache etliche Belegfotos rundum von der kargen und blütenlosen Landschaft. Das alles macht mich so wütend, dass ich bereits darüber nachdenke, unser jahrzehntelanges Abonnement der Zeitschrift zu kündigen.

Ich zücke umgehend mein Handy, um Dick das ebenso umgehend mitzuteilen. Nebenbei will ich auch hören, wie es ihm auf seinem Kraxeltrip so ergeht. Aber vergiss es: Der Akku ist mal wieder alle.

Eigentlich auch gut so. Wie toll es da oben ist und was ich alles verpasst habe, muss ich mir sowieso noch früh genug anhören. Er würde mit seinem Alleingang angeben, auch wenn er da oben nichts weiter fände als eine vage Sicht auf das dunstige Phoenix in unendlicher Ferne.

Weder wissenschaftlich noch ästhetisch auf meine Kosten gekommen bin ich die Kaktusbotanik mittlerweile gründlich leid.

Also verbleibt mir als einzige Option das staubige Museum am Fuß der blauen Berge. Zielstrebig bewege ich mich auf dem Highway hinabschreitend auf den Gebäudekomplex mit dem vielen Gerümpel zu.

Sie haben einen riesigen, freien Staubplatz vor der Tür, auf dem man parken kann, doch außer einem Pick-up, der wahrscheinlich dem Betreiber gehört, ist kein Wagen da. Weitere Walk-in-Besucher sind in dieser Gegend eher unwahrscheinlich.

Ich umkreise zunächst einmal Scheune und Adobebau, um mich ein wenig umzusehen und abzuschätzen, ob mir das Museum die fünf Bucks wert ist, die mir auf ihrem Türschild als Eintrittsgebühr angedroht werden. Draußen kann man sich immerhin umsonst umgucken.

Vor der großen Scheune stehen betagte Erzloren

auf verrosteten Schienensträngen, die nach 100 Fuß im Nirwana enden. Durch das offenstehende Tor sehe ich im Inneren ein paar Kutschen und historische Planwagen sowie ein altes Gefährt des Pony Express.

Eine Menge an altem Gerät gibt es hier, das an die großen Zeiten des Goldrauschs in den Superstition Mountains erinnert. Irgendein Freak muss es sich zur Lebensaufgabe gemacht haben, das alles an genau dieser Stelle zusammenzutragen und zur Schau zu stellen.

Immer wieder findet man im ehemals Wilden Westen solche Privatmuseen und Curiosity Shops, meist über 50 Meilen hinweg mit großen Reklameschriften am Highway angekündigt. Ein halbes Dutzend Willkommensschilder begleiten die Anfahrenden dann zu einem überdimensionalen, leeren Aschenparkplatz, auf dem selten ein anderes Auto steht als der Dodge oder der Jeep des Besitzers und eventuell noch ein Leihwagen von deutschen Touristen, die wie wir durchs Land ziehen und sich für solche bizarren Konvolute interessieren.

„Wäre ich der Besitzer, würde ich mir drei gebrauchte Autos kaufen und die dauerhaft vorm Eingang parken", denkt die Marketingexpertin in mir. „Dann würden andere glauben, da sei so richtig was los, und auch anhalten."

Man kann sich schwer vorstellen, wie diese Sonderlinge von Museumsbetreibern hier draußen ihr Leben fristen.

Ich besichtige dann noch einen so ausgewiesenen „Boothill Graveyard", der seinem berühmten Original in Tombstone nachempfunden ist, sowie eine Wedding Chapel, wo man seinerzeit Kernszenen eines Western mit Elvis Presley gedreht hat. Es war der einzige Wildwestfilm, in dem der King of Rock 'n' Roll als Schauspieler agierte. „Glücklicherweise", geht es mir durch den Kopf, als ich mir die Filmfotos in einer Schauvitrine des Kapellchens so ansehe. Anhand der schmalzigen Themen und Sujets scheint es nicht mal ein B- oder C-Movie gewesen zu sein, sondern ein Streifen der noch höheren Kategorie im Alphabet. „Dieser Western ist nur wenig bekannt geworden und blieb ohne nennenswerten wirtschaftlichen Erfolg", heißt es da lakonisch im Begleittext einer Schrifttafel.

Da man hier so anrührend versucht, auch das Belanglose nostalgisch aufzuwerten und der Jetzt- und Nachwelt zu bewahren, bin ich inzwischen mitleidig geneigt, auch das Innere des Museums zu erkunden und dafür fünf Bucks Eintritt zu löhnen. Wie soll ich auch sonst die Zeit totschlagen?

Ich nähere mich dem Hauptgebäude. Von einer Ramada vor dem Eingang baumeln freundlich-bunte Ampeln mit Aztekengold und Blaukissen herab und versuchen, die saisonale Wüstenblüte zu ersetzen. Neben dem Eingang stehen halbe Holzfässer, die mit Barrels bepflanzt sind, und ich stelle mit Freuden fest, dass der linke Kaktus blüht.

Rasch machte ich vor dem Hineingehen noch ein paar Aufnahmen. Docs Fotoarchiv gilt als eines der umfangreichsten der westlichen Hemisphäre. Nur Japaner knipsen noch mehr Bilder.

Erst jetzt gewahre ich im Schatten einer Holzveranda einen hageren Mann, der schläfrig in einem Rocking Chair lange, schwarz behoste Beine ausstreckt. Er hebt nun den Stetson, der über sein Gesicht gezogen ist, mit zwei Fingern an, um mich gleichmütig zu betrachten.

Vielleicht hat er mich schon länger beobachtet, als ich über sein ganzes Anwesen schlich, doch er zeigt sich in lässiger Wildwestpose, in der er als Enkel des legendären Deutschländers durchgehen könnte, wenn der in den eleganteren Saloons von Phoenix den Dandy spielte und seine Goldnuggets verprasste.

Er trägt einen schwarzen Anzug mit Bolerojacke und eingestecktem weißen Hemd. Sein Gürtel, der von einer großen Silberschnalle gehalten wird, ist mit breiten Türkisen besetzt. Dazu passen die langen Boots aus beigefarbenem Leder. Insgesamt sieht er aus wie Buffalo Bill in Ausgehuniform.

„Gehen Sie ruhig rein. Wir haben geöffnet", nickt er mir zu, lehnt sich wieder zurück und lässt sich den Stetson über die Augen gleiten.

Drinnen sitzt ein weiterer Wildwestler. Er ist struwwelig-weißhaarig und untersetzt und gleicht aufs Haar dem Sam-Hawkins-Darsteller der Winnetou-Filme, wenn der denn mal seine Perücke aufgezogen hatte.

In einem Kontorstuhl der Jahrhundertwende mit rund gebogenen Armlehnen hat er sich mit einem Pfeifchen im Mundwinkel ebenfalls bequem zurückgelehnt.

Da die Theke vor ihm ziemlich hoch ist, legt er die mit Westernboots beschuhten Beine auf eine ausgezogene Schublade. Unter weißem Vollbart und Fransenweste schaut ein blaurot kariertes Flanellhemd hervor.

Als ich eintrete, erhebt er sich beflissen und legt die Pfeife sogar zur Seite, um mir mit etwas unbeholfenem Gebaren ein Ticket zu lösen.

Das Wechselgeld für meinen Zehndollarschein sucht er sich umständlich aus einer riesigen Registrierkasse von Anno Tobak zusammen.

Er ist so gewandet wie ein Goldsucher vor langer Zeit, allerdings nicht, wenn er seine Nuggets in den besseren Bars und Saloons von Phoenix ausgab, sondern wenn er als Wüstenratte durch die Superstition Mountains streifte.

Als „Wüstenratten" bezeichnete man vornehmlich ältere Goldgräber, die verbissen in ausgetrockneten Dry Washes suchten und bei ihrer Arbeit gänzlich ohne Wasser als Trennmittel auskommen mussten.

Er lächelt mich nun freundlich an und weist mit der Hand auf eine nach links in den ersten Ausstellungsraum führende Tür. „Schauen Sie sich alles in Ruhe an, und lassen Sie es mich wissen, wenn Sie Fragen haben."

Ich bin die einzige Besucherin und könnte wahrscheinlich eine persönliche Führung bekommen, wenn ich es darauf anlegte. Tue ich aber nicht. Ich will mich zunächst mal in Ruhe umschauen.

Die Sammlung überzeugt durch ein hohes Maß an Eklektizismus.

Man erblickt im ersten Raum das Innere einer Trapperhütte mit filziger Pendleton-Decke, einer sogenannten Indian Blanket, auf dem Bett. Ein einfacher Holztisch mit einem Stuhl steht mitten im

Zimmer. An den Wänden hängen Tierfelle und Trophäen, Schnappfallen und Gerberwerkzeuge an einigen Haken. Das unvermeidliche Kanonenöfchen füllt eine Ecke aus. Der einzige Luxus ist ein Schaukelstuhl vor der Feuerstatt, der dem ähnlich sieht, mit dem Buffalo Bill zurzeit noch auf der Veranda herumschaukelt.

Mit weiteren Requisitenkammern des Wilden Westens setzt sich die Ausstellung fort, unter anderem auch mit einem nachgestellten Saloon. Hinter dessen Kirschholztheke ist ein großer Ölschinken „Cowboy's Dream" provokant aufgehängt.

Wie auf allen Schmachtfetzen dieser Art ist eine unbekleidete Schöne dargestellt, die schlafend an einem Bachlauf unter einer Schatten spendenden Akazie liegt. Durchs Gebüsch pirscht sich vorsichtig ein berittener Cowboy heran.

In unserer europäischen Kultur nennt man das Motiv „Susanne im Bade", wobei Cowboy und Pferd durch zwei sabbernde Lustgreise ersetzt werden, die sich ebenfalls im Gesträuch anschleichen. Dann doch lieber so.

Ich gehe weiter: Die Barbierstube mit dem ominösen Stuhl, der neben der Rasur auch der Zahnbehandlung diente, darf natürlich auch nicht fehlen.

Der nächste Raum beinhaltet eine Mineraliensammlung mit einem kleinen Goldnugget als Krönung und allerhand Goldgräberwerkzeug wie Waschpfannen, Schaufeln und Pickeln. Dann folgt eine Vitrine mit Schauobjekten, die „nachweislich" dem Besitz des Dutchman entstammen: Pfeife und Tabaksbeutel, sein mit goldenen Nieten beschlagenes Zaumzeug, der Sattel, die Karabinerbüchse und sein 44er Peacemaker.

Mit Letzterem konnte er ja wohl besonders gut umgehen und hat es geschafft, sich in all den Jahren seinen persönlichen Frieden zu erhalten, zumindest den äußeren. Wie es um seinen inneren Frieden bestellt war, ist nicht überliefert.

Die Legende des Deutschländers erscheint mir nun ein näheres Studium wert. Denn mit diesem profundem Wissen kann ich nachher bei Dick punkten, der seinerseits bei seinen Felduntersuchungen nichts finden wird und allenfalls Phoenix aus 50 Meilen Entfernung erblickt. So vertiefe ich mich in die Erklärungstafeln.

Der aus Württemberg gebürtige, ominöse Jacob Waltz mischte wohl in der deutschen Revolution von 1848 kräftig mit, war dann politisch verfolgt und zog es vor, nach Amerika auszuwandern und sich intensiv in den verschiedensten Landstrichen mit der Goldsuche zu beschäftigen.

Dabei folgte er zunächst dem Mainstream des Gold Rush, war in Sacramento lange mit dabei, doch als schließlich alle nach Colorado aufbrachen, wandte sich der deutsche Dutchman nach Süden und landete genau hier in den Superstition Mountains, wo er zu guter Letzt dann selbst noch einen Goldrausch auslöste.

Die alten Holzdielen hinter mir knarren, und ich denke schon, dass letztendlich noch ein weiterer Besucher den Weg in dieses abgelegene, kuriose Museum gefunden hat. Ich drehe mich um, aber da steht nur

Buffalo Bill lässig an den Türrahmen gelehnt. Nun ist er in einen langen Staubmantel gehüllt, denn in den Räumen ist es ja schließlich um einige Grade kühler als draußen in der Wüstensonne. Außerdem sieht er in dem Mantel noch wildwestlicher aus als ohnehin schon.

Ich lobe seine Sammlung historischer Exponate, was er zum Anlass nimmt, gleich seinen Anspruch auf Authentizität zu legitimieren. „Mein Urgroßvater hatte hier am Fuße der Superstition Mountains eine Versorgungsstation, wo auch der Pony Express hielt. Er kannte den Dutchman noch gut", tut er kund.

„Sicher gehörte er dann nicht zu den Zeitgenossen, die ihm in die Berge nachstellten, um das Geheimnis seiner Mine auszukundschaften?", frage ich ihn und gebe ihm damit Anlass, noch etwas weiter auszuholen.

„Das hätte ihn das Leben gekostet. Er hatte hier außerdem sein geregeltes Auskommen und hat sich Zeit seines Lebens nie als Goldwäscher betätigt," fährt mein Gesprächspartner fort und berichtet mir, dass auch sein Großvater diese Station am Fuß der blauen Berge noch bewirtschaftete, sein Vater aber nach Phoenix in die Stadt zog, um einen Kolonialwarenladen in größerer Kundennähe zu betreiben.

Als einziger Erbe überließ er die nicht mehr benötigte Poststation dem Verfall, bis sich sein Sohn nach mehr als fünf Jahrzehnten an die Renovierung machte, das Adobegebäude sowie die Schuppen und Ställe wieder instand setzte und diese enorme Sammlung zusammentrug, die heute das *Superstition Mountains Museum* ausmacht.

Es lagen seinerzeit genügend Reminiszenzen des alten Westens im Gelände herum. Während der kurzen Zeit des lokalen Goldrauschs, der seinen Höhepunkt erreichte, als der Deutschländer bereits in Phoenix auf seinem Altenteil lebte, hatte sich hier in der Nähe ein Ort mit Saloons, Geschäften und sogar einer kleinen Kirche rund um die Poststation gebildet.

Die Holzhäuser waren alle so gut wie verschwunden, die kleine Steinkirche hatten die Filmleute wieder hergerichtet, die den Elvis-Film gedreht hatten, und Buffalo Bill konnte weiteres Land um das Adobehaus sowie allerhand Relikte des damaligen Bergbaus günstig dazukaufen, um sich hier „seinen Lebenstraum zu erfüllen", wie er es stolz nennt.

Ich will ihn nicht mit der Frage behelligen, ob man von einem solchen Privatmuseum in der Wüste – und für mein Dafürhalten genau in der Mitte von Nirgendwo – gut leben kann. Ich sehe ja außerdem, dass er lebt und sich offenbar noch einen Angestellten zum Ticketverkauf leistet.

So komme ich wieder auf den legendären deutschen Goldsucher und seine Mine zu sprechen. „Ist es richtig, dass die Mine nie gefunden wurde?", frage ich ihn.

Er lacht etwas verlegen. „Es hat die Mine nie gegeben", ist dann seine verblüffende Antwort.

Er erzählt mir schließlich die erstaunliche Geschichte, dass der Deutschländer gar keine Goldader in dieser Gegend ausbeutete. Er fand seinerzeit in Wahrheit sein ganzes Gold in der Nähe von Sacramento, wo er einen besonders ergiebigen Claim stecken und alleine ausbeuten konnte.

Als dann der große Run auf Colorado begann, war es für den „Dutchman", wie ihn mein Gesprächspartner stets nennt, überhaupt nicht mehr nötig, mit den anderen zusammen 1000 Meilen östlich zu ziehen. Er hatte längst sein Glück gemacht.

Im inzwischen leergefegten Sacramento mochte er aber auch nicht bleiben. Wäre ja langweilig gewesen. So belud er eines Tages zwei Maulesel schwer mit seinen Nuggets, bestieg sein Pferd und machte sich über Nacht auf den Weg nach Süden. Da war niemand, der von seinem Aufbruch Notiz nahm, und auch auf der Reise ahnte keiner etwas von seiner kostbaren Fracht.

All seinen Besitz vergrub er in einer abgelegenen Felsgrotte der Superstition Mountains und entnahm dort portionsweise seine Nuggets, mit denen er sich im nahegelegenen Phoenix so gerne wichtigtat. Verschwand er dann für Wochen oder Monate, ließ er den ganzen Ort im Glauben, er arbeite am Goldabbau in seiner Mine. Doch in Wahrheit fristete er zwischenzeitlich ein zum Stadtleben konträres Dasein in der Bergwildnis.

Mit dem mysteriösen Gehabe löste er schließlich einen neuen Goldrausch in die Superstition Mountains aus, was ihn wohl selbst besonders amüsierte. Auch fand er es spannend, dass ihm immer wieder irgendwelche Ganoven nachstellten, mit denen er sich messen konnte.

Offenbar war Waltz ein Abenteurer vom Scheitel bis zur Sohle, dazu mit einem recht eigenartigen Sinn für Humor und einem fatalen Hang zur Selbstgerechtigkeit.

„Hier in den Bergen hat es nur wenig Gold gegeben", erklärt mir Buffalo Bill. „Eine echte Bonanza hätte man sonst längst gefunden. Hier wurde damals jeder Stein zweimal umgedreht", fügt er hinzu.

„Nun, die Grotte des Dutchman hat man dabei immerhin auch nie gefunden", wende ich ein.

„Wer damals danach suchte, bekam von ihm eine Kugel", meint Bill nun leichthin „aber dass man sie *anschließend* nie fand, ist so nicht richtig."

Als Waltz bei seinem letzten Ritt die ganzen übrig gebliebenen Goldvorräte aus der Höhle in die Stadt schaffte, um sie im Alter doch noch notgedrungen in einer Bank zu deponieren, sprengte er beim Abzug seinen Unterschlupf und bewahrte sein Geheimnis weiter.

Natürlich hatte der Urgroßvater Buffalo Bills diesen Urknall gehört und konnte sich einen Reim darauf machen. „Wir beließen es bei der Legende der verlorenen Mine, weil sie um einiges romantischer ist als eine gesprengte Felshöhle", meint nun Bill. „Mein Urgroßvater hat noch eine ganze Weile gute Geschäfte mit seiner Versorgungsstation gemacht. Das funktionierte nur, solange die Glücksritter annahmen, es gebe Gold in diesen Bergen."

Bill geht nun mit mir hinaus auf die Veranda, die auf die Bergseite blickt, und weist zu der hoch über uns liegenden Felsnase hinauf. „Erst vor einem Jahr hat man dort oben den Eingang zu einer mit Geröll verschütteten Grotte gefunden. Ein Historiker und ein Archäologe wollen es demnächst in Arizona Highways publizieren, wenn sie ihre Funde ausgewertet haben", meint er.

Unterhalb der Felsnase erkennt man sogar von hier

unten bei dem klaren Licht, die schwache Linie des Kraxelpfads.

„Dort führt der Hiking Trail vorbei", bemerke ich. „Da ist es verwunderlich, dass man die Höhle nicht früher entdeckt hat."

„Ganz recht, der Weg führt relativ nahe vorbei", antwortet Bill. „Der Historiker fand es zufällig beim Joggen. Als er mal austreten musste, hat er den verschütteten Eingang bemerkt", grinst er süffisant. Mich verwundert nur, dass jemand so bekloppt sein kann, um auf dem Trail des Schwierigkeitsgrades „strenuous" nicht nur zu kraxeln, sondern auch zu joggen, und komme bei dem Gedanken wieder ins Schwitzen.

Wir schauen weiterhin in Richtung der Bergnase. Auch Buffalo Bill amüsiert es, dass man die Grotte erst jetzt gefunden hat. Die Einheimischen hier unten – und das waren er und sein Ticketgehilfe – haben es schon längst gewusst. „Von der Überlieferung her", wie er mir stolz berichtet. Sie hätten nur an der Legende der verlorenen Mine festgehalten, weil es sich im Museum besser als „Publikumsmagnet" eigne, so Bill.

Ich frage mich, ob er nach der Publikation der historischen Tatsachen in *Arizona Highways* dann in der Tat weniger Besucher zu befürchten hat als nun, entgegne aber höflicherweise nichts.

Als ich wieder hinauf in die Fels- und Berglandschaft schaue, sehe ich eine kleine Staubwolke am Trailhead, die Dicks Abfahrt nach sicherlich beschwerlicher Tour ankündigt. Bei den Straßenverhältnissen wird es eine halbe Stunde dauern, ehe er hier ist. Also habe ich noch Zeit genug, den kleinen Curiosity Shop im Inneren des Museums anzuschauen.

„Ich gucke mich noch im Laden um, ob ich ein Souvenir finde", verkünde ich Bill. Der nickt zustimmend, zieht seinen Staubmantel aus, weil er sich nun wieder draußen niederlässt, legt sich in den Rocking Chair auf der Veranda und schiebt sich den Stetson über die Augen.

Sam Hawkins im Lädchen freut sich ebenfalls über jeden Besucher und Kaufinteressenten. Wahrscheinlich ist er am Umsatz beteiligt.

„Wie wäre es mit einer Schatzkarte, auf der die Lage der Lost Dutchman's Gold Mine beschrieben ist?" fragt er dienstfertig. Doch die könnte ich nach all den neuen Informationen jetzt besser malen als irgendwer sonst. Außerdem kann man sie überall beim Pokern gewinnen.

Ich sehe mich im Laden um und entscheide mich für einen Briefbeschwerer mit einem in Plexiglas eingegossenen Skorpion, den ich meinem Bruder nach Deutschland mitbringen will, kaufe für sechs Bucks noch drei garantiert indianische Obsidianpfeilspitzen, die in einem großen Fass gelagert werden. (Die Indianer mussten Unmengen davon verschossen haben.)

In einem – kleineren – Fass gelagert erblicke ich herrliche, altmodische Seidenkissenbonbons, wie es sie in meiner Kindheit noch in den Tante-Emma-Läden gab. Seit mehr als vierzig Jahren habe ich keine mehr gesehen, geschweige denn gegessen. Ich lasse mir eine große Tüte davon abwiegen, denn ich habe diesbezüglich einiges nachzuholen.

Sam Hawkins scheint mit dem Umfang meiner Einkäufe sehr zufrieden zu sein. Er schenkt mir noch drei Ansichtspostkarten mit Filmszenen von Elvis in der hauseigenen Wedding Chapel und verstaut alles in einer Packpapiertüte.

Draußen warte ich dann im Halbschatten der Ramada auf Dick und gehe ihm schließlich in Richtung der Straße entgegen, als die Staubwolke sich bis auf 500 Fuß genähert hat. Dabei krame ich die Obsidianpfeilspitzen noch aus der Tüte heraus und stopfe sie in die Hosentasche meiner Jeans.

Kurz darauf hält er neben mir, und ich steige rasch ein, um nicht zu viel Staub zu schlucken.

„Lass uns bis Tortilla Flat weiterfahren. Ich brauche jetzt ein Bier", verkündet er vergnügt, und ich denke an einen kleinen Icecream Parlour, den es ebenfalls in Tortilla Flat gibt und der gleich neben dem alten Western Saloon liegt.

„Wie war deine Wanderung?", frage ich neugierig.

„Du wirst es kaum glauben, aber ich habe den verschütteten Eingang zur Lost Dutchman's Mine entdeckt", erzählt er gut gelaunt.

„Wahrscheinlich, als du mal austreten musstest", vermute ich, und er konstatiert erstaunt meinen zutreffenden Befund.

„Ich habe dort sogar ein altes Hufeisen im Staub gefunden", begeistert er sich weiter und weist aufs Handschuhfach.

Ich ziehe ein altes, staubiges und rostiges Hufeisen daraus hervor und werde augenblicklich grün vor

Neid. Der Historiker und der Archäologe müssen es da oben glatt übersehen haben.

Ich erzähle Dick, dass es gar keine Mine gegeben hat, sondern dass der Deutschländer nur seinen Unterschlupf sprengte, nachdem er ihn nicht mehr benötigte.

Das tut Dicks Freude über seinen Fund aber keinen Abbruch, denn es geht ihm tatsächlich kaum um das Edelmetall, sondern vielmehr um den wahren Kern des Mythos.

„Du hattest immerhin deine Zweifel, dass es ein Pferd schafft, diesen Bergpfad zu gehen. Nun haben wir den Beweis, dass *sein* Pferd es schaffte", fährt er frohgemut fort. „Und das, was ich für einen verfallenen Stollen hielt, war immerhin der Eingang zu seiner Schatzhöhle."

Dem kann ich nicht widersprechen. Letztendlich erscheint sie mir als eine Art von Tempelmine, in der Jacob Waltz dem Götzen Mammon diente. Der verleitete ihn zu seinen menschenverachtenden Taten, andere bewusst in die Irre zu führen und schließlich zu ermorden.

Er hatte offenbar kein Unrechtsbewusstsein. Er glaubte sich im Recht, seine Verfolger zu töten. Doch er hatte seinen teuflischen Spaß an dem Spiel. Er war eine verlorene Seele gewesen. „Ein fliegender Deutschländer eben", denke ich im Stillen.

„Immerhin bin ich im Museum den historischen Fakten nachgegangen", versuche ich nun Dick gegenüber, meine Verdienste des heutigen Tages zu preisen, doch Museen sind auf einmal nicht mehr sein Fall. „Es geht doch nichts über Feldrecherchen", meint er selbstbewusst. In der Tat ist ihm dafür kein Berg der Superstition Mountains zu hoch gewesen.

„Hast du nichts Interessantes in der Wildnis erlebt? Du wolltest doch eigentlich in der Wüste fotografieren, statt in staubigen Museen herumzuschlurfen", provoziert er mich.

Mit dem Museum ist kein Staat zu machen, mit meinen Fotos aus der Wüste erst recht nicht. Das ist mir schon klar. Dennoch gebe ich mich nicht so leicht geschlagen.

Ich winde mich unter meinem Anschnallgurt, um die Pfeilspitzen aus den Tiefen meiner Hosentasche zu graben. „Ich habe einige Obsidianpfeilspitzen der Papago-Indianer im Wüstensand gefunden", prahle ich.

Obwohl er meine Fundstücke nicht eingehend untersuchen kann, weil er am Steuer doch auf die Straße achten muss, blickt er seitwärts an dem schwarzglänzenden Obsidianstück, das ich ihm hinhalte, vorbei und geradewegs auf den Aufdruck der Tüte neben mir, aus der ich mich die ganze Zeit an Seidenkissenbonbons gütlich tue.

„Lost Dutchman's Mine Curiosity Shop" steht in großen Lettern darauf. Das genügt ihm, was die Herkunft der Indianerpfeilspitzen angeht.

Und die Schwindelei will er mir offenbar nicht so einfach durchgehen lassen.

„Ach, ja. Ich habe übrigens hoch oben in einer ganz geschützten Senke auch einen Hain von Chollas entdeckt", fällt ihm nun noch betont beiläufig ein. „Es waren alles Teddy Bear Chollas, bis auf ein Exemplar am Rande, das sich von den anderen unterschied."

Ich weiß, was nun kommt. „Sie hatte anstelle von gelben ganz pink leuchtende Stacheln, war wunderbar anzusehen mit ihren zahlreichen hellgelben Blüten." Ich beiße mir empört auf die Lippen.

„Du hättest unbedingt dabei sein sollen", trumpft er nun auf. „Schon wegen eines Fotos. Ich konnte sie ja leider nicht ablichten, weil du darauf bestanden hast, die Kamera mitzunehmen."

Wir kamen im weiteren Verlauf unserer damaligen Reise noch bis nach Tucson, wo ich im Ostteil des Saguaro-Nationalparks eine gute, alte Bekannte aufsuchte, nämlich die Rangerin Kate, alias Lucky Luke, die der gewogene Leser noch aus den *Fish Tales* kennt.

Ein Botanikerteam war gerade im Park beschäftigt, weil man eine Abhandlung zum Vergleich der Wüstenflora von Tucson mit der von Phoenix publizierte.

Kate machte mich mit den Spezialisten bekannt, und ich musste natürlich mal wieder mit meiner Privatexpedition in die Superstition Mountains angeben, die jetzt drei Wochen zurücklag.

„Da waren wir vor vierzehn Tagen auch schon", sagte Jerry, ihr sympathischer Teamleiter. Er bat dann um einen Abgleich mit meinen Fotos.

Verlegen zeigte ich ihm auf meinem Kameradisplay die etwas mickrige Fotoserie, die so gar nicht zu meinem vollmundigen Bericht über meine Forschungsexpedition passte.

Aber Jerry wurde plötzlich aufmerksam. Er hatte die unscheinbaren, azurfarbenen Blütensternchen ins Visier genommen, die ich so sorgfältig herangezoomt hatte. Er druckte sie jetzt noch einmal vergrößert aus und studierte das Bild sehr ausgiebig. Nun gab er es hocherfreut an seine Kollegen weiter.

„Gratuliere, da haben Sie eine neue Spezies entdeckt", strahlte er mich an. „Sie haben dafür das Recht zur ihrer Namensgebung."

Dann zeigte auch er mir ein paar Bilder von seinem wichtigsten Fund in den Superstition Mountains. Er hatte eine Cholla mit pinkfarbenen Stacheln und hellgelbem Blütenkranz von allen Seiten abgelichtet. Sensationell. Eine Hoffmann Cholla!

„Sie stand weit oben im Berg in ungewöhnlicher Höhe und in einer geschützten Senke, vergesellschaftet mit einem kleinen Grove von Teddy Bear Chollas – und ganz in der Nähe des verfallenen Eingangs zur Lost-Dutchman-Höhle, an der jetzt die Archäologen graben," berichtete mir Jerry.

Da hatte ich den explorativen Forschungsgeist meines Gatten aber ausnahmsweise mal gehörig unterschätzt. Dick hatte sie sogar als erster gefunden, nämlich eine ganze Woche vor Jerry und seinem Team.

„Was sollen wir berichten, wie Sie die von Ihnen entdeckte blaue Wüstenblume nennen?", fragten mich nun die Botaniker gespannt.

„Azura peticula Dicksana", antwortete ich rasch und entschlossen.

Was geschah dann?

Nun, ich fand meine neuentdeckte, blaublütige Pflanzengattung ein paar Wochen später hocherfreut in *Arizona Highways* wieder.

Deren Fundort in den Superstition Mountains nahm der „Poor Old Editor" zum Anlass, sich auch noch einmal ausführlich mit der Legende des deutschen Dutchman auseinanderzusetzen. Dafür hatte er offenbar besonders tief in den Archiven gewühlt.

Demzufolge hat Jacob Waltz 1891 in Phoenix den Fundort seiner angeblichen Mother Lode doch noch auf dem Sterbebett weitergegeben. Und zwar an eine Dame namens Julia Thomas, die seine Krankenschwester war. Sie zeichnete nach seinen Angaben eine Karte.

Bereits 1892 machte sich Mrs. Thomas flugs mit einer Expedition in die Superstition Mountains auf, wurde aber an besagter Stelle nicht fündig. Wahrscheinlich hat der Deutschländer also noch im Tode eine falsche Spur gelegt.

Julia Thomas konnte trotzdem das Beste daraus machen und wurde reich, indem sie Abschriften der Schatzkarte für sieben Bucks das Stück verkaufte. Auch setzte sie sie gerne beim Pokern anstelle von Geld.

Nach unbestätigten Angaben sollen 8593 Goldgräber bislang nach dieser Karte in den Aberglaubenbergen die Lost Dutchman's Gold Mine gesucht - und nicht gefunden - haben. Dabei sind die drei mitgezählt, die zurzeit immer noch unterwegs sind. Die haben ihre Karten im Curiosity Shop des Museums gekauft, wo sie bis zum heutigen Tage angeboten werden - immer noch für sieben Dollar das Stück.

9. Gold ist, wo man's findet

„In den aufregenden Jahren des Klondike Goldrauschs wurde das Edelmetall im ganzen kanadischen Nordwesten und Alaska gefunden. Landesgrenzen waren dabei schlichtweg Formalität, und insgesamt kam sowieso die ganz überwiegende Mehrheit der Goldsucher aus den südwestlichen Teilen der Vereinigten Staaten. Im Zenit des Goldrauschs boomte Dawson City zur zweitgrößten Stadt des amerikanischen Westens, gleich hinter San Francisco.

Ich selbst bin in allen möglichen Minengebieten auf der ganzen Welt herumgekommen und fühle mich daher berufen zu sagen, dass Klondike wirklich alles ausstach, was ich jemals gesehen und gehört habe."

John W. Leonard in „A Fortune Seeker's Guide to the Yukon Region of Alaska and British America", 1897, in einer – ziemlich – freien Übersetzung von Doc.

„Nun habe ich endlich selbst mal Gold gefunden", dachte ich und drehte einen immerhin faustgroßen Klumpen gegen das Licht, das er nur so glänzte und strahlte. Ich sah ihn in einer kleinen Böschung aufblitzen, als wir den Johnston Canyon in den kanadischen Rocky Mountains von Alberta durchwandert hatten und uns nun auf dem Abstieg befanden.

Mit gebührendem Eifer klaubte ich mein goldglänzendes Fundstück mangels anderem Gerät mit bloßen Händen aus dem Erdreich.

„Nun lass das Fool's Gold doch liegen", nörgelte Dick, der es eilig hatte weiterzukommen und meinen

Goldgräberaktivitäten grundsätzlich skeptisch gegenüberstand.

Aber ich buddelte den lockeren schwarzen Boden bereits durch wie ein Köter auf der Suche nach einem Kaninchenbau. Ich stieß auf festeren Untergrund und fand tatsächlich noch eine zweite Pyritknolle, von ungefähr gleicher Größe wie die erste.

Nachdem ich sie unter Zuhilfenahme meines Halstuchs vom daran haftenden schwarzen Mutterboden befreit hatte, glänzte sie ebenso schön golden wie mein erstes Fundstück.

„Würdest du nun endlich die Güte haben weiterzukommen?", drängelte mein ungeduldiger Gatte.

Allerdings wurde ich schon von einem Grüppchen neugieriger deutscher Landsleute umringt, die uns von unten entgegenkamen. Sie gehörten offenbar zu einer Bustour und erwanderten heute ebenfalls als Touristen den Johnston Canyon.

Staunend nahmen sie meinen Fund in Augenschein, und die beiden großen „Nuggets" wanderten von Hand zu Hand.

„Als Eisenerz ist der Pyrit vom Gewicht her recht schwer und durch seine identische Farbe kaum von echtem Gold zu unterscheiden", hörte ich mich dozieren. Ich konnte es nun mal nicht lassen. „Es gibt aber ein untrügliches Unterscheidungsmerkmal auch ohne chemische Analyse."

Die Landsleute drängten sich noch näher heran und vom Pfad her kamen etliche nach.

Ich ergriff ein flaches Stück Schiefergestein, ließ mir eines meiner Nuggets wieder aushändigen und kratzte nun mit den spitzigen Pyritkristallen weiße

Linien in den Schiefer wie auf eine Schultafel, die ich dann hochhielt.

„Das ist der Unterschied", erklärte ich weiter. „Pyrit besteht aus kristallinem Eisensalz, während Gold als weiches Reinelement im Nugget keine scharfen Kanten aufweist, mit denen man Schiefer ritzen könnte."

Die Landsleute bedankten sich höflich bis fasziniert für die Demonstration.

„Sie haben da auf jeden Fall mit dem Mineral ein hübsches Souvenir gefunden", konstatierte ein älterer Herr mit hessischem Akzent.

Dieser Ansicht war ich nun auch, verstaute meine zwei Fundstücke sorgfältig in einer verschließbaren Seitentasche mit Reißverschluss meines Jack-Wolfskin-Anoraks und wünschte den anderen Deutschen noch eine gute Tour.

Während ein paar weniger mineralogisch Interessierte weitergingen, um die Schönheit des Canyons zu genießen, blieben die meisten an meinem Claim zurück und durchwühlten mit Stöcken den Waldboden, um sich auch ein Stückchen Pyrit als Andenken zu sichern.

„Die haben gerade mal eine halbe Stunde, um die Lower Falls zu erreichen", grummelte Dick, als wir weitergingen. „Das habe ich nämlich eben von ihrer amerikanischen Reiseleiterin erfahren, als du ihnen mit deinen Endlosvorträgen und Demonstrationen die Zeit raubtest. Sie werden die Wasserfälle nicht sehen und stattdessen den Boden aufwühlen wie Wildschweine auf Trüffelsuche."

„In Deutschland gibt es Pyrit nur in der Nähe von

Idar-Oberstein, und im Mineraliengeschäft kostet so ein Exemplar mindestens zehn Euros", gab ich unverzagt zurück, denn ich war von meinen Reiseführerqualitäten überzeugt und glaubte im Übrigen zu wissen, was für andere Leute gut ist.

„Pyrit gibt es immer da, wo Eisenerze sind, und das ist an vielen Stellen in Deutschland der Fall", wertete Dick meinen Fund mal wieder ab. Ich wusste, dass das stimmte, aber so gute mineralogische Kenntnisse hatte ich ihm gar nicht zugetraut.

Wir erreichten die *Johnston Canyon Lodge*, ein massives Blockhaus, das oberhalb des Trailheads am Waldrand stand. Davor gab es eine nette Terrasse mit Tischen, Stühlen und Sonnenschirmen und im Inneren eine große Kühltheke mit Bottled Beer der verschiedenen Sorten. Dick holte uns zwei Flaschen Budweiser auf die Terrasse hinaus, und als wir in der Sonne saßen und das kühle Bier tranken, wusste ich plötzlich, warum er es im Wald so eilig gehabt hatte, weiterzukommen. „Auf uns wartet kein Bus. Und du kannst dir, wenn du willst, ein zweites und drittes Bier holen. Ich esse mir derweil ein Eis und übernehme dann gleich die Weiterfahrt", sinnierte ich selbstlos, denn es gab auch noch Softeis in drei Geschmacksvarianten.

„Nichts anderes hatte ich vor", grinste Dick nun gemütlich, lehnte sich zurück und legte die Beine aufs angrenzende Holzgeländer hoch.

Wir waren heute schon weit gewandert, hatten nicht nur die Lower, sondern auch die Upper Falls des Johnston Canyon gesehen, waren am Ende dieser gigantischen Felsschlucht einen steilen Ziegenpfad zur Hochebene heraufgeklommen, auf der es wundervolle Bergwiesen mit Wildblumen gab.

Dort fing bereits Backcountry und Grizzlyland an, für das man sich hier unten im Rangeroffice eigentlich registrieren musste. Das hatten wir versäumt, weil wir nicht geplant hatten, so weit zu laufen. Schließlich mussten wir die anstrengende Tour noch auf dem gleichen Weg zurückgehen.

So konnten wir, glücklich wieder am Trailhead angelangt, eine ausgedehnte Pause wirklich gebrauchen.

Jetzt sahen wir unsere Landsleute zurückeilen, damit sie pünktlich wieder zu ihrem Bus kommen würden. Sie konnten sich keine Rast auf der Terrasse gönnen, um ein oder zwei Bier zu trinken, obwohl man einigen ansah, dass sie genau das gerne getan hätten.

Ein paar von ihnen winkten uns zu, als sie vorbeihasteten – meine eifrigsten Zuhörer von eben.

Der Herr mit hessischem Akzent schwenkte uns sogar ein güldenes Mineral entgegen, um mir zu zeigen, dass auch er fündig geworden war. Es schien allerdings deutlich kleiner zu sein als meine Pyritknollen.

„Gold is where you find it", rief er fröhlich herüber. Er hatte auch im Englischen einen hessischen Akzent.

Der Spruch war damals das Leitmotiv der Glücksritter beim Gold Rush im Yukon. Der Hesse hatte offenbar seine Hausaufgaben gemacht.

„Wahrscheinlich sind unsere Landsleute mit ihrem

Bus den Alaska Highway aus dem Yukon hier heruntergekommen", sinnierte ich ob seiner guten Insiderkenntnisse.

Als ich eben vor ihnen meinen Vortrag hielt, hatte ich es ganz versäumt, mich nach ihrer Tourenroute zu erkundigen. Dick wusste von ihrer Reiseleiterin nur, dass sie sich bereits auf der Rückreise befanden und morgen von Banff zum Flughafen Calgary fuhren, um ihren Flug nach Deutschland anzutreten.

„Die sind wohl kaum aus dem Yukon heruntergekommen", meinte Dick. „Schau dir doch den Bus an." Und er zeigte hinüber zum Parkplatz, wo ihr Gefährt gut sichtbar die Büsche überragte.

Es war in der Tat einer der Luxusliner, die nur für die gut ausgebaute Highwaystrecke von Banff im Osten der kanadischen Rockies bis Vancouver an der Westküste (und zurück) geeignet waren. Das ging auf der Strecke von Jasper nach Banff immerhin durch den landschaftlich grandiosen Icefield Parkway mitten durch die Rocky Mountains.

Morgen würden wir auch von Banff aus kommend in dieser Richtung nach Jasper weiterreisen, und ich freute mich schon auf die Etappe.

Der Motorlärm des Busses reißt mich aus meinen Gedanken, und ich sehe, dass der Touristenliner auf dem Highway nach links einbiegt, also in Richtung Banff, wo wir auch unser heutiges Quartier machen.

Wahrscheinlich werden wir unsere Landsleute heute Abend im *Waldhaus* wiedertreffen, dem deutschen Restaurant des großen *Banff Hotel*. Es ist einem Schwarzwaldhaus nachempfunden und liegt im Waldpark des historischen Hotels nahe beim Wasserfall des Bow River.

Auch Dick sinniert nun über unseren weiteren Reiseverlauf. Als wir bald darauf ebenfalls auf der Fahrt in Richtung Banff sind, führen wir uns unsere Strecke noch mal vor Augen.

Im Gegensatz zu unseren busfahrenden Landsleuten schlagen wir ab morgen via Jasper eine Route ein, die uns über den Alaska Highway 1000 Meilen strikt nach Norden führt. Wir werden dem Yukon River folgen, einige Tage in Whitehorse bleiben und dann immer weiter nördlich in die fantastische Fjordlandschaft Alaskas eindringen.

Heute war unser erster Tag, der Beginn einer langen sechswöchigen Reise – und ich hatte doch immerhin schon „Gold" gefunden. Was mochte ich im weiteren Verlauf dieses Abenteuers noch alles finden und erleben?

Als wir abends dann in Banff im *Waldhaus* einkehren, sitzen an einem langgezogenen Tisch wie erwartet die Mitglieder der deutschen Reisegruppe. Sie haben bereits gegessen und sich an Schnitzel gütlich getan, was sie uns nun auch wärmstens empfehlen.

Warum auch nicht? Steaks können wir schließlich während der folgenden Wochen überall im Land noch essen.

Die anderen Deutschen sitzen jetzt noch über einem Glas Bier, und der Herr mit dem hessischen Akzent lässt gerade seinen heute im Johnston Canyon erbeuteten Mineralfund von Hand zu Hand kreisen, wirklich ein mickriger, kleiner Klumpen.

Schade, dass ich meine Prachtpyrite in meiner Wanderjacke im Motel gelassen habe, sonst könnte ich hier noch einmal richtig damit auftrumpfen, wo sie jetzt alle so schön beisammensitzen und endlich mal etwas Zeit und Muße haben.

Doch ich komme trotzdem noch zu meinem Auftritt.

Der Hesse drückt mir sein Fundstück in die Hand und bittet mich, es mir genauer anzuschauen. „Sie sind doch hier schließlich die Expertin."

„Es sieht nämlich wirklich wie ein richtiges Goldnugget aus", sagt eine kleine, ältere Dame aus der Runde, und einige andere nicken.

„Das hat das Katzengold halt so an sich", gebe ich überlegen von mir, während ich den kleinen Klumpen auf meiner offenen Handfläche abwiege. „So ein kleines Stück Pyrit hätte ich gar nicht erst aufgehoben", denke ich im Stillen, will aber jetzt noch mal mit meinem untrüglichen Nachweisverfahren vor meinen Bewunderern den großen Houdini geben.

Ich stehe auf und schreite auf die Schiefertafel zu, auf der die Tagesgerichte mit Kreide aufgezeichnet stehen.

„Ich schreibe Ihnen mal mit dem Gestein eine Dessertempfehlung an die Tafel", feixe ich, und alle schauen mich erwartungsvoll lächelnd an.

Ich versuche die Schiefertafel mit dem Mineral zu ritzen, aber sie bleibt blank und schwarz. Erstaunt nehme ich es noch mal in Augenschein. Es hat tatsächlich keine schärferen Kanten und ist gleichmäßig abgerundet. So schlage ich den kleinen Klumpen schließlich energisch auf die obere Kante der Schiefertafel.

Und siehe da, der schmale güldene Seitenrand des Gesteins ist durch den Aufprall eingedellt. Es besteht kein Zweifel mehr.

Es ist weicher als Schiefer. Es ist echtes Gold.

Der kleine Klumpen ist allerdings noch mit Beimengungen von anderem Gestein durchsetzt. Dennoch: Ich könnte grün werden vor Neid.

Wenn ich dieses sensationelle Ergebnis nun lauthals bekannt mache, kehre ich wenigstens noch mal den Experten heraus.

Als ich das Nugget seinem stolzen Besitzer zurücküberreiche, verkünde ich also feierlich: „Sie haben Riesenglück gehabt. Es ist ein echtes Nugget. Beim Preis von ungefähr 600 Bucks für die Feinunze ist ihr Fundstück mehrere hundert Dollar wert. Wie viel genau, kann man erst sagen, wenn man das Gold herausschmelzt"

Die Tischrunde ist nun ganz aufgeregt.

„Kann man morgen nicht ein paar Stunden früher starten und noch einen kleinen Schlenker über den Johnston Canyon machen?", schlägt ein Bayer der amerikanischen Reiseleiterin vor. Er hat sogar im Englischen einen bayrischen Akzent.

„Wie früh wollen Sie denn dann starten? Ihre Maschine geht doch schon um 10 Uhr morgens ab Calgary", antwortet die Dame scheinbar resolut, doch mir wirft sie einen verzweifelten Blick zu.

Also muss die Expertin noch mal ran: „Es handelt sich bei dem Fundstück um einen winzigen, in sich geschlossenen Monolithen, der mit dem Eisenerz vergesellschaftet war. Das ist dann keine Ader, sondern reiner Zufall. Sie könnten im Johnston Canyon Tonnen von Gestein umdrehen. Sie würden mit hoher Wahrscheinlichkeit nichts mehr finden."

„Dann habe ich ja richtig Glück gehabt", sagt der Hesse gutgelaunt und bestellt für Dick und mich ein Glas Dornfelder Rotwein. Wir prosten dem glücklichen Finder zu.

Bei den Weinpreisen hier im *Waldhaus* ist er nun ein knappes Gramm seines Goldfunds im Gegenwert wieder los.

„Das Nugget lasse ich nicht einschmelzen", sagt er noch zu uns, als seine Gruppe aufbricht. „Ich behalte es immer als Erinnerung an diese schöne Reise."

Ich habe es dann plötzlich auch eilig mit dem Aufbruch und drängele Dick, sein Glas Wein zu leeren.

„Ich weiß schon, wo du hinwillst", meint dieser nur. „Der Outdoor Supply an der Banff Trading Post hat ja bis 10 p.m. auf, und du willst dir für morgen noch eine Picke und einen Spaten besorgen, wenn du in den Johnston Canyon zurückkehrst."

„Wie schön, wenn man einen Partner hat, der einem die Wünsche von den Augen abliest", denke ich. „Exakt", sage ich mit freudiger Erwartung. „Die verkaufen dort auch Goldwäscherpfannen", füge ich hinzu, denn die Sandbänke des Johnston River werde ich ebenfalls quantitativ durchsieben müssen.

Leider belässt es Dick des Öfteren dabei, meine Wünsche nur abzulesen. So auch in diesem Fall.

„Du glaubst doch selbst nicht, dass ich nur einen einzigen Urlaubstag verlieren will, um, wo auch immer, den Boden wie ein Maulwurf umzugraben," versucht er, mir meinen Plan auszureden.

„Warum nicht? Das mit dem vereinzelten Monolythen war von mir mal wieder erfunden. Das habe ich nur behauptet, um die Reiseleiterin vor einem plötzlichen Goldrausch unserer Landsleute zu bewahren."

„Der Bus kam geradewegs aus Jasper, bevor sie den Canyon besuchten. Dort hatte die Gruppe Zeit zur freien Verfügung", fährt Dick ganz gelassen fort. „Und es gibt einen Mineralienshop in Jasper, der genau solche kleinen Nuggets für 150 bis 200 Bucks an die Touristen verkauft. Da hat sich der Hesse sein Souvenir geholt und später simuliert, es im Johnston Canyon im Waldboden gefunden zu haben."

„Die Nuggets, die in Jasper verkauft werden, stammen ganz bestimmt trotzdem aus dem Johnston Canyon", insistiere ich.

„Dann kaufe ich dir morgen am frühen Abend in Jasper ebenfalls ein Nugget – aus dem Johnston Canyon oder nicht", verspricht Dick feierlich. „Damit kannst du auf der ganzen weiteren Reise angeben, indem du gegenüber anderen Touristen so tust, als hättest du es gerade vor Ort aus dem Boden gebuddelt – und das sechs Wochen lang."

Ich denke kurz über diesen Vorschlag nach, lächele dann zufrieden und bestelle uns noch eine Runde Rotwein.

Was geschah dann?

Sechs Wochen später kehrten wir zurück und saßen mal wieder im *Waldhaus* bei überteuertem Dornfelder Wein. Morgen würden wir zurück nach Calgary fahren, um von dort unseren Rückflug nach Düsseldorf anzutreten.

Etwas traurig und wehmütig waren wir, weil der Urlaub zu Ende ging, doch konnten wir froh sein mit den vielen schönen Erinnerungen, wobei uns die unglaublichste Geschichte in Whitehorse widerfahren war.

Gold hatten wir weder in Dawson City, in Klondike noch sonst irgendwo gefunden. Nicht einmal in Jasper, denn im dortigen Mineraliengeschäft wurde uns gesagt, dass ihre Nuggets gerade ausverkauft seien. Sie stammten im Übrigen aus den Black Hills von North Dakota ...

Ach ja, mein gefundener Pyrit war schließlich für uns noch Gold wert. Und damit sind wir schon mitten drin in der nächsten Geschichte.

10. Gletschereis und Geigerzähler

Es begab sich in den kleinen Orten Hyder und Stewart.

Hyder ist ein Geisterstädtchen am allersüdlichsten Zipfel Alaskas, wobei sein Nachbardorf Stewart allerdings keinesfalls der nördlichste Flecken Kanadas ist.

Hier in den beiden Zwillingsdörfern verschiedener Nationen, verbunden durch einen gemeinsamen Fjordhafen, ist die Staatsgrenze zwischen den USA und Kanada nur eine reine Formalität – auf den ersten Blick zumindest.

Der kleine Wurmfortsatz Alaskas, der sich an einem 150 Meilen langen Fjord mit zahlreichen Gletschern entlangzieht, ist gänzlich vom Terrain der kanadischen Provinz Britisch-Kolumbien umgeben.

Und damit der geneigte Leser stets und zuverlässig erkennt, in welcher Nation wir uns gerade befinden, mache ich die Entfernungsangaben entsprechend in Kilometern oder in Meilen, also mal metrisch und mal diametrisch.

Das verstehen Sie jetzt nicht? Nun, die Diagonale eines Quadratkilometers entspricht nach meiner – ziemlich – groben Schätzung in etwa einer Meile.

Von Alaska her führt keine Landverbindung zum südlichsten Ort des nördlichsten US-Bundesstaats. Ohne Grenzübertritt erreicht man Hyder nur per Schiff über den langen Seearm.

Vom berühmten Yellowhead Highway Kanadas ausgehend gibt es allerdings eine über 500 Kilometer lange Stichstraße durch unendliche Wälder, die den gemeinsamen Fjordhafen von Stewart und Hyder – automobiltechnisch – mit dem Rest der Welt verbindet.

Nun, was hatten wir auf diesem abgelegenen Flecken zu schaffen? Eigentlich gar nichts – insbesondere, wenn es nach Dick gegangen wäre. Doch mich trieb mal wieder die Neugierde.

Ich weiß, es ist gemein, die Fahrtroute in fremden Landen einfach abzuändern, wenn man selbst am Steuer eines Mietwagens sitzt und der Partner gerade voll Vertrauen in die Fahr- und Navigationskünste seines Reisegefährten den Schlaf des Gerechten schläft.

Aber bei meinem selbstherrlichen Gatten, der sich bei einer Tourenplanung immer großzügig über meine Wünsche hinwegsetzt, bedarf es hin und wieder eines Winkelzugs, um die wirklich spannenden Hotspots eines Urlaubs nicht zu verpassen.

Und als solchen empfand ich Hyder, den südlichsten Ort Alaskas.

Begründen konnte ich es nicht, doch manche Lokalitäten ziehen mich eben magisch und magnetisch an, oft in Situationen, wenn ich Hunderte von Meilen geradeaus gefahren bin und dann ein Straßenvoranzeiger auf eine Rechtsabbiegung kommt. Linksabbiegungen lasse ich übrigens grundsätzlich und im wahrsten Sinne des Wortes links liegen, selbst wenn sich unser eigentliches Fahrtziel auf dieser Strecke befindet.

So kommt es, dass wir hin und wieder auch mal andere Stätten zu Gesicht bekommen als solche, die

Dick sich an langen Winterabenden in unserem Heim in Solingen zusammengeplant hat – in Übergehung meiner spezifischen Neigungen, versteht sich.

Und im Nachhinein können wir doch froh sein, dass ich mich der magnetischen Magie des Rechtsabbiegerschildes „Stewart, British Columbia: 550 km; Hyder, Alaska: 553 km" nicht widersetzt habe.

Geradeaus hätte ich nach weiteren anderthalb Fahrtstunden den westlichen Endpunkt des Yellowhead Highway bei Prince Rupert erreicht, von dessen Hafen aus wir uns morgen eigentlich nach Vancouver Island einschiffen wollten. So der Plan.

Aber ich wollte unbedingt noch mal nach Alaska. Und Vancouver Island würde uns schon nicht wegschwimmen.

Die angekündigte Rechtseinmündung des kleinen Highways kommt näher, noch 500 Meter. Ich schiele zur Seite. Er schläft fest, Gott sei Dank.

Ich gehe vom Gas und ziehe das Steuer herum. Ich weiß, es ist hundsgemein. Aber ihn zu wecken, um es auszudiskutieren, wäre unhöflich. Und Unhöflichkeit will ich mir schon gar nicht nachsagen lassen.

Geschickt und fürsorglich weiche ich nun auf dem holprigen Sträßchen, in das ich soeben einbog, unzähligen Schlaglöchern im Asphalt aus, um seinen Schlummer ja nicht zu stören.

Die Fahrt geht durch unendliche Wälder, einsamste kanadische Wildnis.

Der Fuß der Berge in circa 200 Kilometer Entfernung ist der „Point of no Return". Wenn ich es soweit geschafft habe, in diese Stichstraße einzudringen, können wir nicht mehr drehen, weil der Sprit nicht mehr reicht. Dann kann es nur noch nach Stewart weitergehen, wo es bestimmt nicht viele, aber immerhin eine Tanke gibt.

Noch sehe ich längst nicht die Berge, nur dichten, dunklen Tann ringsum. Solange das Land flach ist, verläuft der Highway schnurgerade hindurch.

An den Rändern ist ein jeweils drei Meter breiter Rasenstreifen. Der wird hin und wieder gemäht und von Gesträuch freigehalten, damit man eine Chance hat, aus dem Wald tretendes Wild früh genug zu erkennen, um zu bremsen oder auszuweichen.

Das klappt natürlich nicht immer. Ich sehe Reh, Skunk, Dachs und Waschbär tot am Rand, und das auf einer so selten befahrenen Straße.

Mir ist auf der ganzen Strecke seit dem Abzweig noch kein anderer Wagen entgegengekommen, und ich fahre bereits eine gute halbe Stunde.

Das ist auch gut so, geht es mir durch den Kopf. Denn auf einsamen Strecken ist es üblich, dass sich entgegenkommende Fahrzeuge durch ein kurzes Hupsignal begrüßen, wenn sie auf der Piste aneinander vorbeifahren.

Man macht etwas langsamer und schaut zum anderen hinüber, eine Höflichkeitsgeste, um sich zu vergewissern, dass bei ihm alles in Ordnung ist.

Wenn ein Fahrzeug liegengeblieben und offensichtlich nicht am Rand geparkt oder abgestellt ist, gilt es als ehernes Gesetz, zu stoppen und seine Hilfe anzubieten.

Auch Tiere, Bäume oder Geröll auf der Fahrbahn zeigt man sich gegenseitig an. Der Vorbeifahrende hebt seine Innenhandfläche als Achtungssignal nahe zur Frontscheibe und deutet anschließend mit dem Daumen über seine Schulter, um auf ein Hindernis, welcher Art auch immer, hinzuweisen.

In der Ferne taucht nun ein Truck auf. Himmel, die haben besonders laut tönende Hupen. Ich sende ihm ein Lichtsignal, und er antwortet glücklicherweise ebenfalls mit der Lichthupe. Aber da, er macht deutlich langsamer, und nun in guter Sichtweite das Zeichen. Da ist was mit der Piste.

Ich hebe dankend die Hand und mache langsamer.

Und ich sehe es von weitem. Schwarzbären sind sehr gut auszumachen. Aus der Ferne bereits als dicker schwarzer Fleck, in der Regel gut abgehoben vom grünen Gras des Seitenstreifens.

Hier sind die Fahrbahnränder sogar gelb von blühendem Löwenzahn. Da zeichnet sich sein großer schwarzer Umriss noch deutlicher ab.

Löwenzahnpflanzen fressen Bären besonders gern. Im Frühjahr so kurz nach dem Winterschlaf sind sie sogar ihre Hauptnahrungsquelle. Es ist also kein Wunder, hier auf einen zu treffen.

Ganz langsam nähere ich mich. Er befindet sich links, ziemlich nahe am Fahrbahnrand. Der Petz hält kurz mit dem Ausrupfen der gelben Blumen inne. Er dreht mir seine Nase zu, wittert in meine Richtung, stellt die Ohren auf.

Als ich langsam vorbeifahre, legt er die Ohren nach hinten und blinzelt gutmütig. Auch eine Art zu grüßen. Ich blinzele zurück. Das mit den Ohren klappt bei mir nicht so richtig. Aber er hat wohl verstanden. Friedlich äst er weiter.

Ich schaue auf die Tankuhr. Dick zu wecken und ihm den Bären zu zeigen, den er garantiert gerne sehen würde, ist zu riskant. Er würde mich umgehend vom Steuer verdrängen und sofort drehen, dann zurückfahren in der Hoffnung, dass der Sprit noch die 300 Kilometer bis Prince Rupert reicht, was sicherlich gar nicht der Fall wäre. Also weiter!

Nun geht es durch ein Flusstal, und ganz unvermittelt kommt man ins Bergland. Zunächst sind nur hohe Felskuppen zu passieren, die Fluss und Straße säumen. Dann sehe ich durch Felslücken majestätische, schneebedeckte Berge im Hintergrund. Die Bodenbeschaffenheit wird steinig, überall heller Granit. Der Schotter am Flussrand ist fast weiß von Quarz. Fluss und Sträßchen schlängeln sich um die steilen Klippen herum.

Ich kenne die Gegend nicht gut genug von der Karte her, um einschätzen zu können, ob mir noch eine Passstraße bevorsteht.

Aber nein, das Tal wird breiter. Der Ausläufer des Fjords greift hier tief hinein in den Weg, den der Fluss sich gebannt hat. Hier kommt die See dem Fluss entgegen.

Der Highway führt nun mitten durch diese grandiose Gletscherlandschaft. Bergzacken türmen sich hoch auf beiden Seiten. Die höchsten sind mit Schneeadern überzogen. Zwischen den Zacken hängt das hellblaue Gletschereis, ein traumhafter Anblick.

Dick wird wach und reibt sich verwundert die Augen. „Das ist nicht der Fluss der Tausend Nebel", sagt er noch ganz verschlafen.

Aber nicht doch, hier ist es sogar noch romantischer als im breiten Flusstal des Skeena River, der schnurstracks nach Prince Rupert führt und dort ins Meer mündet. Der Name *Skeena* ist indianisch und bedeutet „Strom der Tausend Nebel".

Zu gerne würde ich ihm nun ebenfalls poetisch und blumig antworten, wo wir uns befinden. Doch das von mir so eigenmächtig erkorene Reiseziel ist Alaska, dessen Name vom aleutischen *Alaxsxaq* stammt und schlicht und einfach „Festland" bedeutet.

„Wir sind gleich in Alaska", antworte ich daher kurz und prägnant und bin mir sofort bewusst, dass jetzt ein Donnerwetter folgt.

„Bist du denn von allen guten Geistern verlassen? Was zum Teufel treibt dich nach Alaska? Wie sollen wir morgen früh um 6 Uhr unsere reservierte Fährfahrt antreten, wenn wir 700 Kilometer vom Hafen entfernt in Stewart wohnen."

Dick ist mit einem Schlag hellwach – und alle Achtung: Er kennt sich in der Gegend aus. Orts- und Kilometerangaben stimmen exakt. Außerdem fällt mir auf, dass er das kanadische Stewart als unser Übernachtungsdomizil angibt, und ich hatte eigentlich vor, mich im alaskischen Hyder einzuquartieren.

Doch darüber werde ich jetzt nicht streiten. Die beiden Zwillingsorte Stewart und Hyder liegen ja eh nur drei Kilometer auseinander. Man muss auch großzügig und tolerant miteinander umgehen, auf so einer Reise.

Davon ist Dick aber noch weit entfernt. Er zetert immerzu, während ich weiterfahre. Offenbar hat ihm aber schon ein Blick auf Tacho und Benzinuhr gezeigt, dass es keinen Sinn hat umzukehren.

Na also, nun schaut er sich allmählich rechts und links die Gletscherspalten an. „Ist ja schon eine grandiose Fjordlandschaft", entfährt es ihm, als ich um eine Klippe biege und sich das Flusstal dahinter wieder unseren Blicken öffnet.

Und dann kommt das Beste, das uns beide gleichermaßen fasziniert: der berühmte Bear Glacier.

Hoch über uns zu unserer Linken hängt im Fjord, der den breiten Strom begrenzt, eine schier unglaubliche Eismasse aus einem tiefen Felseinschnitt heraus. Ausladend überdecken blendend weiße Schneewogen die gesamte Fläche unterhalb des hellblauen Gletschereises und münden breit in einen türkisfarbenen See, von dem sich dann ein Schmelzwasserfluss in den Strom ergießt.

Wir haben auf dem hier breiteren Fahrbahnrand des Highways geparkt, sind ausgestiegen und ganz in den traumhaften Anblick vertieft.

Das Röhren einer Harley reißt uns aus unseren Gedanken. Kurz darauf hält der Motorradfahrer ebenfalls am Straßenrand, parkt seine Maschine hinter unserem Wagen, legt seinen Helm ab und kommt auf uns zu.

„Herrlicher Blick hier, was?", meint der junge Mann großspurig, ganz als ob der Gletscher ihm gehöre. Dann stellt er sich neben uns und schaut sich das Naturwunder auch eine Weile schweigend an.

Schließlich plaudern wir doch miteinander. So erfahren wir, dass der Motorcyclist in der Tat etwas ältere Rechte am Bear Glacier hat als wir selbst.

Greg, wie er sich nun vorgestellt hat, ist nämlich in dieser Gegend geboren. Allerdings zog seine Familie bereits früh hier weg, der politischen Karriere seines Vaters folgend, der sich in der Neuen Demokratischen Partei Kanadas engagierte und sich nun in der Provinzhauptstadt Victoria um die Belange Britisch-Kolumbiens kümmert, insbesondere in Umweltfragen, wie uns Greg erzählt.

Nachdem ich mir ausgiebigst den Gletscher angeschaut habe, schleiche ich nun etwas neidisch um Gregs Harley Davidson herum. „Sie hat also immerhin einen Radius von 500 Kilometern", mutmaße ich. „Ja, besonders wenn man einen Reservekanister dabeihat", grinst Greg.

Der Junge studiert in Victoria Forstwirtschaft, wahrscheinlich schon in einem höheren Semester. So ganz jung ist er für einen Studenten nämlich auch nicht mehr. „Ich war aber auch mal zwei Jahre als Skilehrer in Kitzbühel", berichtet er nun sogar in etwas holprigem Deutsch. „Der ist bestimmt ein Abenteurer und Weltenbummler", denke ich und werde noch eine Spur neidischer.

Jetzt ist er allerdings zu einem Verwandtschaftsbesuch unterwegs. Im nur noch 30 Kilometer entfernten Stewart lebt sein Onkel und betreibt das dortige historische Hotel namens *King Edward IV*, das Stammhaus der Familie.

Er empfiehlt es uns für unseren dortigen Aufenthalt. „Es gibt zwar noch ein paar kleine Motels am Ort, aber da steigen eigentlich eher Leute ab wie Sportfischer, die es etwas rustikaler mögen und ihren Fang im Bad ausnehmen. Und das einzige winzige Motel in Hyder, Alaska", fährt er fort, und ich spitze schon die Ohren, „… ist eine einzige Bruchbude", beendet er den Satz. „Aber der kleine Geisterort ist ansonsten recht originell. Da haben sich einige ganz nette Freaks niedergelassen, unter anderen auch ein alter Freund meines Vaters, der da einen Grocery Store betreibt."

Wir verabschieden uns fürs Erste, und Dick und ich erfreuen uns am satten Sound seiner Harley, der ich mal wieder neidvoll hinterherschiele.

„Warum mieten wir uns nicht mal eine Harley, statt immer diese Spießerschlitten zu fahren?", murre ich und weise verdrießlich auf unseren Bentley. „In erster Linie, weil du keinen Motorradführerschein hast und ich dann ständig chauffieren müsste", erwidert Dick ungerührt.

Schnell lasse ich das Thema wieder fallen. „Nicht auszudenken, wenn er ständig fahren und die Fahrtroute bestimmen würde, wo er doch stattdessen so gerne auf dem Beifahrersitz schläft", kichere ich in mich hinein.

Doch da werde ich schon wieder aus meinen vergnügten Gedanken gerissen. „Und denke ja nicht, dass wir nach Alaska einreisen und uns den lästigen US-Zollmodalitäten noch mal unterziehen, nur um dieses Kaff Hyder zu sehen", tönt Dick nun. Einfach reden lassen.

Nach kurzer Fahrt erreichen wir den landschaftlich schön gelegenen kanadischen Ort Stewart, wo der Fjord sich nun zum großen Seearm erweitert. Das Dorf liegt am Ende dieser Bay bei der Einmündung des breiten Flusses, dem wir folgten. In einiger Entfernung sehen wir etliche Fischerboote und größere

Kähne liegen. Es ist der gemeinsame Hafen von Stewart und Hyder.

Das *King Edward IV* liegt gleich am Highway, der hier zur Küstenstraße wird und beim Hafen endet. Von dort führt dann nur noch eine Schotterpiste zwei Kilometer weiter, die jenseits der alaskischen Grenze dann auch den kleinen Nachbarort Hyder ans Straßennetz anbindet.

Da die Gegend so schön ist, quartieren wir uns nun doch für zwei Tage ein. Wenn man schon so weit gefahren ist, will man auch die Gegend etwas erkunden. „Auf der kanadischen Seite", wie Dick immer noch stur beharrt.

Ich telefoniere vom Hotel aus mit der Fährstation in Prince Rupert und verschiebe den Zeitpunkt unserer Schifffahrt nach Vancouver Island einfach um zwei Tage. Na also, geht doch.

Für heute spazieren wir nur noch ein wenig an der schönen Fjordküste entlang, finden in Stewart ein nettes Lokal zum Fischessen und sitzen abends auf der Holzveranda unseres behaglichen, historischen Hotels, wo sich auch Greg noch eine Stunde zu uns gesellt, weil er sein Deutsch ein wenig auffrischen will. Wir teilen uns zwei Sixpacks Molston, das kanadische Bier mit dem roten Ahornblatt auf der hellsilbrigen Dose.

Der junge Mann kann uns als Ortskundiger noch ein paar gute Tipps geben, für das unvermeidliche „Wildlife & Landscape Viewing" am nächsten Tag.

„Landschaftlich besonders schön ist der 25 Kilometer entfernte Salmon Glacier. Es ist der viertgrößte Gletscher weltweit, und der größte, den man von einer

Straße aus sehen kann, ohne ihn sich erst auf einer mühsamen Backcountry Tour zu erwandern." Dick und ich staunen.

„Dass man ihn ‚von der Straße aus anschauen' kann, hört sich allerdings auch etwas einfacher an als es sich dann darstellt", räumt Greg ein. „Es ist eine ganz strapaziöse Tour, und ihr leiht euch besser hier unten einen Jeep, wenn ihr da hinaufwollt. Auf der sehr schmalen Staubpiste geht es von der See zum Himmel, von 0 auf über 1600 Meter hinauf und das in einer Distanz von nur 20 Kilometern. Obwohl der Salmon Glacier in Britisch-Kolumbien liegt, muss man übrigens durch Hyder, Alaska, um ihn zu erreichen. Es gibt keine andere Zufahrt."

„Dann lassen wir es ganz sein", bestimmt Dick mal wieder diktatorisch. „Ich habe absolut keinen Bock mehr auf den US-Zoll, die haben uns auf dieser Reise schon bei Dalton Cache und hinter Skagway genügend genervt."

„Hier in dieser Abgeschiedenheit ist die Landesgrenze aber nur eine reine Formalität", lacht Greg.

Am nächsten Morgen will ich unbedingt ein paar Aufnahmen vom Hafen machen, und wir fahren hinaus. „Hier gibt es aber gar nicht viel zu sehen", meint Dick angesichts der Kähne, Hallen und einiger Werftkräne. „Dieser Hafen konkurrierte bis 1940 mit Prince Rupert um die Vorherrschaft", behaupte ich kühn.

„Kaum zu glauben", meint Dick, „bei der ungünstigen Lage ganz am Ende eines Fjords." – „Aber mit 1-a-Anbindung an Alaska", kontere ich, und damit sind wir wieder beim Thema.

Dick will nicht nach Alaska, aber ich schon. Da geht es auf der kleinen Schotterpiste nach Hyder weiter. Nur noch ein einziger Kilometer, und man passiert die Grenze, die ja sowieso eine reine Formalität ist.

Schließlich und letztendlich tut er mir den Gefallen. An der Grenze gibt es ein kanadisches und ein US-amerikanisches Häuschen – eher Verschläge. Und in der Tat ist kein Mensch da. „Ist ja so einfach, wie wenn man von Aachen aus ins niederländische Vaals fährt", wundert Dick sich, und ich tue so, als wäre mir das von Vorneherein klar gewesen.

Kurz dahinter führt die Piste mitten durch das Dörfchen Hyder. Es stehen einige alte Gebäude rechts und links ihres „Broadway", aber die sind praktisch alle verlassen. Wir halten auf dem Straßenrand, und ich lichte den Geisterort ab. Ein kleines Kapellchen, auch gleich an der Straße, verfällt so vor sich hin. Malerisch wuchern Unmengen roter Fireweeds hinter dem rostigen Eisenzaun, der es umrandet. „Es ist idyllisch", sage ich. „Es ist der A… der Welt", sagt Dick.

Wir lugen um die nächste Biegung, wo nach links die Straße gleich an der Bucht endet. Dort liegt das kleine *Sockeye Motel*, von dem Greg gesprochen hat. Es hat tatsächlich ein Vacancy-Schild vor der Tür. Und es ist tatsächlich eine Bruchbude.

„Lass uns zum Wagen zurück und die Straße rechts noch ein Stück in den Wald fahren", bitte ich Dick. Es liegen da rechts und links noch jeweils ein paar alte Häuser unter den Bäumen. „Dort muss dann auch das Lebensmittelgeschäft sein, und wir sollten noch einiges an Proviant einkaufen."

Dick hat nichts dagegen. Immerhin ist hier der Jack

Daniel's deutlich billiger als in Kanada.

Kurz darauf fahren wir an einem großen, uralten „Grocery & Food Supply Store" vor. Das alte Holzhaus ist gut in Schuss und hellblau angestrichen. Ein paar Stufen führen auf eine das Haus umlaufende Holzveranda, auf der der Besitzer, ein korpulenter Mann mit Glatze, aber schlohweißem, wild ums Gesicht wuchernden Vollbart auf einem Schaukelstuhl im Schatten sitzt und einen Kaffeebecher in der Hand hält. Er trägt ein kariertes Holzfällerhemd unter breiten Hosenträgern, eine verblichene Cordhose und Western Boots. Auf einem Tischchen steht ein Teller mit zwei Muffins, eines davon angebissen. Offenbar stören wir ihn gerade beim reichlich späten Frühstück.

„Geht ruhig schon rein und schaut euch um, ich komme gleich", ruft er vom leicht wippenden Rocking Chair aus. Hier hat es keine Eile.

So haben wir Gelegenheit, uns in seinem Laden etwas umzuschauen, der all das bietet, was man hier in ländlichen Stores gemeinhin findet, nämlich längst nicht nur Essbares. Nein, hier wird auch Brennholz verkauft, Seifen und Waschpulver, Werkzeuge, vom Beil bis hin zur Kettensäge, T-Shirts, Postkarten, Trinkwassergallonen sowie die Lokalzeitung von gestern, denn die heutige Ausgabe ist noch per Schiff auf dem Weg. In einer Ecke stapelt sich jede Menge Outdoor Supply: Anoraks, Stiefel, Schlafsäcke, wie wir sie selbst immer im Kofferraum in der Wildnis mit uns führen, und Unmengen Holzfällerhemden der Art, die der Ladeninhaber auch trägt.

Solche Läden gab es früher im ruralen Deutschland

auch – ohne Holzfällerhemden vielleicht.

In einem anderen Winkel des Ladens gibt es dann schließlich Ess- und Trinkbares. Wir wählen uns zunächst mal eine Flasche Jack Daniel's aus. Dann noch eine Büchse Erdnüsse und eine große Tüte Kartoffelchips als abendlichen Snack zur Cocktailhour.

An weiterem Proviant kommt nur ein Beutel mit Äpfeln sowie eine große Tüte mit Muffins dazu, denn die sehen gut aus. Ich lege noch ein Päckchen mit Teebeuteln auf die Theke, weil man in jedem Motel Room einen Schnellkocher vorfindet und wir unseren Teevorrat für den Rest der Reise noch einmal aufstocken wollen.

Auf eine Trinkwassergallone verzichten wir, weil wir noch eine unangebrochene im Hotelzimmer stehen haben. Auch weitere Lebensmittel benötigen wir nicht, denn wir wollen heute Abend wieder ins Restaurant gehen.

Allerdings müssen noch zwei T-Shirts mit der Aufschrift „Hyder, Alaska" mit, wo wir schon mal hier sind. Es gibt sie in den wenig attraktiven Farbtönen weiß und olivgrün. Wir entscheiden uns beide für die Farbe der Oliven.

Nun haben wir unsere ganzen Einkäufe auf der hohen, breiten Theke aufgestapelt, als auch schon der Ladenbesitzer mit schweren Schritten hineinstapft und sich hinter dem Tresen aufbaut.

Mit seiner wilden, weißen Bartumrandung sieht er wirklich aus wie ein Waldschrat. Was sagte Greg noch gleich von ihm? „Ein freundlicher Freak."

Er schaut uns mit offenem Blick aus wasserblauen Augen an und wirkt in der Tat ganz sympathisch und gutmütig. Er fragt wie üblich nach dem Woher und Wohin und ist nun nach seinem Frühstück zum Plaudern aufgelegt.

„Wir sollen Sie schön von Greg grüßen", richte ich ihm aus. „Der ist für ein paar Wochen bei seinem Onkel und wird in den nächsten Tagen bei Ihnen vorbeischauen."

„Oh, das trifft sich gut, dass der Junge kommt", antwortet er sofort. „Ich hab was ganz Wichtiges mit ihm zu bereden", fährt er fort, und dabei legt sich seine Stirn in Falten. Es ist offenbar nichts Angenehmes, sondern ihn bedrücken Sorgen.

Doch er widmet sich sogleich wieder uns, den beiden deutschen Touristen, um noch ein paar Ratschläge zu geben. Dafür zieht er sogar eine Schublade hinter seiner Theke auf und kramt einen ganzen Haufen Fotos hervor.

Die breitet er nun vor uns aus. Es sind ausschließlich Aufnahmen von dem berühmten Salmon Glacier, aus allen Perspektiven und eine impressiver als die andere. Fasziniert betrachten wir die Bilder dieses Naturwunders, das sich hier in unmittelbarer Nähe befindet.

„Ihr *müsst* da hinauf", redet er auf uns ein. „Das Schauspiel könnt ihr euch *unmöglich* entgehen lassen. Das hat sich noch *nie* irgendein Tourist entgehen lassen, der in diese Gegend gekommen ist."

„Wir haben nur den Bentley da draußen und keinen Four-Wheel Drive", zaudert Dick. „Warum haben wir uns heute morgen nicht gleich einen Jeep gemietet, um die Gegend zu erkunden?", denke ich wütend. Aber Dick war ja so verbohrt, dass er auf keinen Fall

„da oben rauf" wollte und bestand weiterhin auf der Spießerkarre als Fortbewegungsmittel. Angesichts der beeindruckenden Fotos kommt er jetzt aber ins Grübeln.

Und Sam, der Store-Inhaber, redet nun auch auf ihn ein wie auf einen kranken Gaul. „Da braucht es überhaupt keinen Vierradantrieb. Die Staubstraße hier genau vor meinem Haus setzt sich da einfach auf den Berg hinauf fort. Wenn ihr bis zu meiner Tür gefahren seid, dann kommt ihr auch da rauf. Das machen alle so. Die Piste ist nur für Trailer nicht befahrbar, weil sie zu schmal ist."

Mich braucht er nicht zu überreden. Erwartungsvoll schaue ich meinen zögernden Gatten an. „Nach 13 Meilen Fahrt seid ihr schon oben. Es ist ein Klacks", unterstützt mich Sam. Vergnügt registriere ich die Entfernungsangabe. Ja, wir sind in Alaska – noch. Dick ist fast schon überredet. „Auf der Fahrt hinauf sieht man dann Schwarzbären, Bighorn Sheep und Adler." Das genügt.

Dick und ich sammeln unsere Einkäufe zusammen, packen sie in den Kofferraum und fahren die Schotterpiste in die Wälder hinein.

Inzwischen ist es bereits heller Mittag.

Bald beginnt das Sträßchen anzusteigen und schraubt sich auf Serpentinen in den Berghang. Der ist zunächst noch bewaldet. Nach circa vier Kilometern passieren wir tatsächlich eine Bergterrasse mit einem größeren Gebäude. Hier weht die kanadische Flagge mit dem Maple Leaf. Wir sind also wieder auf deren Gebiet. „Canadian Research Center" sagt eine Metalltafel an der schmalen Gebäudeeinfahrt lakonisch.

„Was werden die da erforschen?", grübelt Dick.

„Geologie und Mineralogie", erwidere ich in ähnlicher Kürze wie die metallische Hinweistafel.

„Und warum schreiben sie es dann nicht dazu?", wundert sich Dick noch. Ich kann mir allerdings schon vorstellen, warum man die Information so knapp wie irgend möglich hält. Neugierige, die einem beim Aufspüren von Bodenschätzen über die Schultern gucken, sind eben nicht besonders erwünscht.

Das Haus in L-Form mit einem langen Seitenflügel liegt im Übrigen wie verlassen in dem kleinen Waldstück.

Ab jetzt führt die Straße noch steiler hinauf. Bald wird der Bewuchs schon lichter, Sträucher säumen den Weg. Nur noch vereinzelt stehen Alaskazedern und Krüppelkiefern zwischen den Felsbrocken.

Dick betätigt sich auf der extrem schmalen Piste mit gähnendem Abgrund zur Linken und einer Nadelöhrkurve nach der anderen mal wieder fluchend als Lenkradakrobat.

„Die Abfahrt nachher kann dann so richtig heiter werden", stöhnt er. Wieso jetzt schon an die Abfahrt denken? Wir wollen doch erst mal hinauf.

„Auf dem Rückweg löse ich dich am Steuer ab", sage ich leichthin, ohne es aber so richtig ernst zu meinen, denn ich bin von uns beiden mit Abstand der schlechtere Fahrer auf komplizierten Wegstrecken.

Er nimmt es aber gleich wieder für bare Münze. „Um Himmels willen", entfährt es ihm. „Darf ich dich vielleicht mal dran erinnern, dass du vor ein paar

Jahren bei der Abfahrt im Hell's Canyon bei Superior einen weißen Cougar zu Klump gefahren hast?"

Nein, darf er nicht. Um den schnittigen Wagen tut es mir heute noch leid. Das reißt alte Wunden auf. Und dass mir die Bremsen ausgerechnet in der abschüssigen Felsschlucht versagten, werte ich nach wie vor als direkte Konsequenz des Fahrstils meines Gatten, der kurz zuvor den Cougar mit rekordverdächtiger Geschwindigkeit über den 100 Meilen langen, äußerst unwegsamen Apache Trail in der Wildnis des Salt River Valley geschunden hatte.

Doch es hat keinen Wert, jetzt zu streiten. Die steil ansteigende Mountain Road ist nun auch noch von spitzig aus dem Boden ragenden Felsstücken gespickt.

Dick fährt langsam und so gut es geht drum herum, aber allzuviel Ausweichmöglichkeit hat er in der Tat nicht.

„Jetzt fehlte nur noch, dass uns von oben ein Wagen entgegenkommt", jammert Dick. Doch wenigstens dieses Risiko ist unwahrscheinlich. Hier draußen ist keine Menschenseele.

„Bären, Bergziegen oder Bald Eagle haben wir bislang noch gar nicht zu Gesicht bekommen", wundere ich mich, „wo sie uns doch von Sam so vollmundig angekündigt waren."

„Der wollte uns nur zu dieser Irrsinnstour verlocken, weil er nebenher noch einen Abschleppdienst betreibt", mault Dick.

Da kann allerdings was dran sein. Da waren noch ein paar Schuppen und Garagen neben seinem Wohnhaus mit dem Supply Store und im Innenhof dieser

Gebäude hatte ich beiläufig einen robust aussehenden Pick-up parken sehen. Doch so ein Teil brauchte man hier sowieso in der Wildnis.

Die Auffahrt zieht sich. Immer fährt Dick mit höchster Konzentration unmittelbar neben dem schwindelerregenden Abhang her. Einmal steigen wir kurz aus und schauen schaudernd hinab. Ganz tief da unten fließt ein Creek von hellblauer Farbe: das Schmelzwasser des Riesengletschers. Wir haben den Fluss eben bereits bei Hyder fast auf Straßenniveau zu unserer Linken gesehen, wo er gleich neben dem kleinen Ort in die Bucht einmündet.

Nun stehen wir in circa 1000 Metern über seinem Wasserlauf. „Und wir müssen noch mal 600 Meter höher", überlege ich auch schon ziemlich mutlos und im Übrigen kanadisch-metrisch.

Die 20 Kilometer der Wegstrecke ziehen sich auf so einer Piste ewig lang.

Doch die umgebende Landschaft ist wirklich grandios. Die von uns durch das Flusstal getrennte, gegenüberliegende Bergkette ist die, in der auch der gewaltige Salmon Glacier thront. Die Berge sind dort drüben nicht gerade so hoch wie auf unserer Seite.

Der berühmte Gletscher liegt in 1300 Metern Höhe, und so werden wir, wenn wir die Kuppe unseres Berges erreicht haben, von oben auf ihn herabschauen, eine wirklich fantastische Perspektive für so ein Naturschauspiel.

Bald darauf sehen wir auf unserer Fahrt das erste Weiß auf der anderen Seite blitzen, als wir um eine weitere Biegung fahren. Die äußersten Ausläufer der Gletschereismassen sind also schon in Sicht.

Das beflügelt uns, zumindest im übertragenen Sinn, denn de facto kommen wir nach wie vor nur langsam und schleppend voran.

Der hohe Peak, auf den wir uns schrauben, trägt jetzt im Frühsommer bereits keinen Schnee mehr. Nur ein paar weiße Adern schlängeln sich durch sein kahles, buntes Gestein, und in schattigen Nischen liegen verharschte, schmutzüberkrustete Schneereste vom letzten Winter. Obwohl wir uns im hohen Norden befinden, ist es hier in der Fjordlandschaft doch relativ mild.

Die Bergrücken auf der Gegenseite sind ähnlich von Schneelinien und -flecken marmoriert. Ich wundere mich über das zum Teil grellbunte Felsgestein, das schön in der Sonne glänzt und gegen den blauen Himmel absticht. Dort gibt es orangene, rötliche, dann wieder hellgraue und sogar pink- und zyanfarbene Partien. Letztere bilden eine Art Hügelsockel vor den steil aufragenden Felswänden.

„Das ist Keuper, 70 Millionen Jahre alter Muschelkalk", sage ich ganz aufgeregt zu Dick. „Der birgt die tollsten Versteinerungen." Doch Dick grummelt nur vor sich hin und konzentriert sich weiter auf die Piste. Er bereut diesen Abstecher schon längst. „Hier sieht es doch aus wie in den Abbauhalden der riesigen Kupferminen Arizonas", meint er verstimmt.

„Aber das hier ist alles natürlich", rufe ich begeistert und mit ausladender Geste aus. Wild rudernde Armbewegungen meinerseits kann er aber jetzt so gar nicht brauchen, und ich halte an mich, obwohl momentan auch die Ausblicke auf die Schneefelder des Gletschers der gegenüberliegenden Bergseite immer prächtiger werden.

Tatsächlich ist auf dem letzten Teilstück auch Dick ganz hingerissen. Man fährt nun parallel zu den Eisfeldern zu unserer Linken über die tiefe Schlucht hinweg. Herrlich strahlen die Schneemassen in der Sonne. Ganze Eispartien sind hellblau gefärbt.

„Das Blau ist von radikalischem Natrium, das in den Eiskristallen clustert", töne ich, durch diesen Anblick nun in Hochstimmung versetzt. Die Rezeptoren für Wissenschaftlichkeit und Romantik liegen sich in meinen Gehirnwindungen genau gegenüber. Daher kann es passieren, dass ich naturwissenschaftliche Erklärungen, die mir als zu profan erscheinen, schlichtweg negiere, zum Beispiel die Behauptung, dass Gletscherblau stets aus Lufteinschlüssen und spezifischen Druckverhältnissen im Eis entsteht.

„Bist du sicher, dass es kein ionisches Kobalt ist?", lästert Dick jetzt, aber ich beachte seine Bemerkung nicht.

Ein paar Male gibt es noch einen ordentlichen Ruck, weil Dick spitze Steine auf der Staubpiste übersehen hat, was er immer mit einem ordentlichen Fluch kommentiert. Dann haben wir es endlich geschafft.

In einer kleinen Nische endet die Piste, aber noch nicht der Weg. Hier kann man den Wagen stehen lassen und geht einen steilen Pfad über Geröll bis zu einem Schutzhüttchen auf der obersten Spitze, vor dem sich eine hölzerne Aussichtsplattform erstreckt. „Man muss also doch noch zu Fuß laufen", stöhnt Dick. Aber jetzt geben wir nicht mehr auf, sondern klimmen hinan.

Und von hier ist das Panorama auf die Gegenseite

mit dem Salmon Glacier 300 Meter unter uns einfach überwältigend.

Fast in perfekter Symmetrie spreizt der Gletscher dort seine Riesenschwingen aus, gigantische weiße Engelsflügel, unter denen sich ein langgezogener türkisfarbener See ausbreitet. Aus ihm ragen hohe weiße Eisfelsen empor. Ihre bizarren Formationen unterliegen dem steten Wandel, eine vergängliche und doch kontinuierliche Pracht. So wie wir sie heute erblicken, wird sie kein Mensch mehr vor Augen bekommen.

„Auch jede Meereswoge sieht anders aus und wird nie wieder gleich erscheinen", sinniert Dick. Das kann meine Begeisterung aber nicht dämpfen. Ich weiß jetzt nur, warum ich stundenlang auf die Meeresbrandung hinaussehen kann und mich nie langweile.

Auch hier schauen wir wohl sehr lange Zeit. Ein Anblick, bei dem man Zeit und Raum vergisst.

Nie haben wir vor solchen Eismassen gestanden, nicht einmal am majestätischen Columbia Icefield der kanadischen Rockies, auf dessen unterem Rand wir schon weite Wanderungen unternommen haben und das uns immer wieder fasziniert.

Doch dieser unvergessliche Blick auf den Salmon Glacier ist der absolute Höhepunkt unserer Reise.

„Da hattest du ja Recht mit deiner Routenänderung", muss Dick nun eingestehen. Von dem Gletscher hatte ich nicht die leiseste Ahnung, was ich meinerseits aber keineswegs eingestehe.

Es ist schon später Nachmittag, und ein goldenes Licht liegt über Gletscher- und Bergszenerie, als wir wieder hinabsteigen.

Noch ganz im Hochgefühl des Erlebten werden wir nun prompt mit dem profanen Alltag und seinen Unzulänglichkeiten und Ärgernissen konfrontiert.

Als wir auf unser Auto zugehen, bemerken wir zunächst seine Schieflage und dann einen Platten am rechten Vorderreifen. Hektisch räumen wir unsere paar Utensilien aus dem Kofferraum und öffnen die Lasche der Verkleidung, unter der der Reservereifen liegt.

Entsetzt hebt Dick eine frisbeeförmige Scheibe mit dem Durchmesser einer Schellackplatte heraus. Das darf ja wohl nicht wahr sein. Mit dem Ersatzreifen kann man noch gut und sicher 20 Kilometer zurücklegen, so steht es im Handbuch unseres Bentleys – auf einer Asphaltstraße, versteht sich.

Natürlich montieren wir das Teil trotzdem. Und natürlich bricht es nach 200 Metern schlichtweg in zwei Teile.

Dick zieht die Visitenkarte von unserem Hotel in Stewart aus seiner Brieftasche, auf der auch deren Telefonnummer angegeben ist. „Gib mir mal dein Handy, ich bitte die, für uns einen Abschleppdienst zu organisieren", meint er.

Ach ja, das Handy, mit dem ich gestern Abend das Fährbüro in Prince Rupert zwecks Umbuchung anrief, und das ich dann gedankenverloren in meine Handtasche steckte, die jetzt noch auf unserem Hotelzimmer im *King Edward IV* herumliegt.

„Ich schleppe doch keine Handtaschen mit durch die Wildnis", verteidige ich mich nun gegen Dicks Vorwürfe. Der Vorwürfe werden es dann noch mehr.

„Jetzt müssen wir wegen dir die Nacht da oben in

der verdammten Schutzhütte verbringen", wütet mein Gatte. Ich bin froh, dass es die verdammte Schutzhütte überhaupt gibt, denn der schräg liegende Bentley wäre bei weitem die unbequemere Übernachtungsalternative.

Immerhin haben wir Schlafsäcke und unsere Anoraks stets im Kofferraum dabei, so auch heute. Eine Stablampe befindet sich im Handschuhfach. „Nimm daraus auch die Streichholzschachtel mit. An der Schutzhütte liegt Holz gestapelt, und daneben gibt es eine Feuerstelle", meint Dick. Es gibt da oben sogar einen gusseisernen Wasserkessel und ein paar blecherne Becher, wie wir eben festgestellt haben, und ich habe immerhin in der Grocery-Tüte noch Ceylontee dabei.

Nur die Streichhölzer … Tja, die hatte ich gestern Abend noch mit aufs Zimmer genommen, um da etliche Teelichtlein zu entzünden – wegen der Romantik. Dann versenkte ich die Streichholzschachtel wohl in meiner Handtasche, die ja zurzeit bekanntlich im Hotel alleine vor sich hindöst.

Wir richten uns in der Hütte, so gut es geht, ein. An Vorräten haben wir Muffins, Äpfel, Erdnüsse, Chips und eine Flasche Jack Daniel's. „Wenn wir jetzt wenigstens noch eine Tasse Tee zum Whiskey hätten", seufzt Dick. Seit wann trinkt er denn Tee zum Whiskey? „Und ein Lagerfeuer, um die Bären fernzuhalten. Und Trinkwasser", zählt er weiter auf.

Die Bären sind nicht in dieser Höhe. Was sollten sie denn hier? Der Löwenzahn blüht schließlich weiter unten, aber die Sache mit dem Trinkwasser überzeugt mich. Wasser aus verharschten Schneeresten sollte gründlich abgekocht sein.

Da es inzwischen in der Dämmerung kühl geworden ist, ziehen wir unsere neu errungenen „Hyder"-T-Shirts nun über die jetzigen drüber und die Parkas an. Dabei stoße ich in der Seitentasche meines Anoraks auf etwas Hartes, das ich hervorziehe.

Schon erstrahlt ein Glanz von Glimmer im Lichte unserer Stablampe: die beiden Pyritknollen aus dem Johnston Canyon. „Die sind jetzt Gold wert", grinse ich Dick an. Sein Gesicht erhellt sich, und er beginnt sogleich, mit seinem Schweizer Messer Spänchen aus einem der groben Brennholzkeile zu spalten.

Die legen wir an der Feuerstelle zurecht und ich schlage nun die Mineralien gegeneinander, dass die Funken stieben. „Wie romantisch", sage ich. „Wie die Neandertaler", feixt Dick. Die hatten aber kein Schweizer Messer.

Gleich darauf bläst er vorsichtig die Glut an, weil es mir tatsächlich gelungen ist, ein Spänchen zu entzünden. Im großen Ganzen sind unsere Urmenschlichkeiten noch weiterhin gut ausgeprägt.

Und dann wird es ein richtig gemütlicher Abend bei Erdnüssen, Nacho Chips, Jack Daniel's und heißem Tee am flackernden Lagerfeuer. Über uns die Sterne.

Später schlafen wir fest und tief wie die Bären in unseren Schlafsäcken. Die würden minus zehn Grad Celsius spielend aushalten. Das braucht es aber nicht einmal, denn jetzt im Juni sind selbst hier oben die Nachttemperaturen kaum unter dem Gefrierpunkt.

Zum Frühstück essen wir dann Muffins und Äpfel und trinken ausschließlich Tee. Jack Daniel's ist nämlich keiner mehr da. Kein Wunder, dass wir bärentief schliefen.

Wir packen nun unsere Siebensachen zusammen, deponieren sie im ansonsten unbrauchbaren Bentley und gehen die Mountain Road zu Fuß bergab.
Nach drei Stunden strammen Marschs erreichen wir das Canadian Research Center, wo wir Sturm klingeln.
Es sieht wieder völlig verlassen aus, doch dann ist doch jemand da. Ein ernster und schweigsamer junger Kanadier öffnet uns, hört sich draußen erst unser Anliegen an und bittet uns dann hinein.
Natürlich wird man uns Hilfe herbeitelefonieren, und so lange könnten wir im Institut gerne warten. Durch einen Flur mit verriegelten Türen, hinter denen offenbar Labors liegen, führt er uns weiter in den hinteren Flügel des erstaunlich großen Gebäudes, wo eine der Labortüren offensteht und ein anderer junger Mann hinter einem der beiden Schreibtische hervorkommt, um uns zu begrüßen. Ihn stellt er uns als Terry vor. Er selbst heißt Phil.
Schnell werden zwei Stühle für uns zurechtgerückt, und wir nehmen gerne die angebotenen Becher Kaffee an. Phil führt dann im Hintergrund des Raums ein kurzes Telefonat, während Terry, ein aufgeschlossener, braun gebrannter, junger Bursche mit blondem Haar, lebhaft mit uns plaudert.
„Da sind Sie heute morgen also schon zehn Meilen zu Fuß marschiert?", bedauert er uns, was wir ihm bestätigen. Aus seiner Entfernungsangabe in Meilenzahl schließe ich, dass er US-Amerikaner ist. Aus dem

Südwesten, sagt mir sein gedehnter Arizona-Dialekt. „Wie ist das Wetter in Tucson?", frage ich leichthin. „Bereits so um die 100 Grad Fahrenheit, und das so früh im Jahr", antwortet er prompt. „Wenn es dieses Jahr so weitergeht, müssen sie den Flughafen schon Mitte Juli wegen Flugverbot schließen. Ich arbeite schon seit zwei Jahren als Fotograf in Vancouver, fliege aber nächste Woche heim nach Bisbee."

Phil kommt gerade zurück und sagt uns, dass er Sam in Hyder benachrichtigt habe. „Er will nur noch zu Ende frühstücken. Dann kommt er mit seinem Pick-up und holt euch hier ab, um dann oben den Wagen abzuschleppen. Der macht das öfters." Und der ernste Phil lächelt sogar ein bisschen beim letzten Satz.

Dick und ich schauen uns an. Haben wir es uns doch schon gedacht: Towing Sam – ein florierendes Abschleppunternehmen.

Ich lasse nun meine Blicke durch den Raum schweifen, mit verhaltener Neugierde, denn ich habe den Eindruck, dass es Phil nicht recht ist, wenn man sich allzusehr interessiert. Bei meinem Gatten braucht er da keine Sorge zu haben. Den kümmern Labors, welcher Art auch immer, nicht die Bohne. Wenn der jetzt den Kopf dreht, gilt sein Blick nur der Kaffeemaschine. Phil bemerkt das sofort, steht auf und gießt ihm neuen Kaffee in den Becher.

Das nutze ich natürlich wieder für einen Rundumblick.

Wir befinden uns hier in einem Fotolabor. Eine Ecke ist mit einem Leuchttisch ausgefüllt, aber keine einzige Aufnahme liegt herum. Auf den Regalen sind braune Apothekerflaschen mit Chemikalien gelagert, die man zur Fotoentwicklung braucht. Hinten rechts ist eine kleine Tür, die wahrscheinlich in die Dunkelkammer führt.

Neben Terrys Schreibtisch ist seine gesamte digitale Fotoausrüstung säuberlich an der Wand gestapelt. Daneben steht ein kleiner schwarzer Metallkasten, an dem meine Augen für Bruchteile von Sekunden hängenbleiben.

Auf Terrys Schreibtisch liegt nur eine Landkarte sowie die gestrige Ausgabe der Lokalzeitung, deren Überschriften ich nun beiläufig studiere. Daneben liegt die neue Ausgabe von *Arizona Highways*, die er sich offenbar als Lektüre mit in den hohen Norden genommen hat. Ich muss unwillkürlich lächeln.

Auf dem gegenüberliegenden Schreibtisch von Phil stapeln sich geologische Nachschlagewerke aus der Bibliothek, deren Türschild mir bereits ins Auge fiel, auf dem Gang mit den vielen verschlossenen Türen. Ich habe eben, als wir reinkamen, im Vorbeigehen und auf die Schnelle, auch noch andere Türschilder studiert …

Phil, offenbar Geologe, erledigt wohl gerade eine Routinearbeit, und Terry, der Fotograf, hat zurzeit gar nichts zu tun.

„Die beiden warten hier auf etwas oder jemanden", geht es mir durch den Kopf. Dick macht derweil Small Talk mit Terry, was mir nur recht sein kann, denn ich muss mich konzentrieren.

Phil wälzt seine Lexika, schaut aber immer wieder aufmerksam auf.

Ich lehne mich scheinbar lässig auf meinem Stuhl

zurück. „Unser eigentlicher Besuch hier gilt ja sowieso Ihrem Institut. Hat Prof. Bannister mich nicht bei Ihnen angekündigt?", sage ich an Phil gewandt und benutze einen Namen, der auf einer der verschlossenen Türen stand. So verlassen wie hier alles wirkt, ist Bannister im Moment garantiert ganz woanders.

Sowohl Phil als auch Terry starren mich nun ehrlich erstaunt an. Gut so, dann werden sie nicht Dicks entgeisterte Blicke bemerken, die er mir jetzt sicherlich ebenso von der Seite her zuwirft.

Der vorsichtige Phil lässt sich tatsächlich überrumpeln. „Wir erwarten doch einen Prof. Mitchum aus Victoria, der gestern mit der Fähre in Prince Rupert eintreffen sollte und heute am späten Abend in Stewart anreisen wird. Morgen Nachmittag will er ins Institut kommen"

„Klar, Mitchum, wer immer er auch sein mag, wird sich erst mal in Prince Rupert ausgeschlafen haben, bevor er die 700 Kilometer lange Autofahrt hier heraus antrat", denke ich nach, „und morgen Vormittag schläft er sich in Stewart aus, um sich von der Mordstour zu erholen." Und schon kenne ich Mitchum wie einen guten, alten Freund.

Lässig nestele ich aus meiner über der Stuhllehne hängenden Jacke meine Mappe mit den Ausweispapieren hervor, stehe auf und reiche Phil meinen Mitgliedsausweis der „Gesellschaft Deutscher Chemiker, GdCh". Da steht mein Name mit Lichtbild, die Mitgliedsnummer unter dem Großdruck des Gesellschaftsnamens und unten in Kleindruck der Name der Arbeitsgruppe, in die ich mich aktiv einbringe, alles zweisprachig in Deutsch und Englisch.

„Experimentelle Strahlenforschung" steht da geschrieben, denn ich habe im wirklichen Leben als Onkologiespezialistin unter anderem mit Radiotherapie zu tun, und das Thema interessiert mich auch basiswissenschaftlich. „Für die missbräuchliche Nutzung könnte mich die GdCh glatt ausschließen", schießt es mir kurz durch den Kopf. Jetzt egal. Wo kein Kläger, da kein Richter, also Augen zu und durch.

„Mitchum plante ich heute Abend im King Edward IV zu treffen. Ich bin deutsche Expertin für Radioaktivität, trete in Kürze meine Gastprofessur in seiner Fakultät in Victoria an, und er wollte mich hier gerne dabei haben", bluffe ich weiter.

Dick seufzt neben mir schwer auf, hätte mich ja auch gewundert, wenn nicht.

„Tja, meinem Mann passt es so gar nicht, dass wir deshalb unseren Alaska-Urlaub unterbrechen", erkläre ich den beiden. „Aber jetzt stellt sich akut heraus, wie wichtig es ist. Denn Mitchum selbst ist verhindert. Er muss übermorgen in Victoria die Grabrede für Prof. Anderson, den Alterspräsidenten seiner Fakultät, halten. Da bat er mich, ihn hier zu vertreten."

„Sind Sie denn über alles informiert?", staunt nun Phil ungläubig. „Was den Uranfund angeht, selbstverständlich", gebe ich mit Bestimmtheit zurück. „Ich habe hier allerdings nur zu überprüfen, ob Urantetrachlorid austritt. Alles andere ist geheim und geht mich nichts an."

„Viel mehr weiß ich auch nicht", geht mir Phil nun auf den Leim. „Ich habe hier laut Bannisters Anweisungen nur aufzupassen, dass kein Unbefugter in und um das Institut herumspioniert. Dabei muss ich nebenher noch ein paar Routinerecherchen erledigen. Abends übernehmen sowieso die Wachleute. Und Terry ist ausschließlich zum Fotografieren hier."

Doch die Sache mit dem Urantetrachlorid interessiert ihn noch. „Die Substanz ist viel zu zersetzlich und würde sofort oxidieren."

„Natriumradikale sind noch viel reaktiver und clustern dennoch im Eis", gebe ich ungerührt zurück. „Ich brauche nur ein paar Eisproben an designierten Stellen im Gletschersockel zu nehmen."

Nun ist er beeindruckt. Der Junge muss noch viel lernen.

Ein Motorengeräusch an der Auffahrt. Endlich naht Sam als Rettung, zumindest für Dick, der erleichtert aufatmet. Aber ich bin noch nicht ganz fertig.

„Macht es Ihnen etwas aus, die geplante Exkursion" – und ich deute auf das zusammengestellte Fotoequipment mitsamt dem danebenstehenden Geigerzähler – „auf den morgigen Tag vorzuziehen? Dann könnten mein Mann und ich übermorgen zurück nach Prince Rupert fahren und unseren Urlaub fortsetzen."

Terrys Gesicht hellt sich auf. „Von mir aus sehr gerne. Ich habe sowieso nur auf den Professor gewartet. Ich kann dann nämlich auch einen Tag früher wieder nach Vancouver abziehen und meine Reise nach Bisbee dort vorbereiten."

Abwartend schaut er Phil an, denn der hat das Sagen. „Mir ist das ganz egal", meint er gleichmütig, „ich habe ja sowieso hier die Stallwache zu halten."

Ich verabrede mich mit Terry für morgen früh um 9 a.m. am Institut, folge Dick, der es kaum erwarten kann wegzukommen, in den Hof und steige auf die Rückbank von Sams Pick-up. Auf der Ladefläche hat Sam nun einen kleinen Kranaufbau montiert, damit er den Bentley an den Haken nehmen kann.

„Ein perfekter Abschleppwagen, fehlt ja nur noch die Aufschrift ‚Towing Sam'", denke ich.

Dick sitzt schon auf dem Beifahrersitz und dankt gerade dem Alten für sein rasches Ausrücken in der Not.

„Ich habe euch das eingebrockt, und ich helfe euch da jetzt auch wieder raus", meint Sam gutmütig. Das hört sich allerdings nicht so an, als wollte er ein für sich einträgliches Abschleppgeschäft daraus machen.

Langsam schrauben wir uns die Felsstraße empor. Der robuste Pick-up mit seinem Vierradantrieb kann was abhaben. Nicht gerade so drohend wie gestern klafft zur Linken der Abgrund. Donner droht aus anderer Richtung.

Denn Dick lässt nun auf Deutsch eine Schimpfkanonade auf mich los und zwar wegen meiner Eigenmächtigkeiten im Research Center. Wie unhöflich gegenüber unserem amerikanischen Helfer, der doch kein Deutsch versteht.

Natürlich muss ich mich nun auf Englisch erklären. „Mein Gatte ist etwas ungehalten", wende ich mich an Sam. „Klar wegen der Wagenpanne, aber macht euch da mal keine Sorgen. Ein neuer Reifen für euren Bentley kann morgen mit dem Schiff aus Juneau rüberkommen. Das ist kein Problem. Wir sind hier doch nicht am A… der Welt."

Letzteres bezweifele ich zwar, dementiere aber,

dass es eine banale Reifenpanne in der Wildnis ist, die meinen Mann so aus der Fassung bringt.

„Er ist total sauer auf mich wegen meines Auftritts gerade im Forschungsinstitut." Sam wird sogleich neugierig. Irgendwie hatte ich geahnt, dass ich in ihm für meine Aktion einen Verbündeten finde.

„Die machen uns in Hyder vielleicht Sorgen mit ihrem verdammten Uranfund gleich an der Grenze. Unsere ganze Ruhe wird dahin sein."

„Sie wissen also von dem Uran?", erkundige ich mich. „Klar", knurrt der Alte. „Wenn Ziegen und Schafe, die in der Nähe des Gletschers weideten, Junge mit zwei Köpfen oder sechs Beinen warfen, kann man doch eins und eins zusammenzählen", fügt er hinzu.

„Was sicherlich nicht für die Beine gilt", denke ich bei mir und frage dann laut: „Und trotzdem hält es eine Handvoll Leute immer noch in Hyder aus?"

„Im Ort selbst gibt es keine Radioaktivität, und wir halten einfach keine freilaufenden Schafe und Ziegen mehr", antwortet Sam sehr pragmatisch.

Dann teilt er uns seine Befürchtungen mit und erzählt die ganze Geschichte. „Zunächst ging es den Kanadiern nur um einen Kupferabbau auf dieser Seite der Schlucht. Dafür müsste die Straße hier ausgebaut und etlicher Wald abgeholzt werden, und außerdem würden ständig Trucks durch Hyder brummen. Das wäre aber für uns noch alles tragbar gewesen. Wir hätten uns damit arrangiert. Vielleicht wäre der Ort durch die Arbeiten auch ein wenig wiederbelebt worden, und es hätte den verbliebenen Einheimischen neue Arbeitsmöglichkeiten geboten und den paar Geschäften etwas Geld in die Kasse geschwemmt. Doch jetzt hängt dieser Uranfund wie ein Damoklesschwert über unseren Häuptern."

Und er erzählt uns, dass Bannister, der Leiter des mineralogischen Instituts, das man zwecks Ausbeutung des Kupfervorkommens hier oben aus dem Boden gestampft hat, vor einem halben Jahr das Uran in der Nähe des Gletschers entdeckte.

„Das Hauptvorkommen liegt zwar etwas abseits unter den kleinen bunten Hügeln am nördlichen Sockel des Gletschers. Aber wer weiß, was die da mit Sprengungen auslösen?! Genauso gut könnte man an der Flanke eines Vulkans herumsprengen", schimpft Sam.

„Habt ihr Angst vor austretender Radioaktivität?", frage ich ihn.

„Ach wo, da werden die schon wissen, was sie tun. Wenn die Uranlobby ihre Trupps entsendet, sind das Fachleute, die es nicht das erste Mal machen. Aber die haben sich genau errechnet, was passiert. Der Gletscher wird künftig nach dem Teilabbau seines Sockels linkslastig nach Norden hin kalben. Dort hat er aber noch nicht etliche Jahrtausende Zeit gehabt, sich ein Auffangbecken zu graben."

Ich dachte an den langgezogenen türkisen See mit den wunderbar schwimmenden Schneebergen unter dem Salmon Glacier.

„Der ganze Rotz wird ungehindert zu Tal in den Schmelzfluss fallen, der Fluss wird anschwellen und Hyder total überfluten."

„Die Abbauarbeiten am Sockel sind dann doch auch von Lawinen gefährdet?", frage ich.

„Davon verstehen die schon was", fährt Sam fort. „Die Überhänge bilden sich ja langsam, wahrscheinlich erst nach Jahren. Sie werden das Feld räumen, sprengen den Überhang weg und haben anschließend wieder jahrelang Ruhe, um zu wühlen und ihre Mine auszuschöpfen. Hyder ist dann aber bereits nach der ersten Sprengung perdu."

Das leuchtet mir ein.

Wir erreichen nun den fahruntüchtigen Bentley, doch Sam muss bis ans Ende der Staubpiste weiterfahren, um an der Felsnische wenden zu können.

Dort steigen wir auf seinen Vorschlag hin noch mal aus dem Pick-up und gehen den kleinen, schmalen Weg hinauf zum Aussichtspunkt.

„Wenn ich schon hier rausmuss, schaue ich mir auch den Gletscher an", meint Sam. Das ist uns natürlich auch recht, noch mal einen Blick auf das Naturwunder zu werfen. Immerhin waren wir heute in der Früh noch bei Dämmerung zu unserem Abstieg gestartet.

Nun ist es Mittag, und der Salmon Glacier liegt voll im Licht der hoch stehenden Sonne, was die wunderbare Symmetrie seiner gigantischen weißen Engelsschwingen noch unterstreicht.

„Er wird seine Symmetrie verlieren, wenn die an ihm herumsprengen", äußere ich meine Befürchtung.

„Ja", meint Sam. „Er wird dann wahrscheinlich auf Dauer linkslastig schütten, selbst wenn sie nach dem Abbau das Erdreich wieder auffüllen und den Sockel stabilisieren. Nach hundert Jahren wird das sicherlich optisch erkennbar sein." Er lächelt nun ein wenig mit einem Seitenblick auf uns. „Wir drei werden das wohl kaum noch erleben."

Ich bin weiter in den Anblick des Gletschers 300 Meter unter mir vertieft. Es ist mir völlig gleichgültig, was ich da noch erlebe. Aber im Leben des Salmon Glacier ist ein Jahrhundert nicht einmal eine Sekunde.

„Er liegt nun da in seiner unglaublichen Perfektion und wird in der nächsten Sekunde zerstört. Das kann ich unmöglich zulassen", überlege ich und bin sehr nachdenklich, als wir wieder den Abstieg zurück zum Wagen machen.

Beim havarierten Bentley angekommen montieren Sam und Dick zunächst mal provisorisch den Reifen eines Fords, den Sam aus dem Ort mitgebracht hat. Das ist für den Wagen kein Originalteil, das ihn auf dieser Piste auf Dauer fahrtüchtig macht. Er muss an den Haken, aber in besonders engen Kurven kommt Sam nicht umhin, ihn abzuhängen, damit Dick ihn auf Rädern durch das Nadelöhr chauffiert. „Das wird mühsam", erklärt Towing Sam. Er kennt sich damit ja wohl bestens aus.

Immerhin kommen wir nach drei Stunden wieder vor seinem Store in Hyder an.

Ich habe ihm in der Zwischenzeit berichtet, was ich im Forschungszentrum in die Wege geleitet habe, wohl wissend, dass Sam in dieser Angelegenheit ein Verbündeter sein wird, denn ihm geht es ja schließlich um seine Heimat.

„Alles was Sie morgen bei der Expedition herausfinden, kann für uns nützlich sein, denn alle noch verbliebenen Ortsbewohner sind entschlossen, sich nicht von der kanadischen Uranlobby vertreiben zu lassen, und außerdem sind wir schließlich US-Bürger."

Ich überlege, dass es in der Tat eine wichtige Rolle spielen kann, wenn US-Amerikaner gegen ihren Willen von den Kanadiern zur Umsiedlung gezwungen werden. Und wo sollen sie überhaupt hin? Der schmale Zipfel Alaskas, der sich hier bis in den Süden zieht, ist ansonsten reinste Wildnis. Sie müssten schon hunderte Meilen weiterziehen nach Haines, Skagway oder Juneau, die die nächsten Orte auf alaskischem Terrain darstellen.

Dick bestellt, unten angekommen, telefonisch einen neuen Reifen in Juneau, der uns morgen früh mit dem Postboot vorbeigebracht wird.

Sam fährt uns dann noch die wenigen Kilometer weiter zum *King Edward IV* im Nachbarort Stewart, trifft dort auch auf Greg, den Sohn seines Freundes, den er freudig begrüßt.

„Ich hole euch heute um 8 p.m. zum Grillabend ab", lädt Sam Greg und uns ein. Wir nehmen dankend an.

Dick und ich sind nun froh, dass wir uns einige Stunden im Hotel zur Ruhe begeben können. Das war immerhin bislang ein anstrengender Tag mit der Übernachtung am Gletscher, dem zwangsweisen Fußmarsch am frühen Morgen und den anschließenden Abschlepparbeiten.

Dick grollt dann noch wegen meines Auftritts im Forschungsinstitut. „Okay, an einem in der Ecke bereitstehenden Geigerzähler hast du erkannt, dass sie etwas Radioaktives gefunden haben. Doch das hätte zum Beispiel auch Radium sein können."

„Es sieht in diesen Bergen einfach nach Uran

aus", erwidere ich ungerührt. „Sie sind bunt vor lauter Kupfererzen und die kommen immer mal mit Uranoxiden daher. Doch insbesondere, als ich die farbenprächtigen Keuperhügel neben dem Sockel des Gletschers sah, dachte ich sofort an Uran. Das sieht da genauso aus wie in der Escalante."

In diesem landschaftlich ganz herrlichen Naturschutzgebiet, einem State Park Utahs, war unter ganz ähnlichen Muschelkalkdünen ein großes Uranvorkommen entdeckt worden, nach dem die US-amerikanische Atomlobby bereits seit Jahren gierig die Finger ausstreckte. Wir kennen die Escalante von einem früheren Wanderurlaub her.

Es gibt eine weitere Parallele: Die Escalante ist in Utah als State Park geschützt und der Salmon Glacier und seine Umgebung als Provincial Park von Britisch-Kolumbien. Beide Arten des Naturschutzes stehen dem Rang eines Nationalparks untergeordnet und können so bei massiven wirtschaftlichen Interessen noch außer Kraft gesetzt werden.

„Und was hast du von diesem angeblich verstorbenen Prof. Anderson aus Victoria zusammengelogen?", fragt Dick in meine Gedanken hinein.

Nun, das Ableben des bekannten und sehr betagten Mineralogen entspricht der Wahrheit, habe ich es doch aus der Schlagzeile der gestrigen Lokalzeitung erfahren, die auf Terrys Schreibtisch lag. „Prof. Wulf Anderson (92) in Victoria verstorben" – so hatte der Titel gelautet.

Anderson war eine Koryphäe auf seinem Fachgebiet gewesen und schon in meinen Studienjahren berühmt, die ich, wie der geneigte Leser mittlerweile weiß, der anorganischen Chemie widmete.

Eine besonders gehässige Prüfungsfrage, die mir mein übel gesonnener Korreferent im Rigorosum stellte, hatte der chemischen Zusammensetzung des Anderson'schen Manganat-Vanadits gegolten. Mein damaliges Unwissen über dieses – äußerst seltene – Erz kostete mich einst das „magna" vor dem „cum laude". Das weiß sogar Dick.

„Aber Prof. Mitchum, dein geschätzter, angeblicher Kollege, wird sich höchstwahrscheinlich nicht durch die Beerdigungsfeierlichkeiten abhalten lassen, hier aufzukreuzen."

„Dummerweise nicht", gebe ich zu. „Der ist jetzt auf der Fahrt durch die Waldeinsamkeit und wird wohl heute Abend spät im King Edward Quartier machen. Doch der will erst mal gründlich pausieren nach der anstrengenden Fahrt und hat sich im Forschungszentrum erst für den morgigen Nachmittag angemeldet. Ich habe also genügend Vorsprung."

„Mit deiner Amtsanmaßung landest du noch auf einem kanadischen Steckbrief", meint Dick, doch es klingt bereits müde. Er liegt auf dem Bett und ist kurz vor dem Einschlafen.

Ich trinke mir im Sessel am Fenster sitzend mit Blick auf die schöne Bucht noch einen Tee. „Da könnte was dran sein", denke ich. Dann müssten wir auf US-amerikanischem Boden bleiben, von hier die Fähre nach Juneau nehmen und Alaska mit Flug via Anchorage wieder verlassen. Mit dem Gedanken an diese verlässliche Fluchtmöglichkeit schlafe ich schließlich im Sessel ein.

Abends werden Greg, Dick und ich von Sam dann nach Hyder abgeholt, wo Sams Freunde aus dem Ort schon in seinem Innenhof versammelt sind und den Grill angeheizt haben. Natürlich gibt es Sockeye Salmon, und der Grill wird mit Alderwood beschickt.

Für Dick und mich ist es eine Delikatesse, doch die Einheimischen essen es recht häufig. Für sie ist es immerhin noch preiswerter als Grillwürstchen. Nichtsdestotrotz schmeckt es allen prima. Grillwürstchen schmecken uns bisweilen ja auch prima. Es wird ordentlich zugelangt und der Fisch mit viel Coors Beer heruntergespült.

Es sind ein Dutzend Freunde von Sam vertreten, alle aus dem Ort, und damit sind praktisch sämtliche Bewohner mit Ausnahme der Kinder versammelt.

Da sind Leo, der Besitzer des kleinen baufälligen Motels, und seine Frau Martha. Sam stellt uns Ellen vor, die es gewagt hat, in Hyder eine kleine Geschenkboutique zu eröffnen, ein kunterbuntes Lädchen am „Broadway", das wohl mehr schlecht als recht läuft.

Da ist Joey, der Besitzer des Saloons, der sich hält, weil in Hyder die Spirituosen billiger sind als im kanadischen Stewart und er somit einige Kunden aus dem Nachbarort anzieht. Der Betreiber der Tankstelle heißt Frank, der mit seiner Frau Rosa hier ist. Seine Tanke liegt am Hafen und betankt vorwiegend Schiffe.

Auch mit den Hafenarbeitern Mac, Cooney, Freddie und Al macht uns Sam bekannt. Sie arbeiten auf der kanadischen Werft des gemeinschaftlichen Stewart-Hyder-Hafens.

Allen ist die Sorge um ihren kleinen Ort Hyder wegen der Uranfunde gemeinsam. Uns wird sehr schnell klar, dass dieses Treffen hier in erster Linie geplant war, um Greg, den kanadischen Politikersohn, auf ihre Seite zu bekommen.

Da bedarf es aber keiner großen Überredungskünste. Greg liebt die Landschaft seiner Kindheit und die alten Freunde seines Vaters.

Die Staatsgrenze war hier immer nur reine Formalität. Die Menschen beider Länder waren sich stets so ähnlich in ihrer Freundlichkeit miteinander und gegenseitiger Hilfsbereitschaft in der Einsamkeit, dass ihnen ihre unterschiedlichen Nationalitäten gar nicht mehr bewusst sind.

So haben die Leute aus Hyder Empathie und Solidarität von ihren kanadischen Freunden aus Stewart zu erwarten, die auf keinen Fall wollen, dass ihre alten Nachbarn vertrieben werden.

Bei Gregs Vater, dem sozialdemokratischen Oppositionspolitiker im fernen Victoria, der hier aufwuchs, und auch bei Gregs Onkel, dem nach wie vor ortsansässigen Hotelier und Bürgermeister von Stewart, rennen sie mit ihrem Anliegen offene Türen ein. Nur – ob man sich durchzusetzen vermag, das steht in den Sternen.

Da wird es natürlich begrüßt, dass ich es arrangieren konnte, mich mit List und Tücke beim Forschungscenter einzuschleichen und morgen an einer Expedition in das ansonsten für die Bewohner bereits streng abgeschottete Gebiet teilzunehmen.

Mich hatte ursprünglich ja nur meine stets wache, wissenschaftliche Neugierde angetrieben, doch inzwischen geht es mir um mehr, sogar um mehr als diese nette, kleine Ansammlung von Holzhäusern, die ihren Anwohnern so sehr am Herzen liegt.

Mir geht es um meinen engelsgleichen Gletscher.

Immerhin sind meine Interessen und ihre Anliegen völlig konform. Die Leute von Hyder setzen auf mich, weil ich mir Zutritt zu dem feindlichen Institut verschaffen konnte. Synergien sollte man nutzen. So beratschlagen wir ausführlich die weitere gemeinsame Strategie.

Es ist schon weit nach Mitternacht, als sich unser konspirativer Treff auflöst. Sam holt den Pick-up, um Greg und uns zurück zum *King Edward IV* zu fahren.

„Morgen früh hole ich euch beide wieder ab", sagt Sam zum Abschied zu Dick und mit einem Zwinkern zu mir. „Damit Sie Ihren frühen Termin beim Forschungszentrum nicht verpassen."

„Nicht nötig, du schläfst dich doch gerne aus", mischt Greg sich gutmütig ein. „Ich leihe den beiden für morgen früh die Harley. Ich brauche sie am Vormittag nicht", und schon drückt er dem freudig überraschten Dick die Motorradschlüssel in die Hand.

Im Foyer des *King Edward*, das inmitten der Nacht nun verlassen und nur mit Notbeleuchtung daliegt, geht Greg noch hinter die Theke, knipst eine Pultlampe an und schaut ins Gästebuch.

„Prof. Mitchum ist inzwischen auch eingetrudelt, offenbar erst gegen Mitternacht", vermeldet er. „Vielleicht hatte er unterwegs noch eine Wagenpanne", grinse ich. „Nur gut. Dann schläft er morgen früh lange und gerät mir nicht zwischen die Füße."

„Wenn es nottut, halte ich ihn dir morgen vom

Hals", verspricht Greg. „Und wenn ich alle vier Reifen seines Wagens zerstechen muss."

Mitchums großer schwarzer Buick, ziemlich staubverschmutzt, war mir eben auf dem Hotelparkplatz auch schon aufgefallen.

Wir verabschieden uns von Greg und gehen zu Bett, für eine recht kurze Nachtruhe.

Am nächsten Morgen bringt mich Dick auf röhrender Harley Davidson nach Hyder. „Setz mich einfach vor dem Anstieg der Schotterpiste ab, nimm meinen Motorradhelm mit zurück, und ich gehe dann die vier Kilometer zum Forschungscenter hinauf zu Fuß", habe ich ihm vor Fahrtantritt angeboten.

„Nichts da, ich fahre dich bis vor deren Tür", entgegnet er als Kavalier der alten Schule. „Ich muss doch testen, ob die Harley auch geländegängig ist", fügt er hinzu. Ach so. Nun, er wird die Geländegängigkeit der Harley dann sicher noch für weitere zwei Stunden testen, denn das Expressboot mit unserem neuen Autoreifen ist erst um 11 Uhr zu erwarten.

Am Institut öffnet mir Phil. Im langgezogenen Flur schließt er dann gar eine Tür zum Allerheiligsten auf: das Labor von Prof. Bannister. Doch er lässt mich dort nicht aus den Augen, als ich mir ein gutes halbes Dutzend Probenahmeflaschen für meine Expedition entnehme, Plastikflaschen von einem 0,5-Liter-Volumen mit breitem Hals und Schraubverschluss. Sie sind geeignet für Schnee- und Eisproben und passen ohne weiteres in einen kleineren, von mir mitgebrachten Rucksack.

„Ich benötige außerdem noch einen Glaspickel

und Kunststoffhandschuhe", ordere ich in der Hoffnung, dass er nun herumsuchen muss und abgelenkt ist. Aber nein, er entnimmt beides souverän einer Schublade beziehungsweise einem Wandschrank.

Terry ist bereits fertig gerüstet. Er hat eine wirklich sehenswerte Digitalkameraausrüstung und muss noch ein Stativ schultern. „Werden Sie später das Fotolabor überhaupt brauchen?", frage ich neugierig.

„Ach wo", antwortet er. „Die Landschaftsaufnahmen kann ich am Computer retouchieren und brauche dann nur noch einen guten Drucker." Aha, Landschaftsaufnahmen also.

Ich hänge mir meinen kleinen Rucksack mit den noch leeren Probegefäßen und meiner eigenen Digitalkamera über und schnappe mir ganz selbstverständlich den auf dem Boden stehenden Geigerzähler.

„Benötigen Sie keine Kühltaschen für die Proben?", fragt der stets misstrauische Phil.

„Warum sollte ich?", erwidere ich kühl. „Weil potenziell im Eis vorhandenes Urantetrachlorid beim Schmelzen aufoxidieren könnte," meint dieser nun schon etwas verunsichert.

Klugscheißerei kann ich nicht ausstehen. „Na und?", raunze ich. „Dann flockt es eben als dunkelbraunes Dioxid aus und befindet sich als solches weiterhin gut nachweisbar in den Gefäßen." Der Junge muss noch viel lernen, vor allem aber, wie man blufft.

Terry und ich ziehen nun los. Wir müssen zunächst ins Flusstal und den kleinen Wasserlauf auf einer Holzbrücke überqueren. Hier beginnt schon das Sperrgebiet. Die Brücke auf der anderen Seite ist bereits mit einem hohen, engmaschigen Metallgitter gesichert, damit sich kein Unbefugter dem Gletschergebiet nähert.

Terry zieht einen Schlüssel hervor und schließt uns eine Tür im Gatter auf.

Zwei Wachleute beobachten uns aus einiger Entfernung. Sie heben grüßend die Hand, und wir winken zurück. „Sie sind natürlich informiert", sagt Terry. „Für andere ist hier kein Durchkommen."

„Die Wachleute stehen auf alaskischem Boden", bemerke ich leichthin. „Die Grenze ist hier in der Abgeschiedenheit eine reine Formalität", meint er.

„Nicht wenn Uran gefunden wird. Dann ist es hier mit dem Frieden bald vorbei", stichele ich und beobachte meinen US-amerikanischen Begleiter von der Seite. Der Junge wirkt nun nachdenklich.

„Ich bin bei der ganzen Sache nur der Fotograf und habe mit all dem nichts zu tun." Und das bringt mich zu einer anderen Überlegung. Warum haben die Kanadier ausgerechnet den Jungen aus Bisbee, Arizona, ausgewählt, damit er hier auf hochsensiblem Terrain Landschaftsaufnahmen für sie macht?

Ich äußere meine Frage, aber in harmloser, unverfänglicher Wortwahl. Und da treffe ich auf einen Nerv.

„Ich bin eben ein besonders guter Landschaftsfotograf", plustert Terry sich auf. Und begeistert erzählt er mir, dass er in Vancouver vor einem Jahr einen offenbar bedeutenden Fotografierwettbewerb gewonnen hat.

„Mit welcher Art von Motiven?" frage ich interessiert. „Mit Bildern aus meiner Heimat", strahlt der junge Mann. „Mit Aufnahmen der bunten Abräumhalden unserer Copper Queen Mine." Da schwingt Lokalpatriotismus mit.

„Die kann aus bestimmten Perspektiven und bei entsprechenden Lichtverhältnissen wunderschön aussehen", gebe ich ihm Recht. „Ich habe da auch schon fotografiert wegen des tollen Motivs. Aber nur unwesentliche Amateurbilder", füge ich hinzu.

„Ich kann Ihnen dann gleich mal ein paar Tipps geben, wenn wir angekommen sind", bietet er sich an. „Prima," entgegne ich rasch. „Ich habe nämlich meine eigene Digitalkamera immer dabei."

Wir bewegen uns nun auf einem ganz schmalen Trampelpfad steil bergauf über Gesteinpolder und Gletschergeröll. Die Mineralogen haben überall kleine Steinhaufen aufgestellt, um diesen Weg zu markieren, der eher ein Ziegenpfad als ein Fußweg ist. Wir nähern uns nun dem seitlichen Sockel des Gletschers, wo die pink- und zyanfarbenen Muschelkalkhügel liegen.

Zur Rechten thront hoch über vielfarbigem Felsgestein das Gletschereis. „Wie bei uns in Bisbee", schwärmt Terry und macht eine weitausladende Geste.

„Das Eis doch wohl nicht", dämpfe ich seine Begeisterung.

„Das haben wir leider nicht. Aber dieses ganze bunte Gestein in all seiner Farbenpracht."

Die Skala der Gesteinsfarben geht wirklich vom hellsten Gelb über alle möglichen Rottöne, über Blau- und sogar Grünschattierungen bis hin zu Violett und dunkelstem Purpur. Das ist die Schönheit von Kupfer in all seinen Vorkommensvarianten vom blauen Azurit über den grünen Malachit bis hin zu den roten Oxiden.

Mir schießen Bilder von damals in den Kopf, als ich mit Dick in Arizona war. In Bisbee, der Heimat meines Begleiters Terry. Da stand ich auch stets fassungslos an dem Hunderte von Metern tiefen Krater mit seinen Abraumhügeln. Die berühmte *Copper Queen* war bis in die 60er Jahre die größte Kupfermine Arizonas. Nach ihrer Ausbeutung in den 70ern wurde sie stillgelegt, wonach Bisbee zur Geisterstadt verkam. Der Ort belebte sich später ganz langsam wieder – mit inzwischen immerhin einigen hundert Einwohnern.

Terry ist einer davon, und sogar ein besonders heimatverbundener.

„So wie hier hat es bei euch dann vor circa 80 Jahren ausgesehen, bevor man abbaute", gebe ich ihm zu denken. Ohne das Eis natürlich, aber das weiß er selbst. „Ich kenne historische Aufnahmen", antwortet er. „Diese netten, runden Hügel hatten wir vielleicht nicht. Aber die heutigen, großen Erdhaufen vom Aushub bei uns sehen ganz ähnlich aus wie diese Kuppen. Es ist wirklich verblüffend, wie sich die Bilder gleichen."

Wir sind nun bis nahe an die Hügelgruppe herangekommen. Ich weiß, dass es versteinerte Sanddünen sind, doch viele US-Amerikaner des Südwestens nennen solche Vorkommen einfach „Badlands", weil mit dem Land nichts anzufangen ist.

Ja, manchmal sind die Petrified Dunes auch golden

oder schokoladenfarben, manchmal sogar hellgelb oder fast weiß, aber meistens haben sie wie hier den charakteristischen Pink- und Zyan-Ton des Keupers. Manche Hügel treten ganz einheitlich in einer Farbe auf und bei anderen wieder in beiden Tönen, wobei scharf abgesetzte, geschwungene Linien nebeneinander melangieren. Und immer sind sie ein 60 bis 70 Millionen Jahre altes Naturwunder aus Muschelkalk, enthalten Unmengen fossiler Einschlüsse und geben uns an, wo in Urzeiten das Meer ans Land grenzte. Urtiere und Urpflanzen werden darin gefunden: versteinerte Bäume bis hin zu ganzen versunkenen Wäldern, Saurierskelette aller Arten, Mammut und Säbelzahntiger. Das alles erkläre ich nun Terry, der in ihnen bislang nur Abraumhalden sah. „Versteinerte Dünen stellen eine wahre Fibel der Schöpfung dar", beende ich meine Ausführungen, und siehe da, er zeigt sich beeindruckt. „Sie haben Recht, es ist schon etwas ganz anderes, etwas Besonderes", räumt er ein. „Und in Bisbee hat es sie möglicherweise auch gegeben, doch sie wurden bei der Minerei einfach mit abgebaut und zerstört", vermutet er nun finster.

Terry hat sein Stativ aufgebaut, und ich schalte nun den Geigerzähler ein, den wir aus reiner Vorsicht mitgenommen haben, um uns nicht in Gefahr zu bringen. Er vermeldet aber noch nichts.

Nun erzählt mir Terry, was es mit seiner Mission auf sich hat und warum er im Auftrag der kanadischen Minengesellschaft nächste Woche in seine Heimat fahren soll, um dort weitere Bilder von der *Copper Queen* aufzunehmen.

„Sie wollen möglichst ähnliche Aufnahmen beider Areale machen. Ich soll die Perspektiven so wählen, dass man praktisch gar nicht mehr erkennt, wo es sich um die Halden Bisbees und wo um die natürliche Landschaft Alaskas handelt", gesteht er mir und scheint schon etwas zu ahnen.

„Der Plan der Uranlobby wird es sein, dem Gouverneur von Britisch-Kolumbien diese beiden Fotoserien zu senden und zu argumentieren, dass es in so einer Landschaft nach dem Abbau wie vor dem Abbau aussieht. So wollen die Lobbyisten ihm vorgaukeln, dass er also getrost trotz des Provincial Park Status eine Ausnahmegenehmigung erstellen könne, die über eine kurze Zeitspanne von einigen Jahren Minenarbeiten im Naturschutzgebiet zulässt. Und wenn der alaskische Ort Hyder dabei plattgemacht wird, regelt man das schließlich mit Geld", mutmaße ich.

Terry ist nun wirklich erbost. Er erkennt, dass seine Kunst der Fotografie einem üblen, manipulativen Zweck dienen soll und ihm damit beim Umweltfrevel eine aktive Rolle zufällt. Mehr noch fühlt er mit, weil er die Rechte einer Minderheit von US-Landsleuten bedroht sieht, deren Ängste um den Verlust der Heimat er gut nachvollziehen kann. Während seiner Jugend in Bisbee stand diese kleine Geisterstadt ebenfalls des Öfteren vor dem existenziellen Aus.

„Eine solche Sauerei mache ich nicht mit", sagt er entschlossen und ist nahe daran, seine Fotoausrüstung zusammenzupacken.

Mir wird plötzlich klar, dass ich mit dem Jungen einen Menschen getroffen habe, der noch ein Gewissen hat. Wahrscheinlich kann ich ihm vertrauen und ihn als Mitstreiter gewinnen.

Jetzt beruhige ich erst einmal seinen Zorn. „Tun Sie einfach nur das, was von Ihnen erwartet wird. Dann passt es schon", halte ich ihn zurück.

„Meine Fotos sollen also dem Provinzgouverneur vorgaukeln, dass es hier wie auf einer Abraumhalde aussieht, damit sich diese Gauner die Uranschürfrechte erschleichen können?", entrüstet er sich.

„Genau das, und je mehr Ihre Bilder von hier denen der Copper Queen gleichen, umso besser ist es für unsere Sache. Vertrauen Sie mir. Man gewinnt immer, wenn man die Schwächen des Gegner einkalkulieren kann, aber selbst unberechenbar bleibt."

Im Folgenden beobachtet Terry mit Interesse, dass ich Fotos mit meiner eigenen Kamera mache und zwar exakt aus den gleichen Perspektiven, die er für seine Aufnahmen wählt. Er gibt mir auf meine Bitte hin Rat bei den Belichtungen, damit die Aufnahmen den seinen möglichst ähnlich werden.

„Und nun mache ich noch eine zweite Serie von Bildern", sage ich, als Terry seine Arbeiten beendet hat. „Aufnahmen, die die Schönheit der versteinerten Dünen ganz besonders hervorheben." Er versteht, und sein Gesicht hellt sich auf.

Wir gehen nun ganz ins Innere der Hügelgruppe hinein. Es ist eine einzige bizarre Wunderwelt.

Manchmal tickt unser Geigerzähler leicht. An solchen Stellen halten wir uns tunlichst nicht lange auf, um dem gefürchteten Strahlenkater zu entgehen, der sich in mehrtägigen Kopf- und Gliederschmerzen sowie Benommenheit und Schwindel äußern würde.

Terry sucht die besten Perspektiven mit perfekten Lichtverhältnissen aus und berät mich bei allen Einstellungen.

Ich hebe irgendwann bei unserer Exkursion durch die fantastische Steindünenwelt eine rugbygroße Geode auf, die locker am Fuße einer Düne liegt, teste sie mit dem Geigerzähler und nehme sie mit, als sie sich als nicht radioaktiv herausstellt.

„Was ist es?", fragt Terry verwundert, als ich das schwere Ding in meinen Rucksack packe. „Mit viel Glück ein Thunderegg", entgegne ich leichthin.

Diese Einschlüsse von Achat in außen unscheinbaren Geoden sind ihm aus seiner mineralträchtigen Heimat ebenfalls bekannt. „Sieht gut aus, wenn man es aufschneiden und polieren lässt und dann als Buchstützen verwendet", empfiehlt er harmlos.

Um mein Fundstück einzupacken, muss ich sämtliche Probenahmeflaschen herausnehmen und in einer mitgebrachten Plastiktragetüte weitertransportieren.

Terry deutet jetzt darauf. „Nun müssen wir wohl noch bis an die Eisgrenze des Gletschers hochklettern, um die Proben abzufüllen?", fragt er nicht sehr begeistert.

„Ach wo, die nehme ich gleich unten am Fluss. Dann brauchen wir sie nicht so weit zu schleppen", grinse ich.

„Aber da findet man doch kein Urantetrachlorid."
Nun fängt der auch noch an …

„Da oben im Eis auch nicht", antworte ich völlig

wahrheitsgemäß. Jetzt ist die Zeit gekommen, ihn einzuweihen.

Und auf unserem Rückweg erfährt er die ganze Geschichte. Ich gestehe ihm, dass ich gar keine aus der Universität Victoria entsandte Strahlenexpertin bin, sondern eine hochstapelnde deutsche Touristin, die immer etwas neugieriger als andere Zeitgenossen ist, wahrscheinlich wegen ihres immerhin echten naturwissenschaftlichen Hintergrunds.

„Wenn Phil heute Nachmittag herausbekommt, dass Mitchum Sie gar nicht geschickt hat und Sie bei Bannister anschwärzt, wird der Sie auf die Fahndungsliste setzen lassen. Phil kennt schließlich Ihren vollen Namen von Ihrem Ausweispapier."

„Ja, das ist ein Problem", gebe ich zu. „Käme es soweit, könnte ich nicht mehr in Kanada weiterreisen, sondern müsste mich über Alaska absetzen. Vielleicht können Sie Phil ja überzeugen, dass es für ihn selbst das Beste wäre, die Episode zu verschweigen."

Wir sind nun am Fluss angekommen, wo ich ungerührt sechs Wasserproben von genau der gleichen Stelle abfülle, auf die Flaschenetikette aber mit Sorgfalt verschiedene Fundkoordinaten eintrage.

Wir überqueren die Brücke, und ich übergebe Terry nun noch die Tragetasche mit den Probenahmeflaschen, die er von hier aus zusätzlich zu seiner Fotoausrüstung schleppen muss, denn ich verspüre keine große Lust, noch mal ins Forschungszentrum zurückzukehren.

„Erklären Sie Phil einfach, ich sei eine harmlose Spinnerin, die Mineralien wie Thundereggs suchte und fand und sich deshalb den Zugang zu dem bewachten Terrain erschlichen hat. Sie, Terry, hätten erst dann Verdacht geschöpft, als ich die Proben alle an der gleichen Stelle im Fluss nahm und dann falsch etikettierte. Sie können nichts dazu, Sie sind schließlich nur der Fotograf. Machen Sie ihm den Vorschlag, die ganze Sache auf sich beruhen zu lassen. Wenn er Bannister informiert, bekommt er zunächst mal große Vorwürfe gemacht, weil er nicht aufgepasst hat und vor allem keine Ahnung davon hatte, dass ionisches Uran nicht oben im Eis eingeschmolzen sein kann."

Terry grinst nun verschwörerisch, verspricht, mich abends noch telefonisch zu informieren, und wir verabschieden uns.

Ich marschiere mit meinem Rucksack schnurstracks die paar Kilometer den Berg hinab nach Hyder und erreiche Sams Store am frühen Nachmittag. Dick und der Ladeninhaber haben es sich auf den Rocking Chairs der Veranda bequem gemacht. Ich hole mir auf Sams Geheiß im Laden einen Becher Kaffee und setze mich zu ihnen. Ich berichte ihnen von der perfiden Strategie der Gegenseite und weihe sie gleichzeitig in meine eigenen Pläne ein.

„Das könnte funktionieren", meint Dick. „Wir müssen es eben versuchen", meint Sam. In seinem Innenhof steht die Harley neben dem wieder fahrbereiten Bentley.

Wir verabschieden uns von Sam, der offenbar doch keinen Abschleppdienst unterhält und alles aus reiner Hilfsbereitschaft machte. Nun kann er immerhin auch mit Hilfe von unserer Seite rechnen.

Dick fährt mit der Harley vor, und ich folge mit unserem Wagen. Auf der Straße nach Stewart kommt uns dann ein schwarzer Buick entgegen: Prof. Mitchum auf seiner Fahrt ins Forschungsinstitut.

Im *King Edward IV* bekommt Greg nicht nur den Schlüssel seiner Harley wieder, sondern auch zwei Serien von Fotos, die ich auf seinen PC lade, während ich ihn in unseren Plan einweihe.

Ich zeige ihm die Bilder, die ich aus gleicher Perspektive machte, wie Terry seine Profiaufnahmen. „Die wird der Gouverneur in 14 Tagen erhalten mit Vergleichsfotos einer alten, stillgelegten Kupfermine aus Bisbee und dem Kommentar, dass die bunten Hügel dort oben bereits jetzt aussehen wie Gesteins- und Geröllschutt."

Selbst ich traue meinen Augen kaum, als ich dann meine zweite Serie hochlade, die inmitten der versteinerten Dünen aufgenommen ist und all ihren bizarren Zauber wiedergibt. Auch Greg und Dick sind fasziniert.

Der Gouverneur würde das Uranprojekt bei der nächsten Landesparlamentsitzung vorstellen, mit dem Ziel, eine Mehrheit für den Uranabbau im State Park zu bekommen.

Doch Gregs Vater ist als sozialdemokratischer Oppositionsführer sein direkter politischer Widersacher und kann anhand unserer Informationen die Manipulation auffliegen lassen.

Habe ich nun alles abgeliefert, was er an Munition braucht?

Halt, da fehlt noch was. In der Tat ein schwergewichtiges Geschoss.

Zum Schluss überreiche ich Greg nämlich noch

feierlich die rugbyförmige, große Geode, die ich am Fuße der Petrified Dunes gefunden habe. „Was ist das?", wundert er sich. „Das versteinerte Ei eines Dinosauriers", antworte ich mit Bestimmtheit.

Nach einem abendlichen Anruf von Teddy, der mir bestätigt, dass „die Luft rein sei", weil Phil aus eigenem Interesse den Mund halte, checken Dick und ich früh am nächsten Morgen aus dem *King Edward IV* aus und können unsere Weiterreise wie geplant ins kanadische Prince Rupert fortsetzen, weil niemand nach mir fahndet.

Auf dem kleinen Highway, auf dem wir in Hyder ankamen, fahren wir nun zurück und passieren noch einmal die schöne Fjordlandschaft mit den Dutzenden von Gletschern.

Am wunderbaren, blauen Bear Glacier halten wir ein letztes Mal an.

Hier trafen wir vor ein paar Tagen Greg, und alles nahm seinen Anfang. Inzwischen haben wir in Greg, Sam und Terry einige neue Freunde gewonnen.

Fasziniert schauen wir nun wieder in die Eismassen hinauf.

„Dieses Blau", schwärmt Dick und strahlt mich aus seinen gletscherblauen Augen an. „Wie kommt das Natrium eigentlich so hoch da oben hinauf?", fragt er jetzt die Expertin. „Du weißt doch: das Blau der Natriumradikale, das in den Eiskristallen clustert?" Entsetzt stelle ich fest, dass er sich den Unsinn gemerkt hat, den ich ihm kürzlich erzählte, und jetzt will er es auch noch genau wissen.

„Das Gletscherblau", erwidere ich ungerührt, „kommt in der Regel aus spezifischen Lufteinschlüs-

sen und bestimmten Druckverhältnissen im Eis zustande. Es gibt da oben kein radikalisches Natrium."
Jetzt rümpft er die Nase.

Tut mir leid, Wissenschaft ist eben nicht immer romantisch.

Was geschah dann?

So viel, dass man wieder eine Geschichte davon schreiben könnte. Doch der Reihe nach und in aller Kürze.

Zunächst mal wurde im Landesparlament das Ansinnen abgeschmettert, Uran in einem einmaligen Naturschutzgebiet abzubauen.

Möglicherweise halfen unsere Fotos, vielleicht aber auch ein spontanes Eingreifen der US-amerikanischen Regierung, die ganz plötzlich auch territoriale Ansprüche im Fundgebiet geltend machte und nun sehr auf ihre Rechte pochte. Ihre 20 US-Bürger in Hyder hätte sie beim politisch-wirtschaftlichen Kampf um Abbaurechte als bleischwere Verhandlungsmasse eingesetzt. Nun, es lag tatsächlich hart an der – sonst nur formalen – internationalen Grenze.

Man munkelt, eine Indiskretion vonseiten eines der beteiligten Wissenschaftler habe die Aufmerksamkeit und das Interesse der US-Amis erweckt und sie auf den Plan gerufen.

Ach ja, Herr Prof. Mitchum hat übrigens kürzlich einen Lehrstuhl für Mineralogie in San Francisco angetreten.

Nachspann: Viel Gold aus der Bonanza?

Eine ertragreiche Goldmine zu finden, ist die eine Sache, das edle Metall sich daraus zu erringen, ist wieder eine andere.

Beim Goldabbau kann viel passieren. Der Berg mag rutschen, der Hauptstützbalken einknicken und der Stollen verschütten. Natürlich immer dann, wenn man gerade drinnen ist.

Man schlägt sich die Picke in den Fuß oder aber seinem Partner in den Hinterkopf. Ersteres in der Regel versehentlich, und Zweiteres meist absichtlich, weil man sich dessen Anteil an der Bonanza miteinverleiben will. Außerdem hatte der doch den Balken angesägt.

Die Ausbeutung einer Bonanza kann also ein richtig abenteuerliches und spannendes Unterfangen sein.

Hat man es aber einmal geschafft, wird es anschließend garantiert stinklangweilig.

Egal, was man herausgeschürft hat und in welcher Form, ob Nuggets, Goldstaub oder gar Goldamalgam, nach Aufbereitung und Reinigung passiert immer das Gleiche damit: Man gießt es in Barren und stapelt es daheim an den Wänden.

Wird darob die Wohnung zu klein, zieht man um in eine neue. Hinterher hat man dann ein halbes Dutzend Wohnungen voller Goldbarren.

Man kann sie an Fort Knox verkaufen, wo sie wiederum gestapelt werden. Man selbst kauft sich von dem Geld eine große Strandvilla in Panama City und gleich dazu noch eine schneeweiße Yacht. Dann liegt man am Pool der Villa oder auf dem Deck der Yacht faul in der Sonne und langweilt sich langsam aber sicher zu Tode.

Man denkt zurück an jene schöne Zeit, als man bei der Goldsuche noch ausschließlich auf unergiebige Minen, sogenannte Barrascas, stieß. Ja, genau auf solche, in denen man keine Bodenschätze findet, sondern höchstens mal ein rostiges Hufeisen oder eine kobaltblaue Glasscherbe.

Jetzt liege ich hier träge und gelangweilt am Pool dieser öden Villa in Panama City.

Mit Wehmut denke ich daran, was ich mit einer kobaltblauen Scherbe einst alles anfangen konnte. Sogar eine Sonnenfinsternis habe ich dadurch beobachtet, wenn sich denn zufällig gerade eine ereignete. So eine, wie damals am 11. August des Jahres 1999, zum Beispiel.

Jetzt gibt es nicht einmal mehr eine Sonnenfinsternis.

Stattdessen hänge ich hier müde und teilnahmslos herum, stiere in den gnadenlos blauen Himmel mit seiner noch gnadenloser brennenden Sonne und hänge grauen Gedanken nach.

Das Telefon schrillt, und ich fahre hoch. Verwirrt schaue ich mich um. Gott sei Dank, alles war nur ein Traum.

Ich sitze gar nicht am Pool meiner Villa oder an Bord meiner Yacht in Panama City, sondern in meinem Arbeitszimmer in Solingen, wo ich wohl mal wieder am Schreibtisch eingedöst war.

So ein Glück, ich besitze keine Bonanza, und an den Wänden stapeln sich keine Goldbarren, sondern meine wohlvertrauten Bücher.

Erleichtert und schon wieder gutgelaunt greife ich zum Hörer des beharrlich klingelnden Telefons. Vielleicht ein Anruf meiner Freundin, die sich mit mir in der Stadt zum Kaffeetrinken verabreden will.

Ach nein, mein Herr Verleger ist am Apparat und erkundigt sich zum Stand meines Manuskripts. „Ich arbeite gerade sehr intensiv an den Gold Tales", antworte ich wie immer wahrheitsgemäß.

„Ihr Buch könnte zur Abwechslung ruhig mal eine Goldgrube werden", meint er nun mit Nachdruck in der Stimme. Auch das noch!

Und gute Tipps für ein überaus erfolgreiches Gelingen hat er auch gleich parat: „Schweifen Sie beim Schreiben nicht immer ab, wie Sie es so gerne tun. Fokussieren Sie sich auf das Wesentliche. Verfolgen Sie konsequent einen einzigen Handlungsstrang."

„Das ist doch fad", maule ich.

„Dann arbeiten Sie zur Auflockerung immer mal wieder einen Running Gag mit ein", rät er.

Oh, das hört sich lustig an. Vor allem, da ich, weil wir telefonieren „Running Geck" verstehe. Rasch sage ich ihm das zu, wir beenden unser Gespräch, und ich mache mich sogleich an die Arbeit.

Eine Woche später liefere ich ihm dann ein Manuskript ab, wo ich in jede Story eine Szene eingebaut habe, in der Karl Lagerfeld beim Joggen im Central Park gesichtet wird.

„Grauenvoll", ist das vernichtende Urteil meines

Verlegers, „die reinste Barrasca. Jetzt stehen wir wieder ganz am Anfang."

HINWEIS DER AUTORIN

1) Hiermit erkläre ich meinen Mann und mich als real existierend. Wer das nicht glaubt, der möge uns doch einfach mal auf ein Glas Wein einladen. Falls wir – im Ausnahmefall – mal nicht kommen können, erhalten Sie zumindest eine Absage.

2) Alle anderen Personen meiner Geschichten sind frei erfunden und jegliche Ähnlichkeiten rein zufällig und auf gar keinen Fall beabsichtigt.

Wer das nicht glaubt, der soll mir doch erst einmal das Gegenteil beweisen.

Goldgräberglossar: Tripel-G

Arizona

Südwestlicher Staat der USA, in dem gerne mal ein Goldrausch vor- oder angetäuscht wurde (siehe die Story Nr. 8 „Der Fliegende Deutschländer").

Klar gibt es in *Arizona* Gold zu finden. Doch es kommt in der Regel meist als Beiprodukt zu anderen Edelmetallen vor. So ist es in der Copper Queen Mine in Bisbee mit übergroßen Mengen an Kupfer vergesellschaftet, und in den benachbarten Tombstone Hills findet man es zusammen mit einem reichen Silbervorkommen. Die Stadt Tucson entstand immerhin durch die Goldsucherei.

Wie dem auch sei: Für einen Gold Rush historischen Ausmaßes hat es in *Arizona* – bisher – noch nicht gereicht.

Barrasca

Eine *Barrasca* ist das ganz genaue Gegenteil einer Bonanza, also ein unergiebiger Claim, wo man nicht einmal Soda-Pottasche findet.

Es sollte übrigens analog zur TV-Sendung namens Bonanza auch mal eine Fortsetzungsserie mit Titel *Barrasca* geben. Die ersten Folgen waren sogar schon gedreht, als sich der Regisseur dann endlich überzeugen ließ, dass man in einer *Barrasca* ebenfalls kein Erdöl vorfindet.

Na ja, die Sendung wurde dann halt in „Denver Claim" umgetauft.

Bonanza

Die durch Hoss Cartwright, den dicken, fröhlichen Mann mit dem großen weißen Hut bekannt gewordene US-Wildwest-Serie.

Weniger bekannt ist sein Gaul Roosevelt, der sich nach jedem Set Meniskusoperationen an allen vier Läufen unterziehen musste.

Seine Hufeisen waren nach wenigen Drehtagen bereits so

platt getreten, dass man sie als Frisbeescheiben verwenden konnte, was das Filmteam dann auch ganz gerne für seine Freizeitbeschäftigung in den Drehpausen nutzte.

Ach ja, die zweite Bedeutung von *Bonanza* ist: ergiebiger Fundort für Bodenschätze aller Art, einschließlich Erdöl.

Cripple Creek

Stätte des größten historischen Goldrauschs in Colorado und heute nur noch eine kleine Geisterstadt am Fuße der Rocky Mountains.

Über 100 Jahre später fand ich da zwar kein Gold mehr, aber dafür seltene Kräuter. Die verwendete ich als gewiefte Chemikerin nach Dilution, Extraktion, Destillation und Absolution als hochwirksames Heilmittel gegen chronische Bronchitis – als Tropfen auf drei Codeintabletten eingenommen, versteht sich.

Immer wieder werde ich gefragt, ob meine Tinktur auch gegen eingewachsene Zehennägel wirkt.

Deshalb hier noch mal mein Statement in aller Klarheit: Ganz besonders wirkt Doc Tossings Wunderelixier bei eingewachsenen Fußnägeln – in lokaler Anwendung direkt auf die Wundstellen geträufelt.

Unwahr ist das von meinen böswilligen Neidern hartnäckig verbreitete Gerücht, dass ich mir die Droge unter dem Namen „Cripple Feet" patentieren ließ.

Durango

Durango ist ein Westernstädtchen in Colorado, natürlich auch mit berühmter Goldgräberhistorie.

Es soll in wundervoller Lage liegen und so allerhand zu bieten haben.

Trotz häufiger Besuche in *Durango* können Dick und ich es allerdings weder bestätigen noch dementieren, weil unsch (äh, uns) unser erster Gang stetsch (äh, immer) in den Diamond Belle Saloon führt un isch anschliesche nu vaage entschinne …

(Docs Tagebucheintrag vom 31.8.2011, 11.55 p.m. im Diamond Belle Saloon, *Durango*)

Fortyniners

Teilnehmer am ersten Goldrausch in Kalifornien 1849 am Sacramento. Sie bildeten sich hinterher furchtbar viel darauf ein und gaben noch an den Lagerfeuern in den Black Hills, am Cripple Creek und auf dem Pike's Peak damit an, als erste dabeigewesen zu sein.

Nur in Klondike war dann allmählich Ruhe im Karton. Das war nämlich fast 50 Jahre später, und bis dahin waren 95 % der alten Angeber bereits zu Wüstenratten (siehe unten) mutiert.

Fool's Gold

Fool's Gold, im deutschsprachigen Raum auch „Katzengold" genannt, ist ein goldglänzender Glimmer (ups, Tripel-G, im deutschen Sprachraum auch „Alliteration" genannt) des eisenhaltigen Minerals Pyrit.

Wen es denn ganz genau interessiert, der kann auch die chemische Zusammensetzung unter P wie „Pyrit" nachschauen.

Giant Powder

Schlicht und einfach: Dynamit. Das benutzen wir in diesem Band nicht bei der Goldsuche. Und den Abbau von Uran, wo man eine Menge davon gebraucht hätte, den wussten wir ja erfolgreich zu verhindern.

Allerdings wurde Doc vor Jahren einmal beim Dynamitfischen auf dem Town Lake in Austin, Texas, erwischt. Das ist aber eine andere Geschichte, und peinlich ist sie mir irgendwie auch noch ...

Gold

Oh nein, nicht schon wieder!

Goldmine

Goldminen gab es zu viele im amerikanischen Westen, um es hier zu listen. Also nenne ich nur die berühmteste und die interessanteste, was ja nicht dasselbe sein muss. Also: weltbekannt, da hochergiebig war die Comstock Lode in den Washoe Mountains von Nevada. Hier schöpfte man vor über 100 Jahren innerhalb von zwei Dekaden Gold und Silber im Wert von 300 Millionen Dollar. Ja, es war der damalige Edelmetallwert um 1890.

Und nun zur interessantesten *Goldmine*. Klar, dass die hier beschrieben ist in der Geschichte 8. Gleiten Sie bitte zum Buchstaben „L" für „Lost Dutchman's Gold Mine".

Goldrausch

Interessanterweise leitet sich der Begriff nicht vom deutschen Wort „Rausch" ab, sondern schlichtweg vom Amerikanischen „gold rush". Da die Goldgräber dem Edelmetall aber süchtig über den ganzen Kontinent hinterherjagten, wie im Wahn nach Nuggets buddelten und sich zweifelsohne – und nicht nur im übertragenen Sinne – an ihren Funden berauschten, kann man die begriffliche Übereinstimmung hier sprachlich als „falschen Freund" bezeichnen.

Und immerhin gibt es auch noch das deutsche Wort „Goldfieber". Das wäre dann folgerichtig ein „echter Freund", ein literarischer Neubegriff, von mir soeben entdeckt und hier erstmals publiziert.

Katzengold

Siehe auch oben unter „Fool's Gold". Wenn man von „goldglänzendem *Katzengold*" spricht, ist es sogar eine Viereralliteration, allerdings nur im sächsischen Sprachraum.

Laramie

So heißt in Wyoming fast alles, wo seinerzeit der französische Pelzhändler Jacques La Ramée umherschlich. So gibt es neben *Laramie* als drittgrößter Stadt des Bundesstaates, den *Laramie* River, den *Laramie* County und die *Laramie* Mountains.

Das Goldgräberstädtchen Fort *Laramie*, das 200 Seelen hat, kommt hier nur ganz kurz und am Rande vor. Erinnern Sie es denn überhaupt noch?

Richtig, in der Geschichte „Mariposa" nehmen sich die Bewohner von Fort *Laramie* eines alten, historischen Schulgebäudes an.

Ins Glossar Einlass fand der Ort nur wegen des Wohlklangs seines Namens. An solch feinfühligen Nuancen offenbart sich die wahre Künstlerseele.

Lost Dutchman's Gold Mine

Die sagenumwobene Goldmine des Jacob Waltz in den Superstition Mountains.

Doch Vorsicht! Waltz ist ein Meister der Täuschung. So war er gar kein Dutchman, sondern Deutscher. In seiner Mine wurde kein Gold abgebaut, sondern nur zwischengelagert.

Also war es gar keine richtige Goldmine, sondern eher eine Tempelmine. Und letzterer Begriff ist nur von mir erfunden. Egal, ich kann ihn erklären. Gehen Sie bitte herunter auf T, gehen Sie nicht über „Los", ziehen Sie nicht € 2000 ein!

Mariposa

Den Goldgräberort *Mariposa* in Kalifornien habe ich so famos ab Seite 21 erklärt, dass ich dem jetzt in der Tat nichts mehr hinzuzufügen habe.

Halt, hatte ich auch bereits gesagt, dass *Mariposa* das spanische Wort für „Schmetterling" ist?

Mother Lode

Die sagenumwobene Goldader – Mutter eines jeden Jahrhundertfunds.

Sie hat die Länge des Colorado River und den Durchmesser eines tausendjährigen Redwood-Mammutbaums, verläuft leider aber meist tief unterirdisch und tritt nur an wenigen Stellen zu Tage.

Immerhin kennt Doc ihre Ausgangskoordinaten und ist großmütig genug, es ihren Lesern zu verraten: Sie beginnt in Fort Knox und läuft von dort unter einem Regenbogen entlang

… bis zu dessen Ende strikt nach Norden.

Seit einem unangenehmen Zwischenfall in Fort Knox schürfe ich persönlich jetzt lieber an ihrem nördlichen Fixpunkt.

Pyrit

Das Eisenmineral *Pyrit* wird auch Schwefelkies genannt, außerdem noch Fool's Gold oder Katzengold, siehe weiter oben.

Tja, liebe Kinder haben eben viele Namen.

Wie wär's zur Abwechslung mal mit der exakten chemischen Zusammensetzung?

Die ist FeS_2 mit Spuren von Nickel, Kobalt, Arsen, Kupfer, Zink, Silber und Gold – und zwar genau in dieser Reihenfolge.

Hey Doc, heute mal wieder so wissenschaftlich?

Na klar, ich kann mich doch nicht ständig darauf beschränken, zwei Pyritknollen gegeneinanderzuschlagen, um Feuer zu gewinnen. Ich bin doch kein Neandertaler!

Quecksilber

Relativ unerwünschtes Beiprodukt des Goldamalgams. Letzterer besteht aus Goldflittern und *Quecksilber*. Wie trennt man das Gold aus diesem Gemenge heraus? Ganz einfach: Durch ein Wildledersäckchen gepresst tritt das hochtoxische *Quecksilber* aus, und die Goldflitter bleiben im Beutel zurück.

Bitte tragen Sie bei diesem Vorgang Schutzhandschuhe – nein, bitte auf gar keinen Fall welche aus Wildleder!

Tempelmine

Ein Ort, wo man dem schnöden Mammon frönt (siehe auch unter Lost Dutchman's Gold Mine). Auf dem Buchcover sehen Sie den Eingang zu einer *Tempelmine* am linken äußeren Bildrand.

Manchmal erscheint mir der Diamond Belle Saloon in Durango auch als *Tempelmine*, wenn ich an die Jack-Daniel's-Preise darinnen denke, aber meist breitet sich bei mir ein gnädig Vergessen aus, über alles, was im Diamond Belle Saloon so an der Tagesordnung ist oder schlichtweg geschieht.

Uran

Uran ist ein radioaktiver Bodenschatz, um den sich Kanada und die USA gerne mal streiten. Falls sie es denn finden ...

Ein solcher Fund im Grenzgebiet, und schon mutiert die Staatsgrenze, bei aller sonst guten Nachbarschaft, von einer reinen Form- zur Hauptsache.

Wüstenratten

Die *Wüstenratten* sind nicht zu verwechseln mit den in der Wüste lebenden Kängururatten, die die Hauptnahrungsquelle der blauen Kojoten darstellen, seit die Wolpertinger unglücklicherweise ausgestorben sind.

Als *Wüstenratten* bezeichnet man vielmehr – zumeist etwas ältere und kauzige – Goldgräber, die in ausgetrockneten Dry Washes ohne Wasser suchen und das zerkleinerte Gestein auf Decken ausschleudern, um Gold abzutrennen.

In diesem Verfahren wird das Edelmetall weder gewaschen, noch geschürft, auch nicht gerührt, sondern nur geschüttelt.

Mit Gold lasse ich das Schütteln gerade noch so angehen, aber probieren Sie das mal mit meinem Wodka-Martini. Dann packt mich aber die blanke Wut!

Yukon

Hurra, endlich mal ein Y in meinem Glossar! So viel Glück hat man nicht alle Tage.

Kurz noch mal im Duden prüfen. Nein, *Yukon* schreibt sich nicht mit J, nicht einmal im Englischen, wie ich gerade dem Collins-Wörterbuch entnehme.

Also kann ich loslegen.

Halt, was steht da noch im Collins? Da sich *Yukon* so ähnlich anhört wie „You can" hat sich die US-amerikanische Regierung ein Dauerpatent darauf angemeldet, und ich darf das Wort nicht mehr verwenden?

So eine bodenlose Gemeinheit!

Na ja, ich schreibe mal an das kanadische Parlament in Ottawa, was die davon halten ...

Zander

Das Z muss ich mir mal wieder aus den Fingern saugen – wegen meines Herrn Verleger und seinem vertrackten Wunsch nach einem Glossar von A bis Z.

Aus der Not geboren ward *Zander* mit seinem hohen Gehalt von Quecksilber in der Leber, also einem Bodenschatz. Oder sollte ich jetzt besser „Meeresschatz" sagen? .

Es gibt dann auch noch den „Schatz im Quecksilbersee", ein berühmtes Buch von Karl May.

Sie meinen, das Ganze sei jetzt aber ziemlich weit hergeholt?

Nichts da: Mit Leichtigkeit schlage ich auch den Bogen von *Zander* nach Gold.

Was glauben Sie denn, welcher Fisch den Ring des Polykrates verschluckte?

Sie möchten nun noch wissen, wie *Zander* auf „American English" heißt?

Moment, ich schlage mal schnell im Collins-Wörterbuch nach: pike-perch, also „Hecht-Flussbarsch"? Das wäre ja dann ein süßwässriger Doppelfisch, den ich oben zweimeerig zitierte. Wie peinlich.

Nur gut, dass wir hier noch in der deutschen Ausgabe der Goldgeschichten sind!

REGISTER

Verzeichnis all der geografischen Bezeichnungen und all der Orte aus den „Gold Tales – Storys vom Suchen & Finden". [Mit der Einschränkung: nur USA + KANADA.]

Aberglaubenberge 226
Alaska 11, 131, 134, 138, 155, 227, 233, 239-241, 245, 247, 248, 250, 251, 253, 255, 256, 269, 276, 278, 288, 291
Alaska Highway 13, 131, 132, 135, 232, 233
Alberta 131-133, 227
Anchorage 132, 278
Apache Trail 195, 257
Arizona 11, 54, 180, 184, 188, 195, 197, 207, 218, 219, 226, 251, 259, 266, 284, 286, 303
Aspen 77, 81, 83
Austin 305
Baker Lake 59, 64, 65, 67, 68
Banff 133, 232, 233, 236
Barkerville 12
Bear Glacier 246, 294
Bisbee 266, 270, 284-288, 293, 303
Black Hills 12, 23, 238, 305
Bow River 233
Bridal Veil Falls 49
Britisch-Kolumbien 12, 15, 57, 89, 154, 239, 241, 247, 250, 277, 288
British America 227
British Columbia – siehe bei: Britisch-Kolumbien
Brownsville Harbour 183
Calgary 131, 132, 135, 232, 235, 238
Canadian Rockies – siehe: kanadische Rocky Mountains
Canyonlands 165
Cape Dorset 59, 65, 67
Central Park, New York 299
Cody 77-79
Colorado 2, 9, 11, 12, 23, 24, 77, 81, 84, 214, 217, 304, 307
Colorado River 307
Columbia Icefield 261
Corpus Christi 183
Cripple Creek 23, 84, 85, 304, 305
Dakota 9, 89, 101, 105, 107
Dalton Cache 250
Dawson City 132, 143, 227, 238
Dawson Creek 131
Dawson River 137
Deadwood 11
Denver 11, 23, 77, 84, 303
Detroit 92
Durango 77, 82, 83, 304, 308
Escalante, Utah 277
Fort Knox 297, 307, 308
Fort Laramie 28, 29, 32, 306, 307
Galveston 183
Gardiner 80

311

Haines 276
Hell's Canyon, Superior 257
Hyder 239-241, 245, 247-251,
　253, 258, 264, 266, 272-275,
　278, 280-282, 288, 292, 294,
　296
Icefield Parkway 232
Idaho 182
Jasper 133, 232, 233, 237, 238
Johnston Canyon 227, 228, 230,
　233, 235-237, 264
Johnston River 236
Juneau 271, 276, 278
Kalifornien 11, 23, 24, 28, 43, 46,
　154, 305, 307
Kanadische Rocky Mountains
　131, 227, 261
Klondike 24, 132, 227, 238, 305
Klondike River 11
Laguna Madre 119, 123
Laramie 23, 30, 306
Laramie County 306
Laramie Mountains 29, 306
Laramie River 306
Lee Vining 49, 53
Longbeach 73
Lost Dutchman's State Park 195
Mammoth Hot Springs 80
Mariposa 9, 21-27, 29-34, 37,
　38, 43, 45, 47, 49, 54-56, 307
Merced River 37, 49
Mogollon Rim 195
Monterey 49
Montreal 59
Nevada 12, 37, 306

Nevada Falls 37
North Dakota 182, 238
Okanagan Lake 155
Okanagan Valley 154, 161
Ottawa 309
Pacific Grove 23
Palm Springs 48
Panama City 298
Phoenix 188, 192, 193, 198, 202,
　204, 208, 211, 212, 214-217,
　224, 226
Pike's Peak 12, 23, 305
Port Angeles 57, 72
Port Isabel 179, 189
Prescott 184, 188, 189
Prince Rupert 241, 244, 245, 249,
　250, 262, 268, 270, 294
Quebec 59
Rapid City 105
Rocky Mountains 81, 84, 133, 227,
　232, 304
Rozenberg 180, 181
Sacramento 12, 21, 24, 214, 216,
　217
Sacramento River 11, 22, 23, 305
Saguaro-Nationalpark 224
Salmon Glacier 249, 250, 254,
　258, 261, 273-275, 277
Salt River Valley 257
San Francisco 11, 22, 29, 46, 227,
　296
Santa Barbara 48
Sedona 188
Skagway 250, 276
Skeena River 245

South Dakota – siehe: Süddakota
South Padre (Island) 119, 121-125, 183
Stanley Falls 49
Stewart 239-242, 245, 247-249, 262, 268, 276, 279, 280, 293
Süddakota 11, 12, 23, 102, 105, 107
Südtexas 179, 183
Superior 257
Superstition Mountains 191-193, 195-199, 205, 207, 209, 212, 214, 215, 217, 223-226, 307
Texas 124, 305
Thermopolis 77, 78
Tioga Pass 49, 53
Tofino 73, 74
Tombstone 210
Tombstone Hills 303
Toronto 59, 91
Tortilla Flat 195, 221
Town Lake, Austin 305
Tropisches Texas 119
Tucson 11, 224, 266, 303
Uclulet 184
Utah 165, 277
Vancouver 59, 232, 266, 270, 284
Vancouver Island 57, 73, 75, 184, 241, 249
Vermont Falls 36
Victoria 15, 57-59, 72, 73, 75, 247, 268, 269, 277, 280, 291
Virginia City 12
Washington Coast 73

Washington D.C. 28, 92, 97, 106, 107, 116
Washoe Mountains 306
Whitehorse 131, 133, 134, 139, 143, 145, 153, 154, 156, 160, 161, 168, 170, 173-175, 177, 178, 233, 238
Wounded Knee 101-103
Wyoming 28, 77, 182, 306
Yellowhead Highway 239, 241
Yellowstone-Nationalpark 80
Yellowstone River 80, 81
Yosemite Falls 49
Yosemite-Nationalpark 21, 24, 25, 29, 50
Yosemite Valley 24, 36, 48, 50, 54
Yukon 2, 11, 17, 131, 132, 135, 144, 154, 227, 231, 232, 309
Yukon River 12, 131, 133, 233
Zentralkalifornien 21, 22, 43, 50

LESEN SIE BÜCHER
AUS DEM
KUUUK VERLAG

Von der Autorin der

„Gold Tales", Gudrun Tossing,

gibt es ein weiteres Buch

in der Reihe der „Tossing Tales".

Gudrun Tossing

FISH TALES & COYOTE STORIES

Amüsantes und Kurioses
für USA-Reisende

ISBN 978-3-939832-47-8

| 12 cm breit x 19 cm hoch |

288 Seiten

[auch als E-Book erhältlich]